# ALBANÊS

## VOCABULÁRIO

**PORTUGUÊS BRASILEIRO**

# PORTUGUÊS ALBANÊS

Para alargar o seu léxico e apurar
as suas competências linguísticas

**7000 palavras**

# Vocabulário Português Brasileiro-Albanês - 7000 palavras

Por Andrey Taranov

Os vocabulários da T&P Books destinam-se a ajudar a aprender, a memorizar, e a rever palavras estrangeiras. O dicionário é dividido em temas, cobrindo todas as principais esferas de atividades quotidianas, negócios, ciência, cultura, etc.

O processo de aprendizagem, utilizando os dicionários baseados em temáticas da T&P Books dá-lhe as seguintes vantagens:

- Informação de origem corretamente agrupada predetermina o sucesso em fases subsequentes da memorização de palavras
- Disponibilização de palavras derivadas da mesma raiz, o que permite a memorização de unidades de texto (em vez de palavras separadas)
- Pequenas unidades de palavras facilitam o processo de estabelecimento de vínculos associativos necessários para a consolidação do vocabulário
- O nível de conhecimento da língua pode ser estimado pelo número de palavras aprendidas

T&P Books Publishing
www.tpbooks.com

ISBN: 978-1-78767-311-3

Este livro também está disponível em formato E-book.
Por favor visite www.tpbooks.com ou as principais livrarias on-line.

# VOCABULÁRIO ALBANÊS
## palavras mais úteis

Os vocabulários da T&P Books destinam-se a ajudar a aprender, a memorizar, e a rever palavras estrangeiras. O vocabulário contém mais de 7000 palavras de uso comum organizadas tematicamente.

O vocabulário contém as palavras mais comummente usadas
Recomendado como adicional para qualquer curso de línguas
Satisfaz as necessidades dos iniciados e dos alunos avançados de línguas estrangeiras
Conveniente para o uso diário, sessões de revisão e atividades de auto-teste
Permite avaliar o seu vocabulário

## Características especias do vocabulário

- As palavras estão organizadas de acordo com o seu significado, e não por ordem alfabética
- As palavras são apresentadas em três colunas para facilitar os processos de revisão e auto-teste
- As palavras compostas são divididas em pequenos blocos para facilitar o processo de aprendizagem
- O vocabulário oferece uma transcrição simples e adequada de cada palavra estrangeira

## O vocabulário contém 198 tópicos incluindo:

Conceitos básicos, Números, Cores, Meses, Estações do ano, Unidades de medida, Roupas & Acessórios, Alimentos & Nutrição, Restaurante, Membros da Família, Parentes, Caráter, Sentimentos, Emoções, Doenças, Cidade, Passeios, Compras, Dinheiro, Casa, Lar, Escritório, Trabalho no Escritório, Importação & Exportação, Marketing, Pesquisa de Emprego, Esportes, Educação, Computador, Internet, Ferramentas, Natureza, Países, Nacionalidades e muito mais ...

# TABELA DE CONTEÚDOS

# GUIA DE PRONUNCIAÇÃO

| Alfabeto fonético T&P | Exemplo albanês | Exemplo Português |
|---|---|---|
| [a] | flas [flas] | chamar |
| [e], [ɛ] | melodi [mɛlodí] | mover |
| [ə] | kërkoj [kərkój] | milagre |
| [i] | pikë [píkə] | sinônimo |
| [o] | motor [motór] | lobo |
| [u] | fuqi [fucí] | bonita |
| [y] | myshk [myʃk] | questionar |
| | | |
| [b] | brakë [brákə] | barril |
| [c] | oqean [oceán] | Tchim-tchim! |
| [d] | adoptoj [adoptój] | dentista |
| [dz] | lexoj [lɛdzój] | pizza |
| [dʒ] | xham [dʒam] | adjetivo |
| [ð] | dhomë [ðómə] | [z] - fricativa dental sonora não-sibilante |
| [f] | i fortë [i fórtə] | safári |
| [g] | bullgari [buɫgarí] | gosto |
| [h] | jaht [jáht] | [h] aspirada |
| [j] | hyrje [hýrjɛ] | Vietnã |
| [ɟ] | zgjedh [zɟɛð] | jingle |
| [k] | korik [korík] | aquilo |
| [l] | lëviz [ləvíz] | libra |
| [ɫ] | shkallë [ʃkáɫə] | álcool |
| [m] | medalje [mɛdáljɛ] | magnólia |
| [n] | klan [klan] | natureza |
| [ɲ] | spanjoll [spaɲóɫ] | ninhada |
| [ŋ] | trung [truŋ] | alcançar |
| [p] | polici [politsí] | presente |
| [r] | i erët [i érət] | riscar |
| [ɾ] | groshë [gróʃə] | preto |
| [s] | spital [spitál] | sanita |
| [ʃ] | shes [ʃɛs] | mês |
| [t] | tapet [tapét] | tulipa |
| [ts] | batica [batítsa] | tsé-tsé |
| [ʧ] | kaçube [katʃúbɛ] | Tchau! |
| [v] | javor [javór] | fava |
| [z] | horizont [horizónt] | sésamo |
| [ʒ] | kuzhinë [kuʒínə] | talvez |
| [θ] | përkthej [pərkθéj] | [s] - fricativa dental surda não-sibilante |

# ABREVIATURAS
## usadas no vocabulário

## Abreviaturas do Português

| | | |
|---|---|---|
| adj | - | adjetivo |
| adv | - | advérbio |
| anim. | - | animado |
| conj. | - | conjunção |
| desp. | - | esporte |
| etc. | - | Etcetera |
| ex. | - | por exemplo |
| f | - | nome feminino |
| f pl | - | feminino plural |
| fem. | - | feminino |
| inanim. | - | inanimado |
| m | - | nome masculino |
| m pl | - | masculino plural |
| m, f | - | masculino, feminino |
| masc. | - | masculino |
| mat. | - | matemática |
| mil. | - | militar |
| pl | - | plural |
| prep. | - | preposição |
| pron. | - | pronome |
| sb. | - | sobre |
| sing. | - | singular |
| v aux | - | verbo auxiliar |
| vi | - | verbo intransitivo |
| vi, vt | - | verbo intransitivo, transitivo |
| vr | - | verbo reflexivo |
| vt | - | verbo transitivo |

## Abreviaturas do albanês

| | | |
|---|---|---|
| f | - | nome feminino |
| m | - | nome masculino |
| pl | - | plural |

# CONCEITOS BÁSICOS

## Conceitos básicos. Parte 1

### 1. Pronomes

| | | |
|---|---|---|
| eu | Unë, mua | [unə], [múa] |
| você | ti, ty | [ti], [ty] |
| | | |
| ele | ai | [aí] |
| ela | ajo | [ajó] |
| ele, ela (neutro) | ai | [aí] |
| | | |
| nós | ne | [nɛ] |
| vocês | ju | [ju] |
| | | |
| eles | ata | [atá] |
| elas | ato | [ató] |

### 2. Cumprimentos. Saudações. Despedidas

| | | |
|---|---|---|
| Oi! | Përshëndetje! | [pərʃəndétjɛ!] |
| Olá! | Përshëndetje! | [pərʃəndétjɛ!] |
| Bom dia! | Mirëmëngjes! | [mirəmənɟés!] |
| Boa tarde! | Mirëdita! | [mirədíta!] |
| Boa noite! | Mirëmbrëma! | [mirəmbrə́ma!] |
| | | |
| cumprimentar (vt) | përshëndes | [pərʃəndés] |
| Oi! | Ç'kemi! | [tʃʼkémi!] |
| saudação (f) | përshëndetje (f) | [pərʃəndétjɛ] |
| saudar (vt) | përshëndes | [pərʃəndés] |
| Como você está? | Si jeni? | [si jéni?] |
| Como vai? | Si je? | [si jɛ?] |
| E aí, novidades? | Çfarë ka të re? | [tʃfárə ká tə ré?] |
| | | |
| Tchau! | Mirupafshim! | [mirupáfʃim!] |
| Até logo! | U pafshim! | [u páfʃim!] |
| Até breve! | Shihemi së shpejti! | [ʃíhɛmi sə ʃpéjti!] |
| Adeus! | Lamtumirë! | [lamtumírə!] |
| despedir-se (dizer adeus) | përshëndetem | [pərʃəndétɛm] |
| Até mais! | Tungjatjeta! | [tunɟatjéta!] |
| | | |
| Obrigado! -a! | Faleminderit! | [falɛmindérit!] |
| Muito obrigado! -a! | Faleminderit shumë! | [falɛmindérit ʃúmə!] |
| De nada | Të lutem | [tə lútɛm] |
| Não tem de quê | Asgjë! | [asɟé!] |
| Não foi nada! | Asgjë | [asɟé] |

| | | |
|---|---|---|
| Desculpa! | Më fal! | [mə fal!] |
| Desculpe! | Më falni! | [mə fálni!] |
| desculpar (vt) | fal | [fal] |

| | | |
|---|---|---|
| desculpar-se (vr) | kërkoj falje | [kərkój fáljɛ] |
| Me desculpe | Kërkoj ndjesë | [kərkój ndjésə] |
| Desculpe! | Më vjen keq! | [mə vjɛn kɛc!] |
| perdoar (vt) | fal | [fal] |
| Não faz mal | S'ka gjë! | [s'ka ɟə!] |
| por favor | të lutem | [tə lútɛm] |

| | | |
|---|---|---|
| Não se esqueça! | Mos harro! | [mos haró!] |
| Com certeza! | Sigurisht! | [siguríʃt!] |
| Claro que não! | Sigurisht që jo! | [siguríʃt cə jo!] |
| Está bem! De acordo! | Në rregull! | [nə réguɫ!] |
| Chega! | Mjafton! | [mjaftón!] |

## 3. Números cardinais. Parte 1

| | | |
|---|---|---|
| zero | zero | [zéro] |
| um | një | [ɲə] |
| dois | dy | [dy] |
| três | tre | [trɛ] |
| quatro | katër | [kátər] |

| | | |
|---|---|---|
| cinco | pesë | [pésə] |
| seis | gjashtë | [ɟáʃtə] |
| sete | shtatë | [ʃtátə] |
| oito | tetë | [tétə] |
| nove | nëntë | [nəntə] |

| | | |
|---|---|---|
| dez | dhjetë | [ðjétə] |
| onze | njëmbëdhjetë | [ɲəmbəðjétə] |
| doze | dymbëdhjetë | [dymbəðjétə] |
| treze | trembëdhjetë | [trɛmbəðjétə] |
| catorze | katërmbëdhjetë | [katərmbəðjétə] |

| | | |
|---|---|---|
| quinze | pesëmbëdhjetë | [pɛsəmbəðjétə] |
| dezesseis | gjashtëmbëdhjetë | [ɟaʃtəmbəðjétə] |
| dezessete | shtatëmbëdhjetë | [ʃtatəmbəðjétə] |
| dezoito | tetëmbëdhjetë | [tɛtəmbəðjétə] |
| dezenove | nëntëmbëdhjetë | [nəntəmbəðjétə] |

| | | |
|---|---|---|
| vinte | njëzet | [ɲəzét] |
| vinte e um | njëzet e një | [ɲəzét ɛ ɲə] |
| vinte e dois | njëzet e dy | [ɲəzét ɛ dy] |
| vinte e três | njëzet e tre | [ɲəzét ɛ trɛ] |

| | | |
|---|---|---|
| trinta | tridhjetë | [triðjétə] |
| trinta e um | tridhjetë e një | [triðjétə ɛ ɲə] |
| trinta e dois | tridhjetë e dy | [triðjétə ɛ dy] |
| trinta e três | tridhjetë e tre | [triðjétə ɛ trɛ] |
| quarenta | dyzet | [dyzét] |
| quarenta e um | dyzet e një | [dyzét ɛ ɲə] |

| quarenta e dois | dyzet e dy | [dyzét ɛ dy] |
| quarenta e três | dyzet e tre | [dyzét ɛ trɛ] |

| cinquenta | pesëdhjetë | [pɛsəðjétə] |
| cinquenta e um | pesëdhjetë e një | [pɛsəðjétə ɛ ɲə] |
| cinquenta e dois | pesëdhjetë e dy | [pɛsəðjétə ɛ dy] |
| cinquenta e três | pesëdhjetë e tre | [pɛsəðjétə ɛ trɛ] |

| sessenta | gjashtëdhjetë | [ɟaʃtəðjétə] |
| sessenta e um | gjashtëdhjetë e një | [ɟaʃtəðjétə ɛ ɲə] |
| sessenta e dois | gjashtëdhjetë e dy | [ɟaʃtəðjétə ɛ dý] |
| sessenta e três | gjashtëdhjetë e tre | [ɟaʃtəðjétə ɛ tré] |

| setenta | shtatëdhjetë | [ʃtatəðjétə] |
| setenta e um | shtatëdhjetë e një | [ʃtatəðjétə ɛ ɲə] |
| setenta e dois | shtatëdhjetë e dy | [ʃtatəðjétə ɛ dy] |
| setenta e três | shtatëdhjetë e tre | [ʃtatəðjétə ɛ trɛ] |

| oitenta | tetëdhjetë | [tɛtəðjétə] |
| oitenta e um | tetëdhjetë e një | [tɛtəðjétə ɛ ɲə] |
| oitenta e dois | tetëdhjetë e dy | [tɛtəðjétə ɛ dy] |
| oitenta e três | tetëdhjetë e tre | [tɛtəðjétə ɛ trɛ] |

| noventa | nëntëdhjetë | [nəntəðjétə] |
| noventa e um | nëntëdhjetë e një | [nəntəðjétə ɛ ɲə] |
| noventa e dois | nëntëdhjetë e dy | [nəntəðjétə ɛ dy] |
| noventa e três | nëntëdhjetë e tre | [nəntəðjétə ɛ trɛ] |

## 4. Números cardinais. Parte 2

| cem | njëqind | [ɲəcínd] |
| duzentos | dyqind | [dycínd] |
| trezentos | treqind | [trɛcínd] |
| quatrocentos | katërqind | [katərcínd] |
| quinhentos | pesëqind | [pɛsəcínd] |
| seiscentos | gjashtëqind | [ɟaʃtəcínd] |
| setecentos | shtatëqind | [ʃtatəcínd] |
| oitocentos | tetëqind | [tɛtəcínd] |
| novecentos | nëntëqind | [nəntəcínd] |

| mil | një mijë | [ɲə míjə] |
| dois mil | dy mijë | [dy míjə] |
| três mil | tre mijë | [trɛ míjə] |
| dez mil | dhjetë mijë | [ðjétə míjə] |
| cem mil | njëqind mijë | [ɲəcínd míjə] |
| um milhão | milion (m) | [milión] |
| um bilhão | miliardë (f) | [miliárdə] |

## 5. Números. Frações

| fração (f) | thyesë (f) | [θýɛsə] |
| um meio | gjysma | [ɟýsma] |

| um terço | një e treta | [ɲə ɛ tréta] |
| um quarto | një e katërta | [ɲə ɛ kátərta] |

| um oitavo | një e teta | [ɲə ɛ téta] |
| um décimo | një e dhjeta | [ɲə ɛ ðjéta] |
| dois terços | dy të tretat | [dy tə trétat] |
| três quartos | tre të katërtat | [trɛ tə kátərtat] |

## 6. Números. Operações básicas

| subtração (f) | zbritje (f) | [zbrítjɛ] |
| subtrair (vi, vt) | zbres | [zbrɛs] |
| divisão (f) | pjesëtim (m) | [pjɛsətím] |
| dividir (vt) | pjesëtoj | [pjɛsətój] |

| adição (f) | mbledhje (f) | [mbléðjɛ] |
| somar (vt) | shtoj | [ʃtoj] |
| adicionar (vt) | mbledh | [mbléð] |
| multiplicação (f) | shumëzim (m) | [ʃumazím] |
| multiplicar (vt) | shumëzoj | [ʃumazój] |

## 7. Números. Diversos

| algarismo, dígito (m) | shifër (f) | [ʃífər] |
| número (m) | numër (m) | [númər] |
| numeral (m) | numerik (m) | [numɛrík] |
| menos (m) | minus (m) | [minús] |
| mais (m) | plus (m) | [plus] |
| fórmula (f) | formulë (f) | [formúlə] |

| cálculo (m) | llogaritje (f) | [ɫogarítjɛ] |
| contar (vt) | numëroj | [numərój] |
| calcular (vt) | llogaris | [ɫogarís] |
| comparar (vt) | krahasoj | [krahasój] |

| Quanto, -os, -as? | Sa? | [sa?] |
| soma (f) | shuma (f) | [ʃúma] |
| resultado (m) | rezultat (m) | [rɛzultát] |
| resto (m) | mbetje (f) | [mbétjɛ] |

| alguns, algumas ... | disa | [disá] |
| pouco (~ tempo) | pak | [pak] |
| poucos, poucas | disa | [disá] |
| um pouco de ... | pak | [pak] |
| resto (m) | mbetje (f) | [mbétjɛ] |
| um e meio | një e gjysmë (f) | [ɲə ɛ ɟýsmə] |
| dúzia (f) | dyzinë (f) | [dyzínə] |

| ao meio | përgjysmë | [pərɟýsmə] |
| em partes iguais | gjysmë për gjysmë | [ɟýsmə pər ɟýsmə] |
| metade (f) | gjysmë (f) | [ɟýsmə] |
| vez (f) | herë (f) | [hérə] |

## 8. Os verbos mais importantes. Parte 1

| | | |
|---|---|---|
| abrir (vt) | hap | [hap] |
| acabar, terminar (vt) | përfundoj | [pərfundój] |
| aconselhar (vt) | këshilloj | [kəʃiɫój] |
| adivinhar (vt) | hamendësoj | [hamɛndəsój] |
| advertir (vt) | paralajmëroj | [paralajmərój] |

| | | |
|---|---|---|
| ajudar (vt) | ndihmoj | [ndihmój] |
| almoçar (vi) | ha drekë | [ha drékə] |
| alugar (~ um apartamento) | marr me qira | [mar mɛ cirá] |
| amar (pessoa) | dashuroj | [daʃurój] |
| ameaçar (vt) | kërcënoj | [kərtsənój] |

| | | |
|---|---|---|
| anotar (escrever) | mbaj shënim | [mbáj ʃəním] |
| apressar-se (vr) | nxitoj | [ndzitój] |
| arrepender-se (vr) | pendohem | [pɛndóhɛm] |
| assinar (vt) | nënshkruaj | [nənʃkrúaj] |
| brincar (vi) | bëj shaka | [bəj ʃaká] |

| | | |
|---|---|---|
| brincar, jogar (vi, vt) | luaj | [lúaj] |
| buscar (vt) | kërkoj ... | [kərkój ...] |
| caçar (vi) | dal për gjah | [dál pər ɟáh] |
| cair (vi) | bie | [bíɛ] |
| cavar (vt) | gërmoj | [gərmój] |
| chamar (~ por socorro) | thërras | [θərás] |

| | | |
|---|---|---|
| chegar (vi) | arrij | [aríj] |
| chorar (vi) | qaj | [caj] |
| começar (vt) | filloj | [fiɫój] |
| comparar (vt) | krahasoj | [krahasój] |
| concordar (dizer "sim") | bie dakord | [bíɛ dakórd] |

| | | |
|---|---|---|
| confiar (vt) | besoj | [bɛsój] |
| confundir (equivocar-se) | ngatërroj | [ŋatərój] |
| conhecer (vt) | njoh | [ɲóh] |
| contar (fazer contas) | numëroj | [numərój] |
| contar com ... | mbështetem ... | [mbəʃtétɛm ...] |
| continuar (vt) | vazhdoj | [vaʒdój] |

| | | |
|---|---|---|
| controlar (vt) | kontrolloj | [kontroɫój] |
| convidar (vt) | ftoj | [ftoj] |
| correr (vi) | vrapoj | [vrapój] |
| criar (vt) | krijoj | [krijój] |
| custar (vt) | kushton | [kuʃtón] |

## 9. Os verbos mais importantes. Parte 2

| | | |
|---|---|---|
| dar (vt) | jap | [jap] |
| dar uma dica | aludoj | [aludój] |
| decorar (enfeitar) | zbukuroj | [zbukurój] |
| defender (vt) | mbroj | [mbrój] |
| deixar cair (vt) | lëshoj | [ləʃój] |

| | | |
|---|---|---|
| descer (para baixo) | zbres | [zbrɛs] |
| desculpar (vt) | fal | [fal] |
| desculpar-se (vr) | kërkoj falje | [kərkój fáljɛ] |
| dirigir (~ uma empresa) | drejtoj | [drɛjtój] |
| discutir (notícias, etc.) | diskutoj | [diskutój] |
| | | |
| disparar, atirar (vi) | qëlloj | [cəɫój] |
| dizer (vt) | them | [θɛm] |
| duvidar (vt) | dyshoj | [dyʃój] |
| encontrar (achar) | gjej | [ɟéj] |
| enganar (vt) | mashtroj | [maʃtrój] |
| | | |
| entender (vt) | kuptoj | [kuptój] |
| entrar (na sala, etc.) | hyj | [hyj] |
| enviar (uma carta) | dërgoj | [dərgój] |
| errar (enganar-se) | gaboj | [gabój] |
| escolher (vt) | zgjedh | [zɟɛð] |
| | | |
| esconder (vt) | fsheh | [fʃéh] |
| escrever (vt) | shkruaj | [ʃkrúaj] |
| esperar (aguardar) | pres | [prɛs] |
| esperar (ter esperança) | shpresoj | [ʃprɛsój] |
| esquecer (vt) | harroj | [harój] |
| | | |
| estudar (vt) | studioj | [studiój] |
| exigir (vt) | kërkoj | [kərkój] |
| existir (vi) | ekzistoj | [ɛkzistój] |
| explicar (vt) | shpjegoj | [ʃpjɛgój] |
| | | |
| falar (vi) | flas | [flas] |
| faltar (a la escuela, etc.) | humbas | [humbás] |
| fazer (vt) | bëj | [bəj] |
| ficar em silêncio | hesht | [hɛʃt] |
| gabar-se (vr) | mburrem | [mbúrɛm] |
| | | |
| gostar (apreciar) | pëlqej | [pəlcéj] |
| gritar (vi) | bërtas | [bərtás] |
| guardar (fotos, etc.) | mbaj | [mbáj] |
| informar (vt) | informoj | [informój] |
| insistir (vi) | këmbëngul | [kəmbəŋúl] |
| | | |
| insultar (vt) | fyej | [fýɛj] |
| interessar-se (vr) | interesohem ... | [intɛrɛsóhɛm ...] |
| ir (a pé) | ec në këmbë | [ɛts nə kémbə] |
| ir nadar | notoj | [notój] |
| jantar (vi) | ha darkë | [ha dárkə] |

## 10. Os verbos mais importantes. Parte 3

| | | |
|---|---|---|
| ler (vt) | lexoj | [lɛdzój] |
| libertar, liberar (vt) | çliroj | [tʃlirój] |
| matar (vt) | vras | [vras] |
| mencionar (vt) | përmend | [pərménd] |
| mostrar (vt) | tregoj | [trɛgój] |

| mudar (modificar) | ndryshoj | [ndryʃój] |
| nadar (vi) | notoj | [notój] |
| negar-se a ... (vr) | refuzoj | [rɛfuzój] |
| objetar (vt) | kundërshtoj | [kundərʃtój] |

| observar (vt) | vëzhgoj | [vəʒgój] |
| ordenar (mil.) | urdhëroj | [urðərój] |
| ouvir (vt) | dëgjoj | [dəɟój] |
| pagar (vt) | paguaj | [pagúaj] |
| parar (vi) | ndaloj | [ndalój] |

| parar, cessar (vt) | ndaloj | [ndalój] |
| participar (vi) | marr pjesë | [mar pjésə] |
| pedir (comida, etc.) | porosis | [porosís] |
| pedir (um favor, etc.) | pyes | [pýɛs] |
| pegar (tomar) | marr | [mar] |

| pegar (uma bola) | kap | [kap] |
| pensar (vi, vt) | mendoj | [mɛndój] |
| perceber (ver) | vërej | [vəréj] |
| perdoar (vt) | fal | [fal] |
| perguntar (vt) | pyes | [pýɛs] |

| permitir (vt) | lejoj | [lɛjój] |
| pertencer a ... (vi) | përkas ... | [pərkás ...] |
| planejar (vt) | planifikoj | [planifikój] |
| poder (~ fazer algo) | mund | [mund] |
| possuir (uma casa, etc.) | zotëroj | [zotərój] |

| preferir (vt) | preferoj | [prɛfɛrój] |
| preparar (vt) | gatuaj | [gatúaj] |
| prever (vt) | parashikoj | [paraʃikój] |
| prometer (vt) | premtoj | [prɛmtój] |
| pronunciar (vt) | shqiptoj | [ʃciptój] |

| propor (vt) | propozoj | [propozój] |
| punir (castigar) | ndëshkoj | [ndəʃkój] |
| quebrar (vt) | ndahem | [ndáhɛm] |
| queixar-se de ... | ankohem | [ankóhɛm] |
| querer (desejar) | dëshiroj | [dəʃirój] |

## 11. Os verbos mais importantes. Parte 4

| ralhar, repreender (vt) | qortoj | [cortój] |
| recomendar (vt) | rekomandoj | [rɛkomandój] |
| repetir (dizer outra vez) | përsëris | [pərsərís] |
| reservar (~ um quarto) | rezervoj | [rɛzɛrvój] |
| responder (vt) | përgjigjem | [pərɟiɟɛm] |

| rezar, orar (vi) | lutem | [lútɛm] |
| rir (vi) | qesh | [cɛʃ] |
| roubar (vt) | vjedh | [vjɛð] |
| saber (vt) | di | [di] |
| sair (~ de casa) | dal | [dal] |

| | | |
|---|---|---|
| salvar (resgatar) | shpëtoj | [ʃpətój] |
| seguir (~ alguém) | ndjek ... | [ndjék ...] |
| sentar-se (vr) | ulem | [úlɛm] |
| ser necessário | nevojitet | [nɛvojítɛt] |

| | | |
|---|---|---|
| ser, estar | jam | [jam] |
| significar (vt) | nënkuptoj | [nənkuptój] |
| sorrir (vi) | buzëqesh | [buzəcéʃ] |
| subestimar (vt) | nënvlerësoj | [nənvlɛrəsój] |
| surpreender-se (vr) | çuditem | [tʃudítɛm] |

| | | |
|---|---|---|
| tentar (~ fazer) | përpiqem | [pərpícɛm] |
| ter (vt) | kam | [kam] |
| ter fome | kam uri | [kam urí] |

| | | |
|---|---|---|
| ter medo | kam frikë | [kam fríkə] |
| ter sede | kam etje | [kam étjɛ] |
| tocar (com as mãos) | prek | [prɛk] |
| tomar café da manhã | ha mëngjes | [ha mənɟés] |
| trabalhar (vi) | punoj | [punój] |
| traduzir (vt) | përkthej | [pərkθéj] |

| | | |
|---|---|---|
| unir (vt) | bashkoj | [baʃkój] |
| vender (vt) | shes | [ʃɛs] |
| ver (vt) | shikoj | [ʃikój] |
| virar (~ para a direita) | kthej | [kθɛj] |
| voar (vi) | fluturoj | [fluturój] |

## 12. Cores

| | | |
|---|---|---|
| cor (f) | ngjyrë (f) | [nɟýrə] |
| tom (m) | nuancë (f) | [nuántsə] |
| tonalidade (m) | tonalitet (m) | [tonalitét] |
| arco-íris (m) | ylber (m) | [ylbér] |

| | | |
|---|---|---|
| branco (adj) | e bardhë | [ɛ bárðə] |
| preto (adj) | e zezë | [ɛ zézə] |
| cinza (adj) | gri | [grí] |

| | | |
|---|---|---|
| verde (adj) | jeshile | [jɛʃílɛ] |
| amarelo (adj) | e verdhë | [ɛ vérðə] |
| vermelho (adj) | e kuqe | [ɛ kúcɛ] |

| | | |
|---|---|---|
| azul (adj) | blu | [blu] |
| azul claro (adj) | bojëqielli | [bojəciéti] |
| rosa (adj) | rozë | [rózə] |
| laranja (adj) | portokalli | [portokáti] |
| violeta (adj) | bojëvjollcë | [bojəvjóttsə] |
| marrom (adj) | kafe | [káfɛ] |

| | | |
|---|---|---|
| dourado (adj) | e artë | [ɛ ártə] |
| prateado (adj) | e argjendtë | [ɛ arɟéndtə] |
| bege (adj) | bezhë | [béʒə] |
| creme (adj) | krem | [krɛm] |

| turquesa (adj) | e bruztë | [ɛ brúztə] |
| vermelho cereja (adj) | qershi | [cɛrʃí] |
| lilás (adj) | jargavan | [jargaván] |
| carmim (adj) | e kuqe e thellë | [ɛ kúcɛ ɛ θétə] |

| claro (adj) | e hapur | [ɛ hápuɾ] |
| escuro (adj) | e errët | [ɛ érət] |
| vivo (adj) | e ndritshme | [ɛ ndrítʃmɛ] |

| de cor | e ngjyrosur | [ɛ nɟyrósuɾ] |
| a cores | ngjyrë | [nɟýrə] |
| preto e branco (adj) | bardhë e zi | [bárðə ɛ zi] |
| unicolor (de uma só cor) | njëngjyrëshe | [nənɟýrəʃɛ] |
| multicolor (adj) | shumëngjyrëshe | [ʃumənɟýrəʃɛ] |

## 13. Questões

| Quem? | Kush? | [kuʃ?] |
| O que? | Çka? | [tʃká?] |
| Onde? | Ku? | [ku?] |
| Para onde? | Për ku? | [pər ku?] |
| De onde? | Nga ku? | [ŋa ku?] |
| Quando? | Kur? | [kur?] |
| Para quê? | Pse? | [psɛ?] |
| Por quê? | Pse? | [psɛ?] |

| Para quê? | Për çfarë arsye? | [pər tʃfárə arsýɛ?] |
| Como? | Si? | [si?] |
| Qual (~ é o problema?) | Çfarë? | [tʃfárə?] |
| Qual (~ deles?) | Cili? | [tsíli?] |

| A quem? | Kujt? | [kújt?] |
| De quem? | Për kë? | [pər kə?] |
| Do quê? | Për çfarë? | [pər tʃfárə?] |
| Com quem? | Me kë? | [mɛ kə?] |

| Quanto, -os, -as? | Sa? | [sa?] |
| De quem (~ é isto?) | Të kujt? | [tə kujt?] |

## 14. Palavras funcionais. Advérbios. Parte 1

| Onde? | Ku? | [ku?] |
| aqui | këtu | [kətú] |
| lá, ali | atje | [atjé] |

| em algum lugar | diku | [dikú] |
| em lugar nenhum | askund | [askúnd] |

| perto de … | afër | [áfər] |
| perto da janela | tek dritarja | [tɛk dritárja] |
| Para onde? | Për ku? | [pər ku?] |
| aqui | këtu | [kətú] |

| | | |
|---|---|---|
| para lá | atje | [atjé] |
| daqui | nga këtu | [ŋa kətú] |
| de lá, dali | nga atje | [ŋa atjɛ] |
| perto | pranë | [pránə] |
| longe | larg | [larg] |
| perto de ... | afër | [áfər] |
| à mão, perto | pranë | [pránə] |
| não fica longe | jo larg | [jo lárg] |
| esquerdo (adj) | majtë | [májtə] |
| à esquerda | majtas | [májtas] |
| para a esquerda | në të majtë | [nə tə májtə] |
| direito (adj) | djathtë | [djáθtə] |
| à direita | djathtas | [djáθtas] |
| para a direita | në të djathtë | [nə tə djáθtə] |
| em frente | përballë | [pərbáɫə] |
| da frente | i përparmë | [i pərpármə] |
| adiante (para a frente) | përpara | [pərpára] |
| atrás de ... | prapa | [prápa] |
| de trás | nga prapa | [ŋa prápa] |
| para trás | pas | [pas] |
| meio (m), metade (f) | mes (m) | [mɛs] |
| no meio | në mes | [nə mɛs] |
| do lado | në anë | [nə anə] |
| em todo lugar | kudo | [kúdo] |
| por todos os lados | përreth | [pəréθ] |
| de dentro | nga brenda | [ŋa brénda] |
| para algum lugar | diku | [dikú] |
| diretamente | drejt | [dréjt] |
| de volta | pas | [pas] |
| de algum lugar | nga kudo | [ŋa kúdo] |
| de algum lugar | nga diku | [ŋa dikú] |
| em primeiro lugar | së pari | [sə pári] |
| em segundo lugar | së dyti | [sə dýti] |
| em terceiro lugar | së treti | [sə tréti] |
| de repente | befas | [béfas] |
| no início | në fillim | [nə fiɫím] |
| pela primeira vez | për herë të parë | [pər hérə tə párə] |
| muito antes de ... | shumë përpara ... | [ʃúmə pərpára ...] |
| de novo | sërish | [səríʃ] |
| para sempre | një herë e mirë | [ɲə hérə ɛ mírə] |
| nunca | kurrë | [kúrə] |
| de novo | përsëri | [pərsərí] |
| agora | tani | [táni] |

| frequentemente | shpesh | [ʃpɛʃ] |
| então | atëherë | [atəhérə] |
| urgentemente | urgjent | [urɟént] |
| normalmente | zakonisht | [zakoníʃt] |

| a propósito, … | meqë ra fjala, … | [mécə ra fjála, …] |
| é possível | ndoshta | [ndóʃta] |
| provavelmente | mundësisht | [mundəsíʃt] |
| talvez | mbase | [mbásɛ] |
| além disso, … | përveç | [pərvétʃ] |
| por isso … | ja përse … | [ja pərsé …] |
| apesar de … | pavarësisht se … | [pavarəsíʃt sɛ …] |
| graças a … | falë … | [fálə …] |

| que (pron.) | çfarë | [tʃfárə] |
| que (conj.) | që | [cə] |
| algo | diçka | [ditʃká] |
| alguma coisa | ndonji gjë | [ndoɲí ɟə] |
| nada | asgjë | [asɟé] |

| quem | kush | [kuʃ] |
| alguém (~ que …) | dikush | [dikúʃ] |
| alguém (com ~) | dikush | [dikúʃ] |

| ninguém | askush | [askúʃ] |
| para lugar nenhum | askund | [askúnd] |
| de ninguém | i askujt | [i askújt] |
| de alguém | i dikujt | [i dikújt] |

| tão | aq | [ác] |
| também (gostaria ~ de …) | gjithashtu | [ɟiθaʃtú] |
| também (~ eu) | gjithashtu | [ɟiθaʃtú] |

## 15. Palavras funcionais. Advérbios. Parte 2

| Por quê? | Pse? | [psɛ?] |
| por alguma razão | për një arsye | [pər ɲə arsýɛ] |
| porque … | sepse … | [sɛpsé …] |
| por qualquer razão | për ndonjë shkak | [pər ndóɲə ʃkak] |

| e (tu ~ eu) | dhe | [ðɛ] |
| ou (ser ~ não ser) | ose | [ósɛ] |
| mas (porém) | por | [por] |
| para (~ a minha mãe) | për | [pər] |

| muito, demais | tepër | [tépər] |
| só, somente | vetëm | [vétəm] |
| exatamente | pikërisht | [pikəríʃt] |
| cerca de (~ 10 kg) | rreth | [rɛθ] |

| aproximadamente | përafërsisht | [pərafərsíʃt] |
| aproximado (adj) | përafërt | [pəráfərt] |
| quase | pothuajse | [poθúajsɛ] |
| resto (m) | mbetje (f) | [mbétjɛ] |

| o outro (segundo) | tjetri | [tjétri] |
|---|---|---|
| outro (adj) | tjetër | [tjétər] |
| cada (adj) | çdo | [tʃdo] |
| qualquer (adj) | çfarëdo | [tʃfarədó] |
| muitos, muitas | disa | [disá] |
| muito | shumë | [ʃúmə] |
| muitas pessoas | shumë njerëz | [ʃúmə ɲérəz] |
| todos | të gjithë | [tə ɟíθə] |

| em troca de ... | në vend të ... | [nə vénd tə ...] |
|---|---|---|
| em troca | në shkëmbim të ... | [nə ʃkəmbím tə ...] |
| à mão | me dorë | [mɛ dórə] |
| pouco provável | vështirë se ... | [vəʃtírə sɛ ...] |

| provavelmente | mundësisht | [mundəsíʃt] |
|---|---|---|
| de propósito | me qëllim | [mɛ cəɫím] |
| por acidente | aksidentalisht | [aksidɛntalíʃt] |

| muito | shumë | [ʃúmə] |
|---|---|---|
| por exemplo | për shembull | [pər ʃémbuɫ] |
| entre | midis | [midís] |
| entre (no meio de) | rreth | [rɛθ] |
| tanto | kaq shumë | [kác ʃúmə] |
| especialmente | veçanërisht | [vɛtʃanəríʃt] |

23

# Conceitos básicos. Parte 2

## 16. Opostos

| | | |
|---|---|---|
| rico (adj) | i pasur | [i pásur] |
| pobre (adj) | i varfër | [i várfər] |
| doente (adj) | i sëmurë | [i səmúrə] |
| bem (adj) | mirë | [mírə] |
| grande (adj) | i madh | [i máð] |
| pequeno (adj) | i vogël | [i vógəl] |
| rapidamente | shpejt | [ʃpɛjt] |
| lentamente | ngadalë | [ŋadálə] |
| rápido (adj) | i shpejtë | [i ʃpéjtə] |
| lento (adj) | i ngadaltë | [i ŋadáltə] |
| alegre (adj) | i kënaqur | [i kənácur] |
| triste (adj) | i mërzitur | [i mərzítur] |
| juntos (ir ~) | së bashku | [sə báʃku] |
| separadamente | veç e veç | [vɛtʃ ɛ vɛtʃ] |
| em voz alta (ler ~) | me zë | [mɛ zə] |
| para si (em silêncio) | pa zë | [pa zə] |
| alto (adj) | i lartë | [i lártə] |
| baixo (adj) | i ulët | [i úlət] |
| profundo (adj) | i thellë | [i θélə] |
| raso (adj) | i cekët | [i tsékət] |
| sim | po | [po] |
| não | jo | [jo] |
| distante (adj) | i largët | [i lárgət] |
| próximo (adj) | afër | [áfər] |
| longe | larg | [larg] |
| à mão, perto | pranë | [pránə] |
| longo (adj) | i gjatë | [i ɟátə] |
| curto (adj) | i shkurtër | [i ʃkúrtər] |
| bom (bondoso) | i mirë | [i mírə] |
| mal (adj) | djallëzor | [djaɫəzór] |
| casado (adj) | i martuar | [i martúar] |

| solteiro (adj) | beqar | [bɛcár] |
|---|---|---|
| proibir (vt) | ndaloj | [ndalój] |
| permitir (vt) | lejoj | [lɛjój] |
| fim (m) | fund (m) | [fund] |
| início (m) | fillim (m) | [fiłím] |
| esquerdo (adj) | majtë | [májtə] |
| direito (adj) | djathtë | [djáθtə] |
| primeiro (adj) | i pari | [i pári] |
| último (adj) | i fundit | [i fúndit] |
| crime (m) | krim (m) | [krim] |
| castigo (m) | ndëshkim (m) | [ndəʃkím] |
| ordenar (vt) | urdhëroj | [urðərój] |
| obedecer (vt) | bindem | [bíndɛm] |
| reto (adj) | i drejtë | [i dréjtə] |
| curvo (adj) | i harkuar | [i harkúar] |
| paraíso (m) | parajsë (f) | [parájsə] |
| inferno (m) | ferr (m) | [fɛr] |
| nascer (vi) | lind | [lind] |
| morrer (vi) | vdes | [vdɛs] |
| forte (adj) | i fortë | [i fórtə] |
| fraco, débil (adj) | i dobët | [i dóbət] |
| velho, idoso (adj) | plak | [plak] |
| jovem (adj) | i ri | [i ɾí] |
| velho (adj) | i vjetër | [i vjétər] |
| novo (adj) | i ri | [i ɾí] |
| duro (adj) | i fortë | [i fórtə] |
| macio (adj) | i butë | [i bútə] |
| quente (adj) | ngrohtë | [ŋróhtə] |
| frio (adj) | i ftohtë | [i ftóhtə] |
| gordo (adj) | i shëndoshë | [i ʃəndóʃə] |
| magro (adj) | i dobët | [i dóbət] |
| estreito (adj) | i ngushtë | [i ŋúʃtə] |
| largo (adj) | i gjerë | [i ɟérə] |
| bom (adj) | i mirë | [i mírə] |
| mau (adj) | i keq | [i kéc] |
| valente, corajoso (adj) | guximtar | [gudzimtár] |
| covarde (adj) | frikacak | [frikatsák] |

25

## 17. Dias da semana

| | | |
|---|---|---|
| segunda-feira (f) | E hënë (f) | [ɛ hénə] |
| terça-feira (f) | E martë (f) | [ɛ mártə] |
| quarta-feira (f) | E mërkurë (f) | [ɛ mərkúrə] |
| quinta-feira (f) | E enjte (f) | [ɛ éɲtɛ] |
| sexta-feira (f) | E premte (f) | [ɛ prémtɛ] |
| sábado (m) | E shtunë (f) | [ɛ ʃtúnə] |
| domingo (m) | E dielë (f) | [ɛ díɛlə] |

| | | |
|---|---|---|
| hoje | sot | [sot] |
| amanhã | nesër | [nésər] |
| depois de amanhã | pasnesër | [pasnésər] |
| ontem | dje | [djé] |
| anteontem | pardje | [pardjé] |

| | | |
|---|---|---|
| dia (m) | ditë (f) | [dítə] |
| dia (m) de trabalho | ditë pune (f) | [dítə púnɛ] |
| feriado (m) | festë kombëtare (f) | [féstə kombətárɛ] |
| dia (m) de folga | ditë pushim (m) | [dítə puʃím] |
| fim (m) de semana | fundjavë (f) | [fundjávə] |

| | | |
|---|---|---|
| o dia todo | gjithë ditën | [ɟíθə dítən] |
| no dia seguinte | ditën pasardhëse | [dítən pasárðəsɛ] |
| há dois dias | dy ditë më parë | [dy dítə mə párə] |
| na véspera | një ditë më parë | [ɲə dítə mə párə] |
| diário (adj) | ditor | [ditór] |
| todos os dias | çdo ditë | [tʃdo dítə] |

| | | |
|---|---|---|
| semana (f) | javë (f) | [jávə] |
| na semana passada | javën e kaluar | [jávən ɛ kalúar] |
| semana que vem | javën e ardhshme | [jávən ɛ árðʃmɛ] |
| semanal (adj) | javor | [javór] |
| toda semana | çdo javë | [tʃdo jávə] |
| duas vezes por semana | dy herë në javë | [dy hérə nə jávə] |
| toda terça-feira | çdo të martë | [tʃdo tə mártə] |

## 18. Horas. Dia e noite

| | | |
|---|---|---|
| manhã (f) | mëngjes (m) | [mənɟés] |
| de manhã | në mëngjes | [nə mənɟés] |
| meio-dia (m) | mesditë (f) | [mɛsdítə] |
| à tarde | pasdite | [pasdítɛ] |

| | | |
|---|---|---|
| tardinha (f) | mbrëmje (f) | [mbrémjɛ] |
| à tardinha | në mbrëmje | [nə mbrémjɛ] |
| noite (f) | natë (f) | [nátə] |
| à noite | natën | [nátən] |
| meia-noite (f) | mesnatë (f) | [mɛsnátə] |

| | | |
|---|---|---|
| segundo (m) | sekondë (f) | [sɛkóndə] |
| minuto (m) | minutë (f) | [minútə] |
| hora (f) | orë (f) | [órə] |

| | | |
|---|---|---|
| meia hora (f) | gjysmë ore (f) | [ɟýsmə órɛ] |
| quarto (m) de hora | çerek ore (m) | [tʃɛrék órɛ] |
| quinze minutos | pesëmbëdhjetë minuta | [pɛsəmbəðjétə minúta] |
| vinte e quatro horas | 24 orë | [nəzét ɛ kátər órə] |

| | | |
|---|---|---|
| nascer (m) do sol | agim (m) | [agím] |
| amanhecer (m) | agim (m) | [agím] |
| madrugada (f) | mëngjes herët (m) | [mənɟés hérət] |
| pôr-do-sol (m) | perëndim dielli (m) | [pɛrəndím diéɫi] |

| | | |
|---|---|---|
| de madrugada | herët në mëngjes | [hérət nə mənɟés] |
| esta manhã | sot në mëngjes | [sot nə mənɟés] |
| amanhã de manhã | nesër në mëngjes | [nésər nə mənɟés] |

| | | |
|---|---|---|
| esta tarde | sot pasdite | [sot pasdítɛ] |
| à tarde | pasdite | [pasdítɛ] |
| amanhã à tarde | nesër pasdite | [nésər pasdítɛ] |

| | | |
|---|---|---|
| esta noite, hoje à noite | sonte në mbrëmje | [sóntɛ nə mbrəmjɛ] |
| amanhã à noite | nesër në mbrëmje | [nésər nə mbrémjɛ] |

| | | |
|---|---|---|
| às três horas em ponto | në orën 3 fiks | [nə órən trɛ fiks] |
| por volta das quatro | rreth orës 4 | [rɛθ órəs kátər] |
| às doze | deri në orën 12 | [déri nə órən dymbəðjétə] |

| | | |
|---|---|---|
| em vinte minutos | për 20 minuta | [pər nəzét minúta] |
| em uma hora | për një orë | [pər nə órə] |
| a tempo | në orar | [nə orár] |

| | | |
|---|---|---|
| ... um quarto para | çerek ... | [tʃɛrék ...] |
| dentro de uma hora | brenda një ore | [brénda nə órɛ] |
| a cada quinze minutos | çdo 15 minuta | [tʃdo pɛsəmbəðjétə minúta] |
| as vinte e quatro horas | gjithë ditën | [ɟíθə dítən] |

## 19. Meses. Estações

| | | |
|---|---|---|
| janeiro (m) | Janar (m) | [janár] |
| fevereiro (m) | Shkurt (m) | [ʃkurt] |
| março (m) | Mars (m) | [mars] |
| abril (m) | Prill (m) | [priɫ] |
| maio (m) | Maj (m) | [maj] |
| junho (m) | Qershor (m) | [cɛrʃór] |

| | | |
|---|---|---|
| julho (m) | Korrik (m) | [korík] |
| agosto (m) | Gusht (m) | [guʃt] |
| setembro (m) | Shtator (m) | [ʃtatór] |
| outubro (m) | Tetor (m) | [tɛtór] |
| novembro (m) | Nëntor (m) | [nəntór] |
| dezembro (m) | Dhjetor (m) | [ðjɛtór] |

| | | |
|---|---|---|
| primavera (f) | pranverë (f) | [pranvérə] |
| na primavera | në pranverë | [nə pranvérə] |
| primaveril (adj) | pranveror | [pranvɛrór] |
| verão (m) | verë (f) | [vérə] |

27

| no verão | në verë | [nə vérə] |
|---|---|---|
| de verão | veror | [vɛrór] |

| outono (m) | vjeshtë (f) | [vjéʃtə] |
|---|---|---|
| no outono | në vjeshtë | [nə vjéʃtə] |
| outonal (adj) | vjeshtor | [vjéʃtor] |

| inverno (m) | dimër (m) | [dímər] |
|---|---|---|
| no inverno | në dimër | [nə dímər] |
| de inverno | dimëror | [dimərór] |
| mês (m) | muaj (m) | [múaj] |
| este mês | këtë muaj | [kətə múaj] |
| mês que vem | muajin tjetër | [múajin tjétər] |
| no mês passado | muajin e kaluar | [múajin ɛ kalúar] |

| um mês atrás | para një muaji | [pára ɲə múaji] |
|---|---|---|
| em um mês | pas një muaji | [pas ɲə múaji] |
| em dois meses | pas dy muajsh | [pas dy múajʃ] |
| todo o mês | gjithë muajin | [ʝíθə múajin] |
| um mês inteiro | gjatë gjithë muajit | [ʝátə ʝíθə múajit] |

| mensal (adj) | mujor | [mujór] |
|---|---|---|
| mensalmente | mujor | [mujór] |
| todo mês | çdo muaj | [tʃdo múaj] |
| duas vezes por mês | dy herë në muaj | [dy hérə nə múaj] |

| ano (m) | vit (m) | [vit] |
|---|---|---|
| este ano | këtë vit | [kətə vít] |
| ano que vem | vitin tjetër | [vítin tjétər] |
| no ano passado | vitin e kaluar | [vítin ɛ kalúar] |
| há um ano | para një viti | [pára ɲə víti] |
| em um ano | për një vit | [pər ɲə vit] |
| dentro de dois anos | për dy vite | [pər dy vítɛ] |
| todo o ano | gjithë vitin | [ʝíθə vítin] |
| um ano inteiro | gjatë gjithë vitit | [ʝátə ʝíθə vítit] |

| cada ano | çdo vit | [tʃdo vít] |
|---|---|---|
| anual (adj) | vjetor | [vjɛtór] |
| anualmente | çdo vit | [tʃdo vít] |
| quatro vezes por ano | 4 herë në vit | [kátər hérə nə vit] |

| data (~ de hoje) | datë (f) | [dátə] |
|---|---|---|
| data (ex. ~ de nascimento) | data (f) | [dáta] |
| calendário (m) | kalendar (m) | [kalɛndár] |

| meio ano | gjysmë viti | [ʝýsmə víti] |
|---|---|---|
| seis meses | gjashtë muaj | [ʝáʃtə múaj] |
| estação (f) | stinë (f) | [stínə] |
| século (m) | shekull (m) | [ʃékuɫ] |

## 20. Tempo. Diversos

| tempo (m) | kohë (f) | [kóhə] |
|---|---|---|
| momento (m) | çast, moment (m) | [tʃást], [momént] |

| | | |
|---|---|---|
| instante (m) | çast (m) | [tʃást] |
| instantâneo (adj) | i çastit | [i tʃástit] |
| lapso (m) de tempo | interval (m) | [intɛrvál] |
| vida (f) | jetë (f) | [jétə] |
| eternidade (f) | përjetësi (f) | [pərjɛtəsí] |

| | | |
|---|---|---|
| época (f) | epokë (f) | [ɛpókə] |
| era (f) | erë (f) | [érə] |
| ciclo (m) | cikël (m) | [tsíkəl] |
| período (m) | periudhë (f) | [pɛriúðə] |
| prazo (m) | afat (m) | [afát] |

| | | |
|---|---|---|
| futuro (m) | ardhmëria (f) | [arðməría] |
| futuro (adj) | e ardhme | [ɛ árðmɛ] |
| da próxima vez | herën tjetër | [hérən tjétər] |
| passado (m) | e shkuara (f) | [ɛ ʃkúara] |
| passado (adj) | kaluar | [kalúar] |
| na última vez | herën e fundit | [hérən ɛ fúndit] |
| mais tarde | më vonë | [mə vónə] |
| depois de ... | pas | [pas] |
| atualmente | në këto kohë | [nə kəto kóhə] |
| agora | tani | [táni] |
| imediatamente | menjëherë | [mɛɲəhérə] |
| em breve | së shpejti | [sə ʃpéjti] |
| de antemão | paraprakisht | [paraprakíʃt] |

| | | |
|---|---|---|
| há muito tempo | para shumë kohësh | [pára ʃúmə kóhəʃ] |
| recentemente | së fundmi | [sə fúndmi] |
| destino (m) | fat (m) | [fat] |
| recordações (f pl) | kujtime (pl) | [kujtímɛ] |
| arquivo (m) | arkiva (f) | [arkíva] |
| durante ... | gjatë ... | [ɟátə ...] |
| durante muito tempo | gjatë, kohë e gjatë | [ɟátə], [kóhə ɛ ɟátə] |
| pouco tempo | jo gjatë | [jo ɟátə] |
| cedo (levantar-se ~) | herët | [hérət] |
| tarde (deitar-se ~) | vonë | [vónə] |

| | | |
|---|---|---|
| para sempre | përjetë | [pərjétə] |
| começar (vt) | filloj | [fiɫój] |
| adiar (vt) | shtyj | [ʃtyj] |

| | | |
|---|---|---|
| ao mesmo tempo | njëkohësisht | [ɲəkohəsíʃt] |
| permanentemente | përhershëm | [pərhérʃəm] |
| constante (~ ruído, etc.) | vazhdueshme | [vaʒdúɛʃmɛ] |
| temporário (adj) | i përkohshëm | [i pərkóhʃəm] |

| | | |
|---|---|---|
| às vezes | ndonjëherë | [ndoɲəhérə] |
| raras vezes, raramente | rrallë | [ráɫə] |
| frequentemente | shpesh | [ʃpɛʃ] |

## 21. Linhas e formas

| | | |
|---|---|---|
| quadrado (m) | katror (m) | [katrór] |
| quadrado (adj) | katrore | [katrórɛ] |

| | | |
|---|---|---|
| círculo (m) | rreth (m) | [rɛθ] |
| redondo (adj) | i rrumbullakët | [i rumbułákət] |
| triângulo (m) | trekëndësh (m) | [trékəndəʃ] |
| triangular (adj) | trekëndor | [trɛkəndór] |
| oval (f) | oval (f) | [ovál] |
| oval (adj) | ovale | [ováłɛ] |
| retângulo (m) | drejtkëndësh (m) | [drɛjtkéndəʃ] |
| retangular (adj) | drejtkëndor | [drɛjtkəndór] |
| pirâmide (f) | piramidë (f) | [piramídə] |
| losango (m) | romb (m) | [romb] |
| trapézio (m) | trapezoid (m) | [trapɛzoíd] |
| cubo (m) | kub (m) | [kub] |
| prisma (m) | prizëm (m) | [prízəm] |
| circunferência (f) | perimetër (m) | [pɛrimétər] |
| esfera (f) | sferë (f) | [sférə] |
| globo (m) | top (m) | [top] |
| diâmetro (m) | diametër (m) | [diamétər] |
| raio (m) | sipërfaqe (f) | [sipərfácɛ] |
| perímetro (m) | perimetër (m) | [pɛrimétər] |
| centro (m) | qendër (f) | [céndər] |
| horizontal (adj) | horizontal | [horizontál] |
| vertical (adj) | vertikal | [vɛrtikál] |
| paralela (f) | paralele (f) | [paralélɛ] |
| paralelo (adj) | paralel | [paralél] |
| linha (f) | vijë (f) | [víjə] |
| traço (m) | vizë (f) | [vízə] |
| reta (f) | vijë e drejtë (f) | [víjə ɛ dréjtə] |
| curva (f) | kurbë (f) | [kúrbə] |
| fino (linha ~a) | e hollë | [ɛ hółə] |
| contorno (m) | kontur (f) | [kontúr] |
| interseção (f) | kryqëzim (m) | [krycəzím] |
| ângulo (m) reto | kënd i drejtë (m) | [kənd i dréjtə] |
| segmento (m) | segment (m) | [sɛgmént] |
| setor (m) | sektor (m) | [sɛktór] |
| lado (de um triângulo, etc.) | anë (f) | [ánə] |
| ângulo (m) | kënd (m) | [kónd] |

## 22. Unidades de medida

| | | |
|---|---|---|
| peso (m) | peshë (f) | [péʃə] |
| comprimento (m) | gjatësi (f) | [ɟatəsí] |
| largura (f) | gjerësi (f) | [ɟɛrəsí] |
| altura (f) | lartësi (f) | [lartəsí] |
| profundidade (f) | thellësi (f) | [θɛłəsí] |
| volume (m) | vëllim (m) | [vəłím] |
| área (f) | sipërfaqe (f) | [sipərfácɛ] |
| grama (m) | gram (m) | [gram] |
| miligrama (m) | miligram (m) | [miligrám] |

| | | |
|---|---|---|
| quilograma (m) | kilogram (m) | [kilográm] |
| tonelada (f) | ton (m) | [ton] |
| libra (453,6 gramas) | paund (m) | [páund] |
| onça (f) | ons (m) | [ons] |

| | | |
|---|---|---|
| metro (m) | metër (m) | [métər] |
| milímetro (m) | milimetër (m) | [milimétər] |
| centímetro (m) | centimetër (m) | [tsɛntimétər] |
| quilômetro (m) | kilometër (m) | [kilométər] |
| milha (f) | milje (f) | [míljɛ] |

| | | |
|---|---|---|
| polegada (f) | inç (m) | [intʃ] |
| pé (304,74 mm) | këmbë (f) | [kə́mbə] |
| jarda (914,383 mm) | jard (m) | [járd] |

| | | |
|---|---|---|
| metro (m) quadrado | metër katror (m) | [métər katrór] |
| hectare (m) | hektar (m) | [hɛktár] |

| | | |
|---|---|---|
| litro (m) | litër (m) | [lítər] |
| grau (m) | gradë (f) | [grádə] |
| volt (m) | volt (m) | [volt] |
| ampère (m) | amper (m) | [ampér] |
| cavalo (m) de potência | kuaj-fuqi (f) | [kúaj-fucí] |

| | | |
|---|---|---|
| quantidade (f) | sasi (f) | [sasí] |
| um pouco de ... | pak ... | [pak ...] |
| metade (f) | gjysmë (f) | [ɟýsmə] |
| dúzia (f) | dyzinë (f) | [dyzínə] |
| peça (f) | copë (f) | [tsópə] |

| | | |
|---|---|---|
| tamanho (m), dimensão (f) | madhësi (f) | [maðəsí] |
| escala (f) | shkallë (f) | [ʃkálə] |

| | | |
|---|---|---|
| mínimo (adj) | minimale | [minimálɛ] |
| menor, mais pequeno | më i vogli | [mə i vógli] |
| médio (adj) | i mesëm | [i mésəm] |
| máximo (adj) | maksimale | [maksimálɛ] |
| maior, mais grande | më i madhi | [mə i máði] |

## 23. Recipientes

| | | |
|---|---|---|
| pote (m) de vidro | kavanoz (m) | [kavanóz] |
| lata (~ de cerveja) | kanoçe (f) | [kanótʃɛ] |
| balde (m) | kovë (f) | [kóvə] |
| barril (m) | fuçi (f) | [futʃí] |

| | | |
|---|---|---|
| bacia (~ de plástico) | legen (m) | [lɛgén] |
| tanque (m) | tank (m) | [tank] |
| cantil (m) de bolso | faqore (f) | [facórɛ] |
| galão (m) de gasolina | bidon (m) | [bidón] |
| cisterna (f) | cisternë (f) | [tsistérnə] |

| | | |
|---|---|---|
| caneca (f) | tas (m) | [tas] |
| xícara (f) | filxhan (m) | [fildʒán] |

| pires (m) | pjatë filxhani (f) | [pjátə fildʒáni] |
| copo (m) | gotë (f) | [gótə] |
| taça (f) de vinho | gotë vere (f) | [gótə vérɛ] |
| panela (f) | tenxhere (f) | [tɛndʒérɛ] |

| garrafa (f) | shishe (f) | [ʃíʃɛ] |
| gargalo (m) | grykë | [grýkə] |

| jarra (f) | brokë (f) | [brókə] |
| jarro (m) | shtambë (f) | [ʃtámbə] |
| recipiente (m) | enë (f) | [énə] |
| pote (m) | enë (f) | [énə] |
| vaso (m) | vazo (f) | [vázo] |

| frasco (~ de perfume) | shishe (f) | [ʃíʃɛ] |
| frasquinho (m) | shishkë (f) | [ʃíʃkə] |
| tubo (m) | tubet (f) | [tubét] |

| saco (ex. ~ de açúcar) | thes (m) | [θɛs] |
| sacola (~ plastica) | qese (f) | [césɛ] |
| maço (de cigarros, etc.) | paketë (f) | [pakétə] |

| caixa (~ de sapatos, etc.) | kuti (f) | [kutí] |
| caixote (~ de madeira) | arkë (f) | [árkə] |
| cesto (m) | shportë (f) | [ʃpórtə] |

## 24. Materiais

| material (m) | material (m) | [matɛriál] |
| madeira (f) | dru (m) | [dru] |
| de madeira | prej druri | [prɛj drúri] |

| vidro (m) | qelq (m) | [cɛlc] |
| de vidro | prej qelqi | [prɛj célci] |

| pedra (f) | gur (m) | [gur] |
| de pedra | guror | [gurór] |

| plástico (m) | plastikë (f) | [plastíkə] |
| plástico (adj) | plastike | [plastíkɛ] |

| borracha (f) | gomë (f) | [gómə] |
| de borracha | prej gome | [prɛj gómɛ] |

| tecido, pano (m) | pëlhurë (f) | [pəlhúrə] |
| de tecido | nga pëlhura | [ŋa pəlhúra] |

| papel (m) | letër (f) | [létər] |
| de papel | prej letre | [prɛj létrɛ] |

| papelão (m) | karton (m) | [kartón] |
| de papelão | prej kartoni | [prɛj kartóni] |
| polietileno (m) | polietilen (m) | [poliétilɛn] |
| celofane (m) | celofan (m) | [tsɛlofán] |

| | | |
|---|---|---|
| linóleo (m) | linoleum (m) | [linolɛúm] |
| madeira (f) compensada | kompensatë (f) | [kompɛnsátə] |

| | | |
|---|---|---|
| porcelana (f) | porcelan (m) | [portsɛlán] |
| de porcelana | prej porcelani | [prɛj portsɛláni] |
| argila (f), barro (m) | argjilë (f) | [arɟílə] |
| de barro | prej argjile | [prɛj arɟílɛ] |
| cerâmica (f) | qeramikë (f) | [cɛramíkə] |
| de cerâmica | prej qeramike | [prɛj cɛramíkɛ] |

## 25. Metais

| | | |
|---|---|---|
| metal (m) | metal (m) | [mɛtál] |
| metálico (adj) | prej metali | [prɛj mɛtáli] |
| liga (f) | aliazh (m) | [aliáʒ] |

| | | |
|---|---|---|
| ouro (m) | ar (m) | [ár] |
| de ouro | prej ari | [prɛj ári] |
| prata (f) | argjend (m) | [arɟénd] |
| de prata | prej argjendi | [prɛj arɟéndi] |

| | | |
|---|---|---|
| ferro (m) | hekur (m) | [hékur] |
| de ferro | prej hekuri | [prɛj hékuri] |
| aço (m) | çelik (m) | [tʃɛlík] |
| de aço (adj) | prej çeliku | [prɛj tʃɛlíku] |
| cobre (m) | bakër (m) | [bákər] |
| de cobre | prej bakri | [prɛj bákri] |

| | | |
|---|---|---|
| alumínio (m) | alumin (m) | [alumín] |
| de alumínio | prej alumini | [prɛj alumíni] |
| bronze (m) | bronz (m) | [bronz] |
| de bronze | prej bronzi | [prɛj brónzi] |

| | | |
|---|---|---|
| latão (m) | tunxh (m) | [tundʒ] |
| níquel (m) | nikel (m) | [nikél] |
| platina (f) | platin (m) | [platín] |
| mercúrio (m) | merkur (m) | [mɛrkúr] |
| estanho (m) | kallaj (m) | [kaɬáj] |
| chumbo (m) | plumb (m) | [plúmb] |
| zinco (m) | zink (m) | [zink] |

# O SER HUMANO

# O ser humano. O corpo

## 26. Humanos. Conceitos básicos

| | | |
|---|---|---|
| ser (m) humano | qenie njerëzore (f) | [cɛníɛ ɲɛɾəzóɾɛ] |
| homem (m) | burrë (m) | [búɾə] |
| mulher (f) | grua (f) | [gɾúa] |
| criança (f) | fëmijë (f) | [fəmíjə] |
| | | |
| menina (f) | vajzë (f) | [vájzə] |
| menino (m) | djalë (f) | [djálə] |
| adolescente (m) | adoleshent (m) | [adolɛʃént] |
| velho (m) | plak (m) | [plak] |
| velha (f) | plakë (f) | [plákə] |

## 27. Anatomia humana

| | | |
|---|---|---|
| organismo (m) | organizëm (m) | [organízəm] |
| coração (m) | zemër (f) | [zémər] |
| sangue (m) | gjak (m) | [ɟak] |
| artéria (f) | arterie (f) | [artériɛ] |
| veia (f) | venë (f) | [vénə] |
| | | |
| cérebro (m) | tru (m) | [tru] |
| nervo (m) | nerv (m) | [nɛrv] |
| nervos (m pl) | nerva (f) | [nérva] |
| vértebra (f) | vertebër (f) | [vɛrtébər] |
| coluna (f) vertebral | shtyllë kurrizore (f) | [ʃtýɫə kurizóɾɛ] |
| | | |
| estômago (m) | stomak (m) | [stomák] |
| intestinos (m pl) | zorrët (f) | [zórət] |
| intestino (m) | zorrë (f) | [zórə] |
| fígado (m) | mëlçi (f) | [məltʃí] |
| rim (m) | veshkë (f) | [véʃkə] |
| | | |
| osso (m) | kockë (f) | [kótskə] |
| esqueleto (m) | skelet (m) | [skɛlét] |
| costela (f) | brinjë (f) | [bríɲə] |
| crânio (m) | kafkë (f) | [káfkə] |
| | | |
| músculo (m) | muskul (m) | [múskul] |
| bíceps (m) | biceps (m) | [bitséps] |
| tríceps (m) | triceps (m) | [tritséps] |
| tendão (m) | tendon (f) | [tɛndón] |
| articulação (f) | nyje (f) | [nýjɛ] |

| | | |
|---|---|---|
| pulmões (m pl) | mushkëri (m) | [muʃkərí] |
| órgãos (m pl) genitais | organe gjenitale (f) | [orgánɛ ɟɛnitálɛ] |
| pele (f) | lëkurë (f) | [ləkúrə] |

## 28. Cabeça

| | | |
|---|---|---|
| cabeça (f) | kokë (f) | [kókə] |
| rosto, cara (f) | fytyrë (f) | [fytýrə] |
| nariz (m) | hundë (f) | [húndə] |
| boca (f) | gojë (f) | [gójə] |

| | | |
|---|---|---|
| olho (m) | sy (m) | [sy] |
| olhos (m pl) | sytë | [sýtə] |
| pupila (f) | bebëz (f) | [bébəz] |
| sobrancelha (f) | vetull (f) | [vétuɫ] |
| cílio (f) | qerpik (m) | [cɛrpík] |
| pálpebra (f) | qepallë (f) | [cɛpáɫə] |

| | | |
|---|---|---|
| língua (f) | gjuhë (f) | [ɟúhə] |
| dente (m) | dhëmb (m) | [ðəmb] |
| lábios (m pl) | buzë (f) | [búzə] |
| maçãs (f pl) do rosto | mollëza (f) | [móɫəza] |
| gengiva (f) | mishrat e dhëmbëve | [míʃrat ɛ ðəmbəvɛ] |
| palato (m) | qiellzë (f) | [ciéɫzə] |

| | | |
|---|---|---|
| narinas (f pl) | vrimat e hundës (pl) | [vrímat ɛ húndəs] |
| queixo (m) | mjekër (f) | [mjékər] |
| mandíbula (f) | nofull (f) | [nófuɫ] |
| bochecha (f) | faqe (f) | [fácɛ] |

| | | |
|---|---|---|
| testa (f) | ball (m) | [báɫ] |
| têmpora (f) | tëmth (m) | [təmθ] |
| orelha (f) | vesh (m) | [vɛʃ] |
| costas (f pl) da cabeça | zverk (m) | [zvɛrk] |
| pescoço (m) | qafë (f) | [cáfə] |
| garganta (f) | fyt (m) | [fyt] |

| | | |
|---|---|---|
| cabelo (m) | flokë (pl) | [flókə] |
| penteado (m) | model flokësh (m) | [modél flókəʃ] |
| corte (m) de cabelo | prerje flokësh (f) | [prérjɛ flókəʃ] |
| peruca (f) | paruke (f) | [parúkɛ] |

| | | |
|---|---|---|
| bigode (m) | mustaqe (f) | [mustácɛ] |
| barba (f) | mjekër (f) | [mjékər] |
| ter (~ barba, etc.) | lë mjekër | [lə mjékər] |
| trança (f) | gërshet (m) | [gərʃét] |
| suíças (f pl) | baseta (f) | [baséta] |

| | | |
|---|---|---|
| ruivo (adj) | flokëkuqe | [flokəkúcɛ] |
| grisalho (adj) | thinja | [θíɲa] |
| careca (adj) | qeros | [cɛrós] |
| calva (f) | tullë (f) | [túɫə] |
| rabo-de-cavalo (m) | bishtalec (m) | [biʃtaléts] |
| franja (f) | balluke (f) | [baɫúkɛ] |

## 29. Corpo humano

| | | |
|---|---|---|
| mão (f) | dorë (f) | [dórə] |
| braço (m) | krah (m) | [krah] |

| | | |
|---|---|---|
| dedo (m) | gisht i dorës (m) | [gíʃt i dórəs] |
| dedo (m) do pé | gisht i këmbës (m) | [gíʃt i kémbəs] |
| polegar (m) | gishti i madh (m) | [gíʃti i máð] |
| dedo (m) mindinho | gishti i vogël (m) | [gíʃti i vógəl] |
| unha (f) | thua (f) | [θúa] |

| | | |
|---|---|---|
| punho (m) | grusht (m) | [grúʃt] |
| palma (f) | pëllëmbë dore (f) | [pəɫémbə dórɛ] |
| pulso (m) | kyç (m) | [kytʃ] |
| antebraço (m) | parakrah (m) | [parakráh] |
| cotovelo (m) | bërryl (m) | [bərýl] |
| ombro (m) | shpatull (f) | [ʃpátuɫ] |

| | | |
|---|---|---|
| perna (f) | këmbë (f) | [kémbə] |
| pé (m) | shputë (f) | [ʃpútə] |
| joelho (m) | gju (m) | [ɟú] |
| panturrilha (f) | pulpë (f) | [púlpə] |
| quadril (m) | ijë (f) | [íjə] |
| calcanhar (m) | thembër (f) | [θémbər] |

| | | |
|---|---|---|
| corpo (m) | trup (m) | [trup] |
| barriga (f), ventre (m) | stomak (m) | [stomák] |
| peito (m) | kraharor (m) | [kraharór] |
| seio (m) | gjoks (m) | [ɟóks] |
| lado (m) | krah (m) | [krah] |
| costas (dorso) | kurriz (m) | [kuríz] |
| região (f) lombar | fundshpina (f) | [fundʃpína] |
| cintura (f) | beli (m) | [béli] |

| | | |
|---|---|---|
| umbigo (m) | kërthizë (f) | [kərθízə] |
| nádegas (f pl) | vithe (f) | [víθɛ] |
| traseiro (m) | prapanica (f) | [prapanítsa] |

| | | |
|---|---|---|
| sinal (m), pinta (f) | nishan (m) | [niʃán] |
| sinal (m) de nascença | shenjë lindjeje (f) | [ʃéɲə líndjɛjɛ] |
| tatuagem (f) | tatuazh (m) | [tatuáʒ] |
| cicatriz (f) | shenjë (f) | [ʃéɲə] |

# Vestuário & Acessórios

## 30. Roupa exterior. Casacos

| | | |
|---|---|---|
| roupa (f) | rroba (f) | [róba] |
| roupa (f) exterior | veshje e sipërme (f) | [véʃʃɛ ɛ sípərmɛ] |
| roupa (f) de inverno | veshje dimri (f) | [véʃʃɛ dímri] |
| | | |
| sobretudo (m) | pallto (f) | [páłto] |
| casaco (m) de pele | gëzof (m) | [gəzóf] |
| jaqueta (f) de pele | xhaketë lëkure (f) | [dʒakétə ləkúrɛ] |
| casaco (m) acolchoado | xhup (m) | [dʒup] |
| | | |
| casaco (m), jaqueta (f) | xhaketë (f) | [dʒakétə] |
| impermeável (m) | pardesy (f) | [pardɛsý] |
| a prova d'água | kundër shiut | [kúndər ʃiut] |

## 31. Vestuário de homem & mulher

| | | |
|---|---|---|
| camisa (f) | këmishë (f) | [kəmíʃə] |
| calça (f) | pantallona (f) | [pantałóna] |
| jeans (m) | xhinse (f) | [dʒínsɛ] |
| paletó, terno (m) | xhaketë kostumi (f) | [dʒakétə kostúmi] |
| terno (m) | kostum (m) | [kostúm] |
| | | |
| vestido (ex. ~ de noiva) | fustan (m) | [fustán] |
| saia (f) | fund (m) | [fund] |
| blusa (f) | bluzë (f) | [blúzə] |
| casaco (m) de malha | xhaketë me thurje (f) | [dʒakétə mɛ θúrjɛ] |
| casaco, blazer (m) | xhaketë femrash (f) | [dʒakétə fémraʃ] |
| | | |
| camiseta (f) | bluzë (f) | [blúzə] |
| short (m) | pantallona të shkurtra (f) | [pantałóna tə ʃkúrtra] |
| training (m) | tuta sportive (f) | [túta sportívɛ] |
| roupão (m) de banho | peshqir trupi (m) | [pɛʃcír trúpi] |
| pijama (m) | pizhame (f) | [piʒámɛ] |
| | | |
| suéter (m) | triko (f) | [tríko] |
| pulôver (m) | pulovër (m) | [pulóvər] |
| | | |
| colete (m) | jelek (m) | [jɛlék] |
| fraque (m) | frak (m) | [frak] |
| smoking (m) | smoking (m) | [smokíŋ] |
| | | |
| uniforme (m) | uniformë (f) | [unifórmə] |
| roupa (f) de trabalho | rroba pune (f) | [róba púnɛ] |
| macacão (m) | kominoshe (f) | [kominóʃɛ] |
| jaleco (m), bata (f) | uniformë (f) | [unifórmə] |

## 32. Vestuário. Roupa interior

| | | |
|---|---|---|
| roupa (f) íntima | të brendshme (f) | [tə bréndʃmɛ] |
| cueca boxer (f) | boksera (f) | [bokséra] |
| calcinha (f) | brekë (f) | [brékə] |
| camiseta (f) | fanellë (f) | [fanétə] |
| meias (f pl) | çorape (pl) | [tʃorápɛ] |
| camisola (f) | këmishë nate (f) | [kəmíʃə nátɛ] |
| sutiã (m) | sytjena (f) | [sytjéna] |
| meias longas (f pl) | çorape déri tek gjuri (pl) | [tʃorápɛ déri ték ɉúri] |
| meias-calças (f pl) | geta (f) | [géta] |
| meias (~ de nylon) | çorape të holla (pl) | [tʃorápɛ tə hóta] |
| maiô (m) | rrobë banje (f) | [róbə báɲɛ] |

## 33. Adereços de cabeça

| | | |
|---|---|---|
| chapéu (m), touca (f) | kapelë (f) | [kapélə] |
| chapéu (m) de feltro | kapelë republike (f) | [kapélə ɾɛpublíkɛ] |
| boné (m) de beisebol | kapelë bejsbolli (f) | [kapélə bɛjsbóti] |
| boina (~ italiana) | kapelë e sheshtë (f) | [kapélə ɛ ʃéʃtə] |
| boina (ex. ~ basca) | beretë (f) | [bɛrétə] |
| capuz (m) | kapuç (m) | [kapútʃ] |
| chapéu panamá (m) | kapelë panama (f) | [kapélə panamá] |
| touca (f) | kapuç leshi (m) | [kapútʃ léʃi] |
| lenço (m) | shami (f) | [ʃamí] |
| chapéu (m) feminino | kapelë femrash (f) | [kapélə fémraʃ] |
| capacete (m) de proteção | helmetë (f) | [hɛlmétə] |
| bibico (m) | kapelë ushtrie (f) | [kapélə uʃtríɛ] |
| capacete (m) | helmetë (f) | [hɛlmétə] |
| chapéu-coco (m) | kapelë derby (f) | [kapélə dérby] |
| cartola (f) | kapelë cilindër (f) | [kapélə tsilíndər] |

## 34. Calçado

| | | |
|---|---|---|
| calçado (m) | këpucë (pl) | [kəpútsə] |
| botinas (f pl), sapatos (m pl) | këpucë burrash (pl) | [kəpútsə búraʃ] |
| sapatos (de salto alto, etc.) | këpucë grash (pl) | [kəpútsə gráʃ] |
| botas (f pl) | çizme (pl) | [tʃízmɛ] |
| pantufas (f pl) | pantofla (pl) | [pantófla] |
| tênis (~ Nike, etc.) | atlete tenisi (pl) | [atlétɛ tɛnísi] |
| tênis (~ Converse) | atlete (pl) | [atlétɛ] |
| sandálias (f pl) | sandale (pl) | [sandálɛ] |
| sapateiro (m) | këpucëtar (m) | [kəputsətár] |
| salto (m) | takë (f) | [tákə] |

| par (m) | palë (f) | [pálə] |
| cadarço (m) | lidhëse këpucësh (f) | [líðəsɛ kəpútsəʃ] |
| amarrar os cadarços | lidh këpucët | [lið kəpútsət] |
| calçadeira (f) | lugë këpucësh (f) | [lúgə kəpútsəʃ] |
| graxa (f) para calçado | bojë këpucësh (f) | [bójə kəpútsəʃ] |

## 35. Têxtil. Tecidos

| algodão (m) | pambuk (m) | [pambúk] |
| de algodão | i pambuktë | [i pambúktə] |
| linho (m) | li (m) | [li] |
| de linho | prej liri | [prɛj líri] |

| seda (f) | mëndafsh (m) | [məndáfʃ] |
| de seda | i mëndafshtë | [i məndáfʃtə] |
| lã (f) | lesh (m) | [lɛʃ] |
| de lã | i leshtë | [i léʃtə] |

| veludo (m) | kadife (f) | [kadífɛ] |
| camurça (f) | kamosh (m) | [kamóʃ] |
| veludo (m) cotelê | kadife me riga (f) | [kadífɛ mɛ ríga] |

| nylon (m) | najlon (m) | [najlón] |
| de nylon | prej najloni | [prɛj najlóni] |
| poliéster (m) | poliestër (m) | [poliéstər] |
| de poliéster | prej poliestri | [prɛj poliéstri] |

| couro (m) | lëkurë (f) | [ləkúrə] |
| de couro | prej lëkure | [prɛj ləkúrɛ] |
| pele (f) | gëzof (m) | [gəzóf] |
| de pele | prej gëzofi | [prɛj gəzófi] |

## 36. Acessórios pessoais

| luva (f) | dorëza (pl) | [dórəza] |
| mitenes (f pl) | doreza (f) | [doréza] |
| cachecol (m) | shall (m) | [ʃaɫ] |

| óculos (m pl) | syze (f) | [sýzɛ] |
| armação (f) | skelet syzesh (m) | [skɛlét sýzɛʃ] |
| guarda-chuva (m) | çadër (f) | [tʃádər] |
| bengala (f) | bastun (m) | [bastún] |
| escova (f) para o cabelo | furçë flokësh (f) | [fúrtʃə flókəʃ] |
| leque (m) | erashkë (f) | [ɛráʃkə] |

| gravata (f) | kravatë (f) | [kravátə] |
| gravata-borboleta (f) | papion (m) | [papión] |
| suspensórios (m pl) | aski (pl) | [askí] |
| lenço (m) | shami (f) | [ʃamí] |

| pente (m) | krehër (m) | [kréhər] |
| fivela (f) para cabelo | kapëse flokësh (f) | [kápəsɛ flókəʃ] |

| grampo (m) | karficë (f) | [karfítsə] |
| fivela (f) | tokëz (f) | [tókəz] |

| cinto (m) | rrip (m) | [rip] |
| alça (f) de ombro | rrip supi (m) | [rip súpi] |

| bolsa (f) | çantë dore (f) | [tʃántə dórɛ] |
| bolsa (feminina) | çantë (f) | [tʃántə] |
| mochila (f) | çantë shpine (f) | [tʃántə ʃpínɛ] |

## 37. Vestuário. Diversos

| moda (f) | modë (f) | [módə] |
| na moda (adj) | në modë | [nə módə] |
| estilista (m) | stilist (m) | [stilíst] |

| colarinho (m) | jakë (f) | [jákə] |
| bolso (m) | xhep (m) | [dʒɛp] |
| de bolso | i xhepit | [i dʒépit] |
| manga (f) | mëngë (f) | [méŋə] |
| ganchinho (m) | hallkë për varje (f) | [háɫkə pər várjɛ] |
| bragueta (f) | zinxhir (m) | [zindʒír] |

| zíper (m) | zinxhir (m) | [zindʒír] |
| colchete (m) | kapëse (f) | [kápəsɛ] |
| botão (m) | kopsë (f) | [kópsə] |
| botoeira (casa de botão) | vrimë kopse (f) | [vrímə kópsɛ] |
| soltar-se (vr) | këputet | [kəpútɛt] |

| costurar (vi) | qep | [cɛp] |
| bordar (vt) | qëndis | [cəndís] |
| bordado (m) | qëndisje (f) | [cəndísjɛ] |
| agulha (f) | gjilpërë për qepje (f) | [ɟilpérə pər cépjɛ] |
| fio, linha (f) | pe (m) | [pɛ] |
| costura (f) | tegel (m) | [tɛgél] |

| sujar-se (vr) | bëhem pis | [béhɛm pis] |
| mancha (f) | njollë (f) | [ɲóɫə] |
| amarrotar-se (vr) | zhubros | [ʒubrós] |
| rasgar (vt) | gris | [gris] |
| traça (f) | molë rrobash (f) | [mólə róbaʃ] |

## 38. Cuidados pessoais. Cosméticos

| pasta (f) de dente | pastë dhëmbësh (f) | [pástə ðémbəʃ] |
| escova (f) de dente | furçë dhëmbësh (f) | [fúrtʃə ðémbəʃ] |
| escovar os dentes | laj dhëmbët | [laj ðémbət] |

| gilete (f) | brisk (m) | [brísk] |
| creme (m) de barbear | pastë rroje (f) | [pástə rójɛ] |
| barbear-se (vr) | rruhem | [rúhɛm] |
| sabonete (m) | sapun (m) | [sapún] |

| | | |
|---|---|---|
| xampu (m) | shampo (f) | [ʃampó] |
| tesoura (f) | gërshërë (f) | [gərʃérə] |
| lixa (f) de unhas | limë thonjsh (f) | [límə θóɲʃ] |
| corta-unhas (m) | prerëse thonjsh (f) | [prérəsɛ θóɲʃ] |
| pinça (f) | piskatore vetullash (f) | [piskatórɛ vétuɫaʃ] |
| | | |
| cosméticos (m pl) | kozmetikë (f) | [kozmɛtíkə] |
| máscara (f) | maskë fytyre (f) | [máskə fytýrɛ] |
| manicure (f) | manikyr (m) | [manikýr] |
| fazer as unhas | bëj manikyr | [bəj manikýr] |
| pedicure (f) | pedikyr (m) | [pɛdikýr] |
| | | |
| bolsa (f) de maquiagem | çantë kozmetike (f) | [tʃántə kozmɛtíkɛ] |
| pó (de arroz) | pudër fytyre (f) | [púdər fytýrɛ] |
| pó (m) compacto | pudër kompakte (f) | [púdər kompáktɛ] |
| blush (m) | ruzh (m) | [ruʒ] |
| | | |
| perfume (m) | parfum (m) | [parfúm] |
| água-de-colônia (f) | parfum (m) | [parfúm] |
| loção (f) | krem (m) | [krɛm] |
| colônia (f) | kolonjë (f) | [kolóɲə] |
| | | |
| sombra (f) de olhos | rimel (m) | [rimél] |
| delineador (m) | laps për sy (m) | [láps pər sy] |
| máscara (f), rímel (m) | rimel (m) | [rimél] |
| | | |
| batom (m) | buzëkuq (m) | [buzəkúc] |
| esmalte (m) | llak për thonj (m) | [ɫak pər θóɲ] |
| laquê (m), spray fixador (m) | llak flokësh (m) | [ɫak flókəʃ] |
| desodorante (m) | deodorant (m) | [dɛodoránt] |
| | | |
| creme (m) | krem (m) | [krɛm] |
| creme (m) de rosto | krem për fytyrë (m) | [krɛm pər fytýrə] |
| creme (m) de mãos | krem për duar (m) | [krɛm pər dúar] |
| creme (m) antirrugas | krem kundër rrudhave (m) | [krɛm kúndər rúðavɛ] |
| creme (m) de dia | krem dite (m) | [krɛm dítɛ] |
| creme (m) de noite | krem nate (m) | [krɛm nátɛ] |
| de dia | dite | [dítɛ] |
| da noite | nate | [nátɛ] |
| | | |
| absorvente (m) interno | tampon (m) | [tampón] |
| papel (m) higiênico | letër higjienike (f) | [létər hiɟiɛníkɛ] |
| secador (m) de cabelo | tharëse flokësh (f) | [θárəsɛ ʄlókəʃ] |

## 39. Joalheria

| | | |
|---|---|---|
| joias (f pl) | bizhuteri (f) | [biʒutɛrí] |
| precioso (adj) | i çmuar | [i tʃmúar] |
| marca (f) de contraste | vulë dalluese (f) | [vúlə daɫúɛsɛ] |
| | | |
| anel (m) | unazë (f) | [unázə] |
| aliança (f) | unazë martese (f) | [unázə martésɛ] |
| pulseira (f) | byzylyk (m) | [byzylýk] |
| brincos (m pl) | vathë (pl) | [váθə] |

| colar (m) | gjerdan (m) | [ɟɛrdán] |
| coroa (f) | kurorë (f) | [kurórə] |
| colar (m) de contas | qafore me rruaza (f) | [cafórɛ mɛ ruáza] |

| diamante (m) | diamant (m) | [diamánt] |
| esmeralda (f) | smerald (m) | [smɛráld] |
| rubi (m) | rubin (m) | [rubín] |
| safira (f) | safir (m) | [safír] |
| pérola (f) | perlë (f) | [pérlə] |
| âmbar (m) | qelibar (m) | [cɛlibár] |

## 40. Relógios de pulso. Relógios

| relógio (m) de pulso | orë dore (f) | [órə dórɛ] |
| mostrador (m) | faqe e orës (f) | [fácɛ ɛ órəs] |
| ponteiro (m) | akrep (m) | [akrép] |
| bracelete (em aço) | rrip metalik ore (m) | [rip mɛtalík órɛ] |
| bracelete (em couro) | rrip ore (m) | [rip órɛ] |

| pilha (f) | bateri (f) | [batɛrí] |
| acabar (vi) | e shkarkuar | [ɛ ʃkarkúar] |
| trocar a pilha | ndërroj baterinë | [ndərój batɛrínə] |
| estar adiantado | kalon shpejt | [kalón ʃpéjt] |
| estar atrasado | ngel prapa | [ŋɛl prápa] |

| relógio (m) de parede | orë muri (f) | [órə múri] |
| ampulheta (f) | orë rëre (f) | [órə rərɛ] |
| relógio (m) de sol | orë diellore (f) | [órə diɛɬórɛ] |
| despertador (m) | orë me zile (f) | [órə mɛ zílɛ] |
| relojoeiro (m) | orëndreqës (m) | [orəndrécəs] |
| reparar (vt) | ndreq | [ndréc] |

# Alimentação. Nutrição

## 41. Comida

| | | |
|---|---|---|
| carne (f) | mish (m) | [miʃ] |
| galinha (f) | pulë (f) | [púlə] |
| frango (m) | mish pule (m) | [miʃ púlɛ] |
| pato (m) | rosë (f) | [rósə] |
| ganso (m) | patë (f) | [pátə] |
| caça (f) | gjah (m) | [ɟáh] |
| peru (m) | mish gjel deti (m) | [miʃ ɟɛl déti] |

| | | |
|---|---|---|
| carne (f) de porco | mish derri (m) | [miʃ déri] |
| carne (f) de vitela | mish viçi (m) | [miʃ vítʃi] |
| carne (f) de carneiro | mish qengji (m) | [miʃ cénɟi] |
| carne (f) de vaca | mish lope (m) | [miʃ lópɛ] |
| carne (f) de coelho | mish lepuri (m) | [miʃ lépuri] |

| | | |
|---|---|---|
| linguiça (f), salsichão (m) | salsiçe (f) | [salsítʃɛ] |
| salsicha (f) | salsiçe vjeneze (f) | [salsítʃɛ vjɛnézɛ] |
| bacon (m) | proshutë (f) | [proʃútə] |
| presunto (m) | sallam (m) | [saɫám] |
| pernil (m) de porco | kofshë derri (f) | [kófʃə déri] |

| | | |
|---|---|---|
| patê (m) | pate (f) | [paté] |
| fígado (m) | mëlçi (f) | [məltʃí] |
| guisado (m) | hamburger (m) | [hamburgér] |
| língua (f) | gjuhë (f) | [ɟúhə] |

| | | |
|---|---|---|
| ovo (m) | ve (f) | [vɛ] |
| ovos (m pl) | vezë (pl) | [vézə] |
| clara (f) de ovo | e bardhë veze (f) | [ɛ bárðə vézɛ] |
| gema (f) de ovo | e verdhë veze (f) | [ɛ vérðə vézɛ] |

| | | |
|---|---|---|
| peixe (m) | peshk (m) | [pɛʃk] |
| mariscos (m pl) | fruta deti (pl) | [frúta déti] |
| crustáceos (m pl) | krustace (pl) | [krustátsɛ] |
| caviar (m) | havjar (m) | [havjár] |

| | | |
|---|---|---|
| caranguejo (m) | gaforre (f) | [gafórɛ] |
| camarão (m) | karkalec (m) | [karkaléts] |
| ostra (f) | midhje (f) | [míðjɛ] |
| lagosta (f) | karavidhe (f) | [karavíðɛ] |
| polvo (m) | oktapod (m) | [oktapód] |
| lula (f) | kallamarë (f) | [kaɫamárə] |

| | | |
|---|---|---|
| esturjão (m) | bli (m) | [blí] |
| salmão (m) | salmon (m) | [salmón] |
| halibute (m) | shojzë e Atlantikut Verior (f) | [ʃójzə ɛ atlantíkut vɛriór] |
| bacalhau (m) | merluc (m) | [mɛrlúts] |

| | | |
|---|---|---|
| cavala, sarda (f) | skumbri (m) | [skúmbri] |
| atum (m) | tunë (f) | [túnə] |
| enguia (f) | ngjalë (f) | [ɲálə] |

| | | |
|---|---|---|
| truta (f) | troftë (f) | [tróftə] |
| sardinha (f) | sardele (f) | [sardélɛ] |
| lúcio (m) | mlysh (m) | [mlýʃ] |
| arenque (m) | harengë (f) | [haréɲə] |

| | | |
|---|---|---|
| pão (m) | bukë (f) | [búkə] |
| queijo (m) | djath (m) | [djáθ] |
| açúcar (m) | sheqer (m) | [ʃɛcér] |
| sal (m) | kripë (f) | [krípə] |

| | | |
|---|---|---|
| arroz (m) | oriz (m) | [oríz] |
| massas (f pl) | makarona (f) | [makaróna] |
| talharim, miojo (m) | makarona petë (f) | [makaróna pétə] |

| | | |
|---|---|---|
| manteiga (f) | gjalp (m) | [ɟalp] |
| óleo (m) vegetal | vaj vegjetal (m) | [vaj vɛɟɛtál] |
| óleo (m) de girassol | vaj luledielli (m) | [vaj lulɛdiéłi] |
| margarina (f) | margarinë (f) | [margarínə] |

| | | |
|---|---|---|
| azeitonas (f pl) | ullinj (pl) | [uɬíɲ] |
| azeite (m) | vaj ulliri (m) | [vaj uɬíri] |

| | | |
|---|---|---|
| leite (m) | qumësht (m) | [cúməʃt] |
| leite (m) condensado | qumësht i kondensuar (m) | [cúməʃt i kondɛnsúar] |
| iogurte (m) | kos (m) | [kos] |
| creme (m) azedo | salcë kosi (f) | [sáltsə kosi] |
| creme (m) de leite | krem qumështi (m) | [krɛm cúməʃti] |

| | | |
|---|---|---|
| maionese (f) | majonezë (f) | [majonézə] |
| creme (m) | krem gjalpi (m) | [krɛm ɟálpi] |

| | | |
|---|---|---|
| grãos (m pl) de cereais | drithëra (pl) | [dríθəra] |
| farinha (f) | miell (m) | [míɛɬ] |
| enlatados (m pl) | konserva (f) | [konsérva] |

| | | |
|---|---|---|
| flocos (m pl) de milho | kornfleiks (m) | [kornfléiks] |
| mel (m) | mjaltë (f) | [mjáltə] |
| geleia (m) | reçel (m) | [rɛtʃél] |
| chiclete (m) | çamçakëz (m) | [tʃamtʃakéz] |

## 42. Bebidas

| | | |
|---|---|---|
| água (f) | ujë (m) | [újə] |
| água (f) potável | ujë i pijshëm (m) | [újə i píjʃəm] |
| água (f) mineral | ujë mineral (m) | [újə minɛrál] |

| | | |
|---|---|---|
| sem gás (adj) | ujë natyral | [újə natyrál] |
| gaseificada (adj) | ujë i karbonuar | [újə i karbonúar] |
| com gás | ujë i gazuar | [újə i gazúar] |
| gelo (m) | akull (m) | [ákuɬ] |

| com gelo | me akull | [mε ákuɫ] |
| não alcoólico (adj) | jo alkoolik | [jo alkoolík] |
| refrigerante (m) | pije e lehtë (f) | [píjε ɛ léhtə] |
| refresco (m) | pije freskuese (f) | [píjε frɛskúɛsɛ] |
| limonada (f) | limonadë (f) | [limonádə] |

| bebidas (f pl) alcoólicas | likere (pl) | [likérɛ] |
| vinho (m) | verë (f) | [vérə] |
| vinho (m) branco | verë e bardhë (f) | [vérə ɛ bárðə] |
| vinho (m) tinto | verë e kuqe (f) | [vérə ɛ kúcɛ] |

| licor (m) | liker (m) | [likér] |
| champanhe (m) | shampanjë (f) | [ʃampáɲə] |
| vermute (m) | vermut (m) | [vɛrmút] |

| uísque (m) | uiski (m) | [víski] |
| vodca (f) | vodkë (f) | [vódkə] |
| gim (m) | xhin (m) | [dʒin] |
| conhaque (m) | konjak (m) | [koɲák] |
| rum (m) | rum (m) | [rum] |

| café (m) | kafe (f) | [káfɛ] |
| café (m) preto | kafe e zezë (f) | [káfɛ ɛ zézə] |
| café (m) com leite | kafe me qumësht (m) | [káfɛ mɛ cúməʃt] |
| cappuccino (m) | kapuçino (m) | [kaputʃíno] |
| café (m) solúvel | neskafe (f) | [nɛskáfɛ] |

| leite (m) | qumësht (m) | [cúməʃt] |
| coquetel (m) | koktej (m) | [koktéj] |
| batida (f), milkshake (m) | milkshake (f) | [milkʃákɛ] |

| suco (m) | lëng frutash (m) | [ləŋ frútaʃ] |
| suco (m) de tomate | lëng domatesh (m) | [ləŋ domátɛʃ] |
| suco (m) de laranja | lëng portokalli (m) | [ləŋ portokáɫi] |
| suco (m) fresco | lëng frutash i freskët (m) | [ləŋ frútaʃ i fréskət] |

| cerveja (f) | birrë (f) | [bírə] |
| cerveja (f) clara | birrë e lehtë (f) | [bírə ɛ léhtə] |
| cerveja (f) preta | birrë e zezë (f) | [bírə ɛ zézə] |

| chá (m) | çaj (m) | [tʃáj] |
| chá (m) preto | çaj i zi (m) | [tʃáj i zí] |
| chá (m) verde | çaj jeshil (m) | [tʃáj jɛʃíl] |

## 43. Vegetais

| vegetais (m pl) | perime (pl) | [pɛrímɛ] |
| verdura (f) | zarzavate (pl) | [zarzavátɛ] |

| tomate (m) | domate (f) | [domátɛ] |
| pepino (m) | kastravec (m) | [kastravéts] |
| cenoura (f) | karotë (f) | [karótə] |
| batata (f) | patate (f) | [patátɛ] |
| cebola (f) | qepë (f) | [cépə] |

| | | |
|---|---|---|
| alho (m) | hudhër (f) | [húðər] |
| couve (f) | lakër (f) | [lákər] |
| couve-flor (f) | lulelakër (f) | [lulεlákər] |
| couve-de-bruxelas (f) | lakër Brukseli (f) | [lákər brukséli] |
| brócolis (m pl) | brokoli (m) | [brókoli] |
| | | |
| beterraba (f) | panxhar (m) | [pandʒár] |
| berinjela (f) | patëllxhan (m) | [patəɫdʒán] |
| abobrinha (f) | kungulleshë (m) | [kuɲuɫéʃə] |
| abóbora (f) | kungull (m) | [kúɲuɫ] |
| nabo (m) | rrepë (f) | [répə] |
| | | |
| salsa (f) | majdanoz (m) | [majdanóz] |
| endro, aneto (m) | kopër (f) | [kópər] |
| alface (f) | sallatë jeshile (f) | [saɫátə jeʃílε] |
| aipo (m) | selino (f) | [sεlíno] |
| aspargo (m) | asparagus (m) | [asparágus] |
| espinafre (m) | spinaq (m) | [spinác] |
| | | |
| ervilha (f) | bizele (f) | [bizélε] |
| feijão (~ soja, etc.) | fasule (f) | [fasúlε] |
| milho (m) | misër (m) | [mísər] |
| feijão (m) roxo | groshë (f) | [gróʃə] |
| | | |
| pimentão (m) | spec (m) | [spεts] |
| rabanete (m) | rrepkë (f) | [répkə] |
| alcachofra (f) | angjinare (f) | [aɲɟinárε] |

## 44. Frutos. Nozes

| | | |
|---|---|---|
| fruta (f) | frut (m) | [frut] |
| maçã (f) | mollë (f) | [móɫə] |
| pera (f) | dardhë (f) | [dárðə] |
| limão (m) | limon (m) | [limón] |
| laranja (f) | portokall (m) | [portokáɫ] |
| morango (m) | luleshtrydhe (f) | [lulεʃtrýðε] |
| | | |
| tangerina (f) | mandarinë (f) | [mandarínə] |
| ameixa (f) | kumbull (f) | [kúmbuɫ] |
| pêssego (m) | pjeshkë (f) | [pjéʃkə] |
| damasco (m) | kajsi (f) | [kajsí] |
| framboesa (f) | mjedër (f) | [mjédər] |
| abacaxi (m) | ananas (m) | [ananás] |
| | | |
| banana (f) | banane (f) | [banánε] |
| melancia (f) | shalqi (m) | [ʃalcí] |
| uva (f) | rrush (m) | [ruʃ] |
| ginja (f) | qershi vishnje (f) | [cεrʃí víʃɲε] |
| cereja (f) | qershi (f) | [cεrʃí] |
| melão (m) | pjepër (m) | [pjépər] |
| | | |
| toranja (f) | grejpfrut (m) | [grεjpfrút] |
| abacate (m) | avokado (f) | [avokádo] |
| mamão (m) | papaja (f) | [papája] |

| manga (f) | mango (f) | [máŋo] |
| romã (f) | shegë (f) | [ʃégə] |

| groselha (f) vermelha | kaliboba e kuqe (f) | [kalibóba ɛ kúcɛ] |
| groselha (f) negra | kaliboba e zezë (f) | [kalibóba ɛ zézə] |
| groselha (f) espinhosa | kulumbri (f) | [kulumbrí] |
| mirtilo (m) | boronicë (f) | [boroníts] |
| amora (f) silvestre | manaferra (f) | [manaféra] |

| passa (f) | rrush i thatë (m) | [ruʃ i θátə] |
| figo (m) | fik (m) | [fik] |
| tâmara (f) | hurmë (f) | [húrmə] |

| amendoim (m) | kikirik (m) | [kikirík] |
| amêndoa (f) | bajame (f) | [bajámɛ] |
| noz (f) | arrë (f) | [árə] |
| avelã (f) | lajthi (f) | [lajθí] |
| coco (m) | arrë kokosi (f) | [árə kokósi] |
| pistaches (m pl) | fëstëk (m) | [fəstók] |

## 45. Pão. Bolaria

| pastelaria (f) | ëmbëlsira (pl) | [əmbəlsíra] |
| pão (m) | bukë (f) | [búkə] |
| biscoito (m), bolacha (f) | biskota (pl) | [biskóta] |

| chocolate (m) | çokollatë (f) | [tʃokołátə] |
| de chocolate | prej çokollate | [prɛj tʃokołátɛ] |
| bala (f) | karamele (f) | [karamélɛ] |
| doce (bolo pequeno) | kek (m) | [kék] |
| bolo (m) de aniversário | tortë (f) | [tórtə] |

| torta (f) | tortë (f) | [tórtə] |
| recheio (m) | mbushje (f) | [mbúʃjɛ] |

| geleia (m) | reçel (m) | [rɛtʃél] |
| marmelada (f) | marmelatë (f) | [marmɛlátə] |
| wafers (m pl) | vafera (pl) | [vaféra] |
| sorvete (m) | akullore (f) | [akułórɛ] |
| pudim (m) | puding (m) | [pudíŋ] |

## 46. Pratos cozinhados

| prato (m) | pjatë (f) | [pjátə] |
| cozinha (~ portuguesa) | kuzhinë (f) | [kuʒínə] |
| receita (f) | recetë (f) | [rɛtsétə] |
| porção (f) | racion (m) | [ratsión] |

| salada (f) | sallatë (f) | [sałátə] |
| sopa (f) | supë (f) | [súpə] |
| caldo (m) | lëng mishi (m) | [ləŋ míʃi] |
| sanduíche (m) | sandviç (m) | [sandvítʃ] |

| ovos (m pl) fritos | vezë të skuqura (pl) | [vézə tə skúcura] |
| hambúrguer (m) | hamburger | [hamburgér] |
| bife (m) | biftek (m) | [bifték] |

| acompanhamento (m) | garniturë (f) | [garnitúrə] |
| espaguete (m) | shpageti (pl) | [ʃpagéti] |
| purê (m) de batata | pure patatesh (f) | [puré patátɛʃ] |
| pizza (f) | pica (f) | [pítsa] |
| mingau (m) | qull (m) | [cuɫ] |
| omelete (f) | omëletë (f) | [omɘlétə] |

| fervido (adj) | i zier | [i zíɛr] |
| defumado (adj) | i tymosur | [i tymósur] |
| frito (adj) | i skuqur | [i skúcur] |
| seco (adj) | i tharë | [i θárə] |
| congelado (adj) | i ngrirë | [i ŋrírə] |
| em conserva (adj) | i marinuar | [i marinúar] |

| doce (adj) | i ëmbël | [i émbəl] |
| salgado (adj) | i kripur | [i krípur] |
| frio (adj) | i ftohtë | [i ftóhtə] |
| quente (adj) | i nxehtë | [i ndzéhtə] |
| amargo (adj) | i hidhur | [i híður] |
| gostoso (adj) | i shijshëm | [i ʃíʃəm] |

| cozinhar em água fervente | ziej | [zíɛj] |
| preparar (vt) | gatuaj | [gatúaj] |
| fritar (vt) | skuq | [skuc] |
| aquecer (vt) | ngroh | [ŋróh] |

| salgar (vt) | hedh kripë | [hɛð krípə] |
| apimentar (vt) | hedh piper | [hɛð pipér] |
| ralar (vt) | rendoj | [rɛndój] |
| casca (f) | lëkurë (f) | [ləkúrə] |
| descascar (vt) | qëroj | [cərój] |

## 47. Especiarias

| sal (m) | kripë (f) | [krípə] |
| salgado (adj) | i kripur | [i krípur] |
| salgar (vt) | hedh kripë | [hɛð krípə] |

| pimenta-do-reino (f) | piper i zi (m) | [pipér i zi] |
| pimenta (f) vermelha | piper i kuq (m) | [pipér i kuc] |
| mostarda (f) | mustardë (f) | [mustárdə] |
| raiz-forte (f) | rrepë djegëse (f) | [répə djégəsɛ] |

| condimento (m) | salcë (f) | [sáltsə] |
| especiaria (f) | erëz (f) | [érəz] |
| molho (~ inglês) | salcë (f) | [sáltsə] |
| vinagre (m) | uthull (f) | [úθuɫ] |

| anis estrelado (m) | anisetë (f) | [anisétə] |
| manjericão (m) | borzilok (m) | [borzilók] |

| cravo (m) | karafil (m) | [karafíl] |
|---|---|---|
| gengibre (m) | xhenxhefil (m) | [dʒɛndʒɛfíl] |
| coentro (m) | koriandër (m) | [koriándər] |
| canela (f) | kanellë (f) | [kanéɫə] |

| gergelim (m) | susam (m) | [susám] |
|---|---|---|
| folha (f) de louro | gjeth dafine (m) | [ɟɛθ dafínɛ] |
| páprica (f) | spec (m) | [spɛts] |
| cominho (m) | kumin (m) | [kumín] |
| açafrão (m) | shafran (m) | [ʃafrán] |

## 48. Refeições

| comida (f) | ushqim (m) | [uʃcím] |
|---|---|---|
| comer (vt) | ha | [ha] |

| café (m) da manhã | mëngjes (m) | [mənɟés] |
|---|---|---|
| tomar café da manhã | ha mëngjes | [ha mənɟés] |
| almoço (m) | drekë (f) | [drékə] |
| almoçar (vi) | ha drekë | [ha drékə] |
| jantar (m) | darkë (f) | [dárkə] |
| jantar (vi) | ha darkë | [ha dárkə] |

| apetite (m) | oreks (m) | [oréks] |
|---|---|---|
| Bom apetite! | Të bëftë mirë! | [tə bəftə mírə!] |

| abrir (~ uma lata, etc.) | hap | [hap] |
|---|---|---|
| derramar (~ líquido) | derdh | [dérð] |
| derramar-se (vr) | derdhje | [dérðjɛ] |

| ferver (vi) | ziej | [zíɛj] |
|---|---|---|
| ferver (vt) | ziej | [zíɛj] |
| fervido (adj) | i zier | [i zíɛr] |
| esfriar (vt) | ftoh | [ftoh] |
| esfriar-se (vr) | ftohje | [ftóhjɛ] |

| sabor, gosto (m) | shije (f) | [ʃíjɛ] |
|---|---|---|
| fim (m) de boca | shije (f) | [ʃíjɛ] |

| emagrecer (vi) | dobësohem | [dobəsóhɛm] |
|---|---|---|
| dieta (f) | dietë (f) | [diétə] |
| vitamina (f) | vitaminë (f) | [vitamínə] |
| caloria (f) | kalori (f) | [kalorí] |

| vegetariano (m) | vegjetarian (m) | [vɛɟɛtarián] |
|---|---|---|
| vegetariano (adj) | vegjetarian | [vɛɟɛtarián] |

| gorduras (f pl) | yndyrë (f) | [yndýrə] |
|---|---|---|
| proteínas (f pl) | proteinë (f) | [protɛínə] |
| carboidratos (m pl) | karbohidrat (m) | [karbohidrát] |

| fatia (~ de limão, etc.) | fetë (f) | [fétə] |
|---|---|---|
| pedaço (~ de bolo) | copë (f) | [tsópə] |
| migalha (f), farelo (m) | dromcë (f) | [drómtsə] |

## 49. Por a mesa

| | | |
|---|---|---|
| colher (f) | lugë (f) | [lúgə] |
| faca (f) | thikë (f) | [θíkə] |
| garfo (m) | pirun (m) | [pirún] |
| | | |
| xícara (f) | filxhan (m) | [fildʒán] |
| prato (m) | pjatë (f) | [pjátə] |
| pires (m) | pjatë filxhani (f) | [pjátə fildʒáni] |
| guardanapo (m) | pecetë (f) | [pɛtsétə] |
| palito (m) | kruajtëse dhëmbësh (f) | [krúajtəsɛ ðémbəʃ] |

## 50. Restaurante

| | | |
|---|---|---|
| restaurante (m) | restorant (m) | [rɛstoránt] |
| cafeteria (f) | kafene (f) | [kafɛné] |
| bar (m), cervejaria (f) | pab (m), pijetore (f) | [pab], [pijɛtórɛ] |
| salão (m) de chá | çajtore (f) | [tʃajtórɛ] |
| | | |
| garçom (m) | kamerier (m) | [kamɛriér] |
| garçonete (f) | kameriere (f) | [kamɛriérɛ] |
| barman (m) | banakier (m) | [banakiér] |
| | | |
| cardápio (m) | menu (f) | [mɛnú] |
| lista (f) de vinhos | menu verërash (f) | [mɛnú vérəraʃ] |
| reservar uma mesa | rezervoj një tavolinë | [rɛzɛrvój ɲə tavolínə] |
| | | |
| prato (m) | pjatë (f) | [pjátə] |
| pedir (vt) | porosis | [porosís] |
| fazer o pedido | bëj porosinë | [bəj porosínə] |
| | | |
| aperitivo (m) | aperitiv (m) | [apɛritív] |
| entrada (f) | antipastë (f) | [antipástə] |
| sobremesa (f) | ëmbëlsirë (f) | [əmbəlsírə] |
| | | |
| conta (f) | faturë (f) | [fatúrə] |
| pagar a conta | paguaj faturën | [pagúaj fatúrən] |
| dar o troco | jap kusur | [jap kusúr] |
| gorjeta (f) | bakshish (m) | [bakʃíʃ] |

# Família, parentes e amigos

## 51. Informação pessoal. Formulários

| | | |
|---|---|---|
| nome (m) | emër (m) | [émər] |
| sobrenome (m) | mbiemër (m) | [mbiémər] |
| data (f) de nascimento | datëlindje (f) | [datəlíndjɛ] |
| local (m) de nascimento | vendlindje (f) | [vɛndlíndjɛ] |
| | | |
| nacionalidade (f) | kombësi (f) | [kombəsí] |
| lugar (m) de residência | vendbanim (m) | [vɛndbaním] |
| país (m) | shtet (m) | [ʃtɛt] |
| profissão (f) | profesion (m) | [profɛsión] |
| | | |
| sexo (m) | gjinia (f) | [ɟinía] |
| estatura (f) | gjatësia (f) | [ɟatəsía] |
| peso (m) | peshë (f) | [péʃə] |

## 52. Membros da família. Parentes

| | | |
|---|---|---|
| mãe (f) | nënë (f) | [nénə] |
| pai (m) | baba (f) | [babá] |
| filho (m) | bir (m) | [bir] |
| filha (f) | bijë (f) | [bíjə] |
| | | |
| caçula (f) | vajza e vogël (f) | [vájza ɛ vógəl] |
| caçula (m) | djali i vogël (m) | [djáli i vógəl] |
| filha (f) mais velha | vajza e madhe (f) | [vájza ɛ máðɛ] |
| filho (m) mais velho | djali i vogël (m) | [djáli i vógəl] |
| | | |
| irmão (m) | vëlla (m) | [vəɬá] |
| irmão (m) mais velho | vëllai i madh (m) | [vəɬái i mað] |
| irmão (m) mais novo | vëllai i vogël (m) | [vəɬai i vógəl] |
| irmã (f) | motër (f) | [mótər] |
| irmã (f) mais velha | motra e madhe (f) | [mótra ɛ máðɛ] |
| irmã (f) mais nova | motra e vogël (f) | [mótra ɛ vógəl] |
| | | |
| primo (m) | kushëri (m) | [kuʃərí] |
| prima (f) | kushërirë (f) | [kuʃərírə] |
| | | |
| mamãe (f) | mami (f) | [mámi] |
| papai (m) | babi (m) | [bábi] |
| pais (pl) | prindër (pl) | [príndər] |
| criança (f) | fëmijë (f) | [fəmíjə] |
| crianças (f pl) | fëmijë (pl) | [fəmíjə] |
| | | |
| avó (f) | gjyshe (f) | [ɟýʃɛ] |
| avô (m) | gjysh (m) | [ɟyʃ] |

| neto (m) | nip (m) | [nip] |
|---|---|---|
| neta (f) | mbesë (f) | [mbésə] |
| netos (pl) | nipër e mbesa (pl) | [nípər ɛ mbésa] |

| tio (m) | dajë (f) | [dájə] |
|---|---|---|
| tia (f) | teze (f) | [tézɛ] |
| sobrinho (m) | nip (m) | [nip] |
| sobrinha (f) | mbesë (f) | [mbésə] |

| sogra (f) | vjehrrë (f) | [vjéhrə] |
|---|---|---|
| sogro (m) | vjehrri (m) | [vjéhri] |
| genro (m) | dhëndër (m) | [ðéndər] |
| madrasta (f) | njerkë (f) | [ɲérkə] |
| padrasto (m) | njerk (m) | [ɲérk] |

| criança (f) de colo | foshnjë (f) | [fóʃnə] |
|---|---|---|
| bebê (m) | fëmijë (f) | [fəmíjə] |
| menino (m) | djalosh (m) | [djalóʃ] |

| mulher (f) | bashkëshorte (f) | [baʃkəʃórtɛ] |
|---|---|---|
| marido (m) | bashkëshort (m) | [baʃkəʃórt] |
| esposo (m) | bashkëshort (m) | [baʃkəʃórt] |
| esposa (f) | bashkëshorte (f) | [baʃkəʃórtɛ] |

| casado (adj) | i martuar | [i martúar] |
|---|---|---|
| casada (adj) | e martuar | [ɛ martúar] |
| solteiro (adj) | beqar | [bɛcár] |
| solteirão (m) | beqar (m) | [bɛcár] |
| divorciado (adj) | i divorcuar | [i divortsúar] |
| viúva (f) | vejushë (f) | [vɛjúʃə] |
| viúvo (m) | vejan (m) | [vɛján] |

| parente (m) | kushëri (m) | [kuʃərí] |
|---|---|---|
| parente (m) próximo | kushëri i afërt (m) | [kuʃərí i áfərt] |
| parente (m) distante | kushëri i largët (m) | [kuʃərí i lárgət] |
| parentes (m pl) | kushërinj (pl) | [kuʃəríɲ] |

| órfão (m) | jetim (m) | [jɛtím] |
|---|---|---|
| órfã (f) | jetime (f) | [jɛtímɛ] |
| tutor (m) | kujdestar (m) | [kujdɛstár] |
| adotar (um filho) | adoptoj | [adoptój] |
| adotar (uma filha) | adoptoj | [adoptój] |

## 53. Amigos. Colegas de trabalho

| amigo (m) | mik (m) | [mik] |
|---|---|---|
| amiga (f) | mike (f) | [míkɛ] |
| amizade (f) | miqësi (f) | [micəsí] |
| ser amigos | të miqësohem | [tə micəsóhɛm] |

| amigo (m) | shok (m) | [ʃok] |
|---|---|---|
| amiga (f) | shoqe (f) | [ʃócɛ] |
| parceiro (m) | partner (m) | [partnér] |
| chefe (m) | shef (m) | [ʃɛf] |

| | | |
|---|---|---|
| superior (m) | epror (m) | [ɛprór] |
| proprietário (m) | pronar (m) | [pronár] |
| subordinado (m) | vartës (m) | [vártəs] |
| colega (m, f) | koleg (m) | [kolég] |

| | | |
|---|---|---|
| conhecido (m) | i njohur (m) | [i ɲóhur] |
| companheiro (m) de viagem | bashkudhëtar (m) | [baʃkuðətár] |
| colega (m) de classe | shok klase (m) | [ʃok klásɛ] |

| | | |
|---|---|---|
| vizinho (m) | komshi (m) | [komʃí] |
| vizinha (f) | komshike (f) | [komʃíkɛ] |
| vizinhos (pl) | komshinj (pl) | [komʃíɲ] |

## 54. Homem. Mulher

| | | |
|---|---|---|
| mulher (f) | grua (f) | [grúa] |
| menina (f) | vajzë (f) | [vájzə] |
| noiva (f) | nuse (f) | [núsɛ] |

| | | |
|---|---|---|
| bonita, bela (adj) | i bukur | [i búkur] |
| alta (adj) | i gjatë | [i ɟátə] |
| esbelta (adj) | i hollë | [i hółə] |
| baixa (adj) | i shkurtër | [i ʃkúrtər] |

| | | |
|---|---|---|
| loira (f) | bionde (f) | [bióndɛ] |
| morena (f) | zeshkane (f) | [zɛʃkánɛ] |

| | | |
|---|---|---|
| de senhora | për femra | [pər fémra] |
| virgem (f) | virgjëreshë (f) | [virɟəréʃə] |
| grávida (adj) | shtatzënë | [ʃtatzénə] |

| | | |
|---|---|---|
| homem (m) | burrë (m) | [búrə] |
| loiro (m) | biond (m) | [biónd] |
| moreno (m) | zeshkan (m) | [zɛʃkán] |
| alto (adj) | i gjatë | [i ɟátə] |
| baixo (adj) | i shkurtër | [i ʃkúrtər] |

| | | |
|---|---|---|
| rude (adj) | i vrazhdë | [i vráʒdə] |
| atarracado (adj) | trupngjeshur | [trupnɟéʃur] |
| robusto (adj) | i fuqishëm | [i fucíʃəm] |
| forte (adj) | i fortë | [i fórtə] |
| força (f) | forcë (f) | [fórtsə] |

| | | |
|---|---|---|
| gordo (adj) | bullafiq | [buɫafíc] |
| moreno (adj) | zeshkan | [zɛʃkán] |
| esbelto (adj) | i hollë | [i hółə] |
| elegante (adj) | elegant | [ɛlɛgánt] |

## 55. Idade

| | | |
|---|---|---|
| idade (f) | moshë (f) | [móʃə] |
| juventude (f) | rini (f) | [riní] |

| | | |
|---|---|---|
| jovem (adj) | i ri | [i rí] |
| mais novo (adj) | më i ri | [mə i rí] |
| mais velho (adj) | më i vjetër | [mə i vjétər] |

| | | |
|---|---|---|
| jovem (m) | djalë i ri (m) | [djálə i rí] |
| adolescente (m) | adoleshent (m) | [adolɛʃént] |
| rapaz (m) | djalë (f) | [djálə] |

| | | |
|---|---|---|
| velho (m) | plak (m) | [plak] |
| velha (f) | plakë (f) | [plákə] |

| | | |
|---|---|---|
| adulto | i rritur | [i rítur] |
| de meia-idade | mesoburrë | [mɛsobúrə] |
| idoso, de idade (adj) | i moshuar | [i moʃúar] |
| velho (adj) | i vjetër | [i vjétər] |

| | | |
|---|---|---|
| aposentadoria (f) | pension (m) | [pɛnsión] |
| aposentar-se (vr) | dal në pension | [dál nə pɛnsión] |
| aposentado (m) | pensionist (m) | [pɛnsioníst] |

## 56. Crianças

| | | |
|---|---|---|
| criança (f) | fëmijë (f) | [fəmíjə] |
| crianças (f pl) | fëmijë (pl) | [fəmíjə] |
| gêmeos (m pl), gêmeas (f pl) | binjakë (pl) | [biɲákə] |

| | | |
|---|---|---|
| berço (m) | djep (m) | [djép] |
| chocalho (m) | rraketake (f) | [rakɛtákɛ] |
| fralda (f) | pelenë (f) | [pɛlénə] |

| | | |
|---|---|---|
| chupeta (f), bico (m) | biberon (m) | [bibɛrón] |
| carrinho (m) de bebê | karrocë për bebe (f) | [karótsə pər bébɛ] |
| jardim (m) de infância | kopsht fëmijësh (m) | [kópʃt fəmíjəʃ] |
| babysitter, babá (f) | dado (f) | [dádo] |

| | | |
|---|---|---|
| infância (f) | fëmijëri (f) | [fəmijərí] |
| boneca (f) | kukull (f) | [kúkuɫ] |
| brinquedo (m) | lodër (f) | [lódər] |
| jogo (m) de montar | lodër për ndërtim (m) | [lódər pər ndərtím] |
| bem-educado (adj) | i edukuar | [i ɛdukúar] |
| malcriado (adj) | i paedukuar | [i paɛdukúar] |
| mimado (adj) | i llastuar | [i ɫastúar] |

| | | |
|---|---|---|
| ser travesso | trazovaç | [trazovátʃ] |
| travesso, traquinas (adj) | mistrec | [mistréts] |
| travessura (f) | shpirtligësi (f) | [ʃpirtligəsí] |
| criança (f) travessa | fëmijë mistrec (m) | [fəmíjə mistréts] |

| | | |
|---|---|---|
| obediente (adj) | i bindur | [i bíndur] |
| desobediente (adj) | i pabindur | [i pabíndur] |

| | | |
|---|---|---|
| dócil (adj) | i butë | [i bútə] |
| inteligente (adj) | i zgjuar | [i zɟúar] |
| prodígio (m) | fëmijë gjeni (m) | [fəmíjə ɟɛní] |

## 57. Casais. Vida de família

| | | |
|---|---|---|
| beijar (vt) | puth | [puθ] |
| beijar-se (vr) | puthem | [púθɛm] |
| família (f) | familje (f) | [famíljɛ] |
| familiar (vida ~) | familjare | [familjárɛ] |
| casal (m) | çift (m) | [tʃíft] |
| matrimônio (m) | martesë (f) | [martésə] |
| lar (m) | vatra (f) | [vátra] |
| dinastia (f) | dinasti (f) | [dinastí] |

| | | |
|---|---|---|
| encontro (m) | takim (m) | [takím] |
| beijo (m) | puthje (f) | [púθjɛ] |

| | | |
|---|---|---|
| amor (m) | dashuri (f) | [daʃurí] |
| amar (pessoa) | dashuroj | [daʃurój] |
| amado, querido (adj) | i dashur | [i dáʃur] |

| | | |
|---|---|---|
| ternura (f) | ndjeshmëri (f) | [ndjɛʃmərí] |
| afetuoso (adj) | i ndjeshëm | [i ndjéʃəm] |
| fidelidade (f) | besnikëri (f) | [bɛsnikərí] |
| fiel (adj) | besnik | [bɛsník] |
| cuidado (m) | kujdes (m) | [kujdés] |
| carinhoso (adj) | i dashur | [i dáʃur] |

| | | |
|---|---|---|
| recém-casados (pl) | të porsamartuar (pl) | [tə porsamartúar] |
| lua (f) de mel | muaj mjalti (m) | [múaj mjálti] |
| casar-se (com um homem) | martohem | [martóhɛm] |
| casar-se (com uma mulher) | martohem | [martóhɛm] |

| | | |
|---|---|---|
| casamento (m) | dasmë (f) | [dásmə] |
| bodas (f pl) de ouro | martesë e artë (f) | [martésə ɛ ártə] |
| aniversário (m) | përvjetor (m) | [pərvjɛtór] |

| | | |
|---|---|---|
| amante (m) | dashnor (m) | [daʃnór] |
| amante (f) | dashnore (f) | [daʃnórɛ] |

| | | |
|---|---|---|
| adultério (m), traição (f) | tradhti bashkëshortore (f) | [traðtí baʃkəʃortórɛ] |
| cometer adultério | tradhtoj ... | [traðtój ...] |
| ciumento (adj) | xheloz | [dʒɛlóz] |
| ser ciumento, -a | jam xheloz | [jam dʒɛlóz] |
| divórcio (m) | divorc (m) | [divúrʦ] |
| divorciar-se (vr) | divorcoj | [divortsój] |

| | | |
|---|---|---|
| brigar (discutir) | grindem | [gríndɛm] |
| fazer as pazes | pajtohem | [pajtóhɛm] |
| juntos (ir ~) | së bashku | [sə báʃku] |
| sexo (m) | seks (m) | [sɛks] |

| | | |
|---|---|---|
| felicidade (f) | lumturi (f) | [lumturí] |
| feliz (adj) | i lumtur | [i lúmtur] |
| infelicidade (f) | fatkeqësi (f) | [fatkɛcəsí] |
| infeliz (adj) | i trishtuar | [i triʃtúar] |

# Caráter. Sentimentos. Emoções

## 58. Sentimentos. Emoções

| | | |
|---|---|---|
| sentimento (m) | ndjenjë (f) | [ndjéɲə] |
| sentimentos (m pl) | ndjenja (pl) | [ndjéɲa] |
| sentir (vt) | ndjej | [ndjéj] |

| | | |
|---|---|---|
| fome (f) | uri (f) | [urí] |
| ter fome | kam uri | [kam urí] |
| sede (f) | etje (f) | [étjɛ] |
| ter sede | kam etje | [kam étjɛ] |
| sonolência (f) | përgjumësi (f) | [pərɟuməsí] |
| estar sonolento | përgjumje | [pərɟúmjɛ] |

| | | |
|---|---|---|
| cansaço (m) | lodhje (f) | [lóðjɛ] |
| cansado (adj) | i lodhur | [i lóður] |
| ficar cansado | lodhem | [lóðɛm] |

| | | |
|---|---|---|
| humor (m) | humor (m) | [humór] |
| tédio (m) | mërzitje (f) | [mərzítjɛ] |
| entediar-se (vr) | mërzitem | [mərzítɛm] |
| reclusão (isolamento) | izolim (m) | [izolím] |
| isolar-se (vr) | izolohem | [izolóhɛm] |

| | | |
|---|---|---|
| preocupar (vt) | shqetësoj | [ʃcɛtəsój] |
| estar preocupado | shqetësohem | [ʃcɛtəsóhɛm] |
| preocupação (f) | shqetësim (m) | [ʃcɛtəsím] |
| ansiedade (f) | ankth (m) | [ankθ] |
| preocupado (adj) | i merakosur | [i mɛrakósur] |
| estar nervoso | nervozohem | [nɛrvozóhɛm] |
| entrar em pânico | më zë paniku | [mə zə paníku] |

| | | |
|---|---|---|
| esperança (f) | shpresë (f) | [ʃprésə] |
| esperar (vt) | shpresoj | [ʃprɛsój] |

| | | |
|---|---|---|
| certeza (f) | siguri (f) | [sigurí] |
| certo, seguro de ... | i sigurt | [i sígurt] |
| indecisão (f) | pasiguri (f) | [pasigurí] |
| indeciso (adj) | i pasigurt | [i pasígurt] |

| | | |
|---|---|---|
| bêbado (adj) | i dehur | [i déhur] |
| sóbrio (adj) | i kthjellët | [i kθjétət] |
| fraco (adj) | i dobët | [i dóbət] |
| feliz (adj) | i lumtur | [i lúmtur] |
| assustar (vt) | tremb | [trɛmb] |
| fúria (f) | tërbim (m) | [tərbím] |
| ira, raiva (f) | inat (m) | [inát] |
| depressão (f) | depresion (m) | [dɛprɛsión] |
| desconforto (m) | parehati (f) | [parɛhatí] |

| | | |
|---|---|---|
| conforto (m) | rehati (f) | [rɛhatí] |
| arrepender-se (vr) | pendohem | [pɛndóhɛm] |
| arrependimento (m) | pendim (m) | [pɛndím] |
| azar (m), má sorte (f) | ters (m) | [tɛrs] |
| tristeza (f) | trishtim (m) | [triʃtím] |

| | | |
|---|---|---|
| vergonha (f) | turp (m) | [turp] |
| alegria (f) | gëzim (m) | [gəzím] |
| entusiasmo (m) | entuziazëm (m) | [ɛntuziázəm] |
| entusiasta (m) | entuziast (m) | [ɛntuziást] |
| mostrar entusiasmo | tregoj entuziazëm | [trɛgój ɛntuziázəm] |

## 59. Caráter. Personalidade

| | | |
|---|---|---|
| caráter (m) | karakter (m) | [karaktér] |
| falha (f) de caráter | dobësi karakteri (f) | [dobəsí karaktéri] |
| mente (f) | mendje (f) | [méndjɛ] |
| razão (f) | arsye (f) | [arsýɛ] |

| | | |
|---|---|---|
| consciência (f) | ndërgjegje (f) | [ndərɲéɟɛ] |
| hábito, costume (m) | zakon (m) | [zakón] |
| habilidade (f) | aftësi (f) | [aftəsí] |
| saber (~ nadar, etc.) | mund | [mund] |

| | | |
|---|---|---|
| paciente (adj) | i duruar | [i durúar] |
| impaciente (adj) | i paduruar | [i padurúar] |
| curioso (adj) | kurioz | [kurióz] |
| curiosidade (f) | kuriozitet (m) | [kuriozitét] |

| | | |
|---|---|---|
| modéstia (f) | modesti (f) | [modɛstí] |
| modesto (adj) | modest | [modést] |
| imodesto (adj) | i paturpshëm | [i patúrpʃəm] |

| | | |
|---|---|---|
| preguiça (f) | dembeli (f) | [dɛmbɛlí] |
| preguiçoso (adj) | dembel | [dɛmbél] |
| preguiçoso (m) | dembel (m) | [dɛmbél] |

| | | |
|---|---|---|
| astúcia (f) | dinakëri (f) | [dinakərí] |
| astuto (adj) | dinak | [dinák] |
| desconfiança (f) | mosbesim (m) | [mosbɛsím] |
| desconfiado (adj) | mosbesues | [mosbɛsúɛs] |

| | | |
|---|---|---|
| generosidade (f) | zemërgjerësi (f) | [zɛmərɲɛrəsí] |
| generoso (adj) | zemërgjerë | [zɛmərɲérə] |
| talentoso (adj) | i talentuar | [i talɛntúar] |
| talento (m) | talent (m) | [talént] |

| | | |
|---|---|---|
| corajoso (adj) | i guximshëm | [i gudzímʃəm] |
| coragem (f) | guxim (m) | [gudzím] |
| honesto (adj) | i ndershëm | [i ndérʃəm] |
| honestidade (f) | ndershmëri (f) | [ndɛrʃmərí] |

| | | |
|---|---|---|
| prudente, cuidadoso (adj) | i kujdesshëm | [i kujdésʃəm] |
| valoroso (adj) | trim, guximtar | [trim], [gudzimtár] |

| | | |
|---|---|---|
| sério (adj) | serioz | [sɛrióz] |
| severo (adj) | i rreptë | [i réptə] |

| | | |
|---|---|---|
| decidido (adj) | i vendosur | [i vɛndósur] |
| indeciso (adj) | i pavendosur | [i pavɛndósur] |
| tímido (adj) | i turpshëm | [i túrpʃəm] |
| timidez (f) | turp (m) | [turp] |

| | | |
|---|---|---|
| confiança (f) | besim në vetvete (m) | [bɛsím nə vɛtvétɛ] |
| confiar (vt) | besoj | [bɛsój] |
| crédulo (adj) | i besueshëm | [i bɛsúɛʃəm] |

| | | |
|---|---|---|
| sinceramente | sinqerisht | [sínсɛriʃt] |
| sincero (adj) | i sinqertë | [i sincértə] |
| sinceridade (f) | sinqeritet (m) | [sincɛritét] |
| aberto (adj) | i hapur | [i hápur] |

| | | |
|---|---|---|
| calmo (adj) | i qetë | [i cétə] |
| franco (adj) | i dëlirë | [i dəlírə] |
| ingênuo (adj) | naiv | [naív] |
| distraído (adj) | i hutuar | [i hutúar] |
| engraçado (adj) | zbavitës | [zbavítəs] |

| | | |
|---|---|---|
| ganância (f) | lakmi (f) | [lakmí] |
| ganancioso (adj) | lakmues | [lakmúɛs] |
| avarento, sovina (adj) | koprrac | [kopráts] |
| mal (adj) | djallëzor | [djałəzór] |
| teimoso (adj) | kokëfortë | [kokəfórtə] |
| desagradável (adj) | i pakëndshëm | [i pakéndʃəm] |

| | | |
|---|---|---|
| egoísta (m) | egoist (m) | [ɛgoíst] |
| egoísta (adj) | egoist | [ɛgoíst] |
| covarde (m) | frikacak (m) | [frikatsák] |
| covarde (adj) | frikacak | [frikatsák] |

## 60. O sono. Sonhos

| | | |
|---|---|---|
| dormir (vi) | fle | [flɛ] |
| sono (m) | gjumë (m) | [ɟúmə] |
| sonho (m) | ëndërr (m) | [éndər] |
| sonhar (ver sonhos) | ëndërroj | [əndərój]] |
| sonolento (adj) | përgjumshëm | [pərɟúmʃəm] |

| | | |
|---|---|---|
| cama (f) | shtrat (m) | [ʃtrat] |
| colchão (m) | dyshek (m) | [dyʃék] |
| cobertor (m) | mbulesë (f) | [mbulésə] |
| travesseiro (m) | jastëk (m) | [jasték] |
| lençol (m) | çarçaf (m) | [tʃartʃáf] |

| | | |
|---|---|---|
| insônia (f) | pagjumësi (f) | [paɟuməsí] |
| sem sono (adj) | i pagjumë | [i paɟúmə] |
| sonífero (m) | ilaç gjumi (m) | [ilátʃ ɟúmi] |
| tomar um sonífero | marr ilaç gjumi | [mar ilátʃ ɟúmi] |
| estar sonolento | përgjumje | [pərɟúmjɛ] |

| bocejar (vi) | më hapet goja | [mə hápɛt gója] |
| ir para a cama | shkoj të fle | [ʃkoj tə flɛ] |
| fazer a cama | rregulloj shtratin | [rɛguɫój ʃtrátin] |
| adormecer (vi) | më zë gjumi | [mə zə ɟúmi] |

| pesadelo (m) | ankth (m) | [ankθ] |
| ronco (m) | gërhitje (f) | [gərhítjɛ] |
| roncar (vi) | gërhas | [gərhás] |

| despertador (m) | orë me zile (f) | [órə mɛ zílɛ] |
| acordar, despertar (vt) | zgjoj | [zɟoj] |
| acordar (vi) | zgjohem nga gjumi | [zɟóhɛm ŋa ɟúmi] |
| levantar-se (vr) | ngrihem | [ŋríhɛm] |
| lavar-se (vr) | laj | [laj] |

## 61. Humor. Riso. Alegria

| humor (m) | humor (m) | [humór] |
| senso (m) de humor | sens humori (m) | [sɛns humóri] |
| divertir-se (vr) | kënaqem | [kənácɛm] |
| alegre (adj) | gëzueshëm | [gəzúɛʃəm] |
| diversão (f) | gëzim (m) | [gəzím] |

| sorriso (m) | buzëqeshje (f) | [buzəcéʃɛ] |
| sorrir (vi) | buzëqesh | [buzəcéʃ] |
| começar a rir | filloj të qesh | [fiɫój tə céʃ] |
| rir (vi) | qesh | [cɛʃ] |
| riso (m) | qeshje (f) | [céʃɛ] |

| anedota (f) | anekdotë (f) | [anɛkdótə] |
| engraçado (adj) | për të qeshur | [pər tə céʃur] |
| ridículo, cômico (adj) | zbavitës | [zbavítəs] |

| brincar (vi) | bëj shaka | [bəj ʃaká] |
| piada (f) | shaka (f) | [ʃaká] |
| alegria (f) | gëzim (m) | [gəzím] |
| regozijar-se (vr) | ngazëllohem | [ŋazəɫóhɛm] |
| alegre (adj) | gazmor | [gazmór] |

## 62. Discussão, conversação. Parte 1

| comunicação (f) | komunikim (m) | [komunikím] |
| comunicar-se (vr) | komunikoj | [komunikój] |

| conversa (f) | bisedë (f) | [bisédə] |
| diálogo (m) | dialog (m) | [dialóg] |
| discussão (f) | diskutim (m) | [diskutím] |
| debate (m) | mosmarrëveshje (f) | [mosmarəvéʃɛ] |
| debater (vt) | kundërshtoj | [kundərʃtój] |

| interlocutor (m) | bashkëbisedues (m) | [baʃkəbisɛdúɛs] |
| tema (m) | temë (f) | [témə] |

| | | |
|---|---|---|
| ponto (m) de vista | pikëpamje (f) | [pikəpámjɛ] |
| opinião (f) | opinion (m) | [opinión] |
| discurso (m) | fjalim (m) | [fjalím] |

| | | |
|---|---|---|
| discussão (f) | diskutim (m) | [diskutím] |
| discutir (vt) | diskutoj | [diskutój] |
| conversa (f) | bisedë (f) | [bisédə] |
| conversar (vi) | bisedoj | [bisɛdój] |
| reunião (f) | takim (m) | [takím] |
| encontrar-se (vr) | takoj | [takój] |

| | | |
|---|---|---|
| provérbio (m) | fjalë e urtë (f) | [fjálə ɛ úrtə] |
| ditado, provérbio (m) | thënie (f) | [θə́niɛ] |
| adivinha (f) | gjëegjëzë (f) | [ɟəɟ́əzə] |
| dizer uma adivinha | them gjëegjëzë | [θɛm ɟəɟ́əzə] |
| senha (f) | fjalëkalim (m) | [fjaləkalím] |
| segredo (m) | sekret (m) | [sɛkrét] |

| | | |
|---|---|---|
| juramento (m) | betim (m) | [bɛtím] |
| jurar (vi) | betohem | [bɛtóhɛm] |
| promessa (f) | premtim (m) | [prɛmtím] |
| prometer (vt) | premtoj | [prɛmtój] |

| | | |
|---|---|---|
| conselho (m) | këshillë (f) | [kəʃíłə] |
| aconselhar (vt) | këshilloj | [kəʃiłój] |
| seguir o conselho | ndjek këshillën | [ndjék kəʃíłən] |
| escutar (~ os conselhos) | bindem ... | [bíndɛm ...] |

| | | |
|---|---|---|
| novidade, notícia (f) | lajme (f) | [lájmɛ] |
| sensação (f) | ndjesi (f) | [ndjɛsí] |
| informação (f) | informacion (m) | [informatsión] |
| conclusão (f) | përfundim (m) | [pərfundím] |
| voz (f) | zë (f) | [zə] |
| elogio (m) | kompliment (m) | [komplimént] |
| amável, querido (adj) | i mirë | [i mírə] |

| | | |
|---|---|---|
| palavra (f) | fjalë (f) | [fjálə] |
| frase (f) | frazë (f) | [frázə] |
| resposta (f) | përgjigje (f) | [pərɟíɟɛ] |
| verdade (f) | e vërtetë (f) | [ɛ vərtétə] |
| mentira (f) | gënjeshtër (f) | [gəɲéʃtər] |

| | | |
|---|---|---|
| pensamento (m) | mendim (m) | [mɛndím] |
| ideia (f) | ide (f) | [idé] |
| fantasia (f) | fantazi (f) | [fantazí] |

## 63. Discussão, conversação. Parte 2

| | | |
|---|---|---|
| estimado, respeitado (adj) | i nderuar | [i ndɛrúar] |
| respeitar (vt) | nderoj | [ndɛrój] |
| respeito (m) | nder (m) | [ndér] |
| Estimado ..., Caro ... | i dashur ... | [i dáʃur ...] |
| apresentar (alguém a alguém) | prezantoj | [prɛzantój] |

| conhecer (vt) | njoftoj | [ɲoftój] |
| intenção (f) | qëllim (m) | [cǝłím] |
| tencionar (~ fazer algo) | kam ndërmend | [kam ndǝrménd] |
| desejo (de boa sorte) | dëshirë (f) | [dǝʃírǝ] |
| desejar (ex. ~ boa sorte) | dëshiroj | [dǝʃirój] |

| surpresa (f) | surprizë (f) | [surprízǝ] |
| surpreender (vt) | befasoj | [bɛfasój] |
| surpreender-se (vr) | çuditem | [tʃudítɛm] |

| dar (vt) | jap | [jap] |
| pegar (tomar) | marr | [mar] |
| devolver (vt) | kthej | [kθɛj] |
| retornar (vt) | rikthej | [rikθéj] |

| desculpar-se (vr) | kërkoj falje | [kǝrkój fáljɛ] |
| desculpa (f) | falje (f) | [fáljɛ] |
| perdoar (vt) | fal | [fal] |

| falar (vi) | flas | [flas] |
| escutar (vt) | dëgjoj | [dǝjój] |
| ouvir até o fim | tregoj vëmendje | [trɛgój vǝméndjɛ] |
| entender (compreender) | kuptoj | [kuptój] |

| mostrar (vt) | tregoj | [trɛgój] |
| olhar para ... | shikoj ... | [ʃikój ...] |
| chamar (alguém para ...) | thërras | [θǝrás] |
| perturbar, distrair (vt) | tërheq vëmendjen | [tǝrhéc vǝméndjɛn] |
| perturbar (vt) | shqetësoj | [ʃcɛtǝsój] |
| entregar (~ em mãos) | jap | [jap] |

| pedido (m) | kërkesë (f) | [kǝrkésǝ] |
| pedir (ex. ~ ajuda) | kërkoj | [kǝrkój] |
| exigência (f) | kërkesë (f) | [kǝrkésǝ] |
| exigir (vt) | kërkoj | [kǝrkój] |

| insultar (chamar nomes) | ngacmoj | [ŋatsmój] |
| zombar (vt) | tallem | [táłɛm] |
| zombaria (f) | tallje (f) | [táłjɛ] |
| alcunha (f), apelido (m) | pseudonim (m) | [psɛudoním] |

| insinuação (f) | nënkuptim (m) | [nǝnkuptím] |
| insinuar (vt) | nënkuptoj | [nǝnkuptój] |
| querer dizer | dua të them | [dúa tǝ θém] |

| descrição (f) | përshkrim (m) | [pǝrʃkrím] |
| descrever (vt) | përshkruaj | [pǝrʃkrúaj] |
| elogio (m) | lëvdatë (f) | [lǝvdátǝ] |
| elogiar (vt) | lavdëroj | [lavdǝrój] |

| desapontamento (m) | zhgënjim (m) | [ʒgǝɲím] |
| desapontar (vt) | zhgënjej | [ʒgǝɲéj] |
| desapontar-se (vr) | zhgënjehem | [ʒgǝɲéhɛm] |

| suposição (f) | supozim (m) | [supozím] |
| supor (vt) | supozoj | [supozój] |

61

| advertência (f) | paralajmërim (m) | [paralajmərím] |
| advertir (vt) | paralajmëroj | [paralajmərój] |

## 64. Discussão, conversação. Parte 3

| convencer (vt) | bind | [bínd] |
| acalmar (vt) | qetësoj | [cɛtəsój] |

| silêncio (o ~ é de ouro) | heshtje (f) | [héʃtjɛ] |
| ficar em silêncio | i heshtur | [i héʃtur] |
| sussurrar (vt) | pëshpëris | [pəʃpərís] |
| sussurro (m) | pëshpërimë (f) | [pəʃpərímə] |

| francamente | sinqerisht | [síncɛriʃt] |
| na minha opinião ... | sipas mendimit tim ... | [sipás mɛndímit tim ...] |

| detalhe (~ da história) | detaj (m) | [dɛtáj] |
| detalhado (adj) | i detajuar | [i dɛtajúar] |
| detalhadamente | hollësisht | [hoɬəsíʃt] |

| dica (f) | sugjerim (m) | [suɉɛrím] |
| dar uma dica | aludoj | [aludój] |

| olhar (m) | shikim (m) | [ʃikím] |
| dar uma olhada | i hedh një sy | [i héð ɲə sý] |
| fixo (olhada ~a) | i ngurtë | [i ŋúrtə] |
| piscar (vi) | hap e mbyll sytë | [hap ɛ mbýɬ sýtə] |
| piscar (vt) | luaj syrin | [lúaj sýrin] |
| acenar com a cabeça | pohoj me kokë | [pohój mɛ kókə] |

| suspiro (m) | psherëtimë (f) | [pʃɛrətímə] |
| suspirar (vi) | psherëtij | [pʃɛrətíj] |
| estremecer (vi) | rrëqethem | [rəcéθɛm] |
| gesto (m) | gjest (m) | [ɟɛst] |
| tocar (com as mãos) | prek | [prɛk] |
| agarrar (~ pelo braço) | kap | [kap] |
| bater de leve | prek | [prɛk] |

| Cuidado! | Kujdes! | [kujdés!] |
| Sério? | Vërtet? | [vərtét?] |
| Tem certeza? | Je i sigurt? | [jɛ i sígurt?] |
| Boa sorte! | Paç fat! | [patʃ fat!] |
| Entendi! | E kuptova! | [ɛ kuptóva!] |
| Que pena! | Sa keq! | [sa kɛc!] |

## 65. Acordo. Recusa

| consentimento (~ mútuo) | leje (f) | [léjɛ] |
| consentir (vi) | lejoj | [lɛjój] |
| aprovação (f) | miratim (m) | [miratím] |
| aprovar (vt) | miratoj | [miratój] |
| recusa (f) | refuzim (m) | [rɛfuzím] |

| | | |
|---|---|---|
| negar-se a ... | refuzoj | [rɛfuzój] |
| Ótimo! | Të lumtë! | [tə lúmtə!] |
| Tudo bem! | Në rregull! | [nə réguɫ!] |
| Está bem! De acordo! | Në rregull! | [nə réguɫ!] |

| | | |
|---|---|---|
| proibido (adj) | i ndaluar | [i ndalúar] |
| é proibido | është e ndalúar | [éʃtə ɛ ndalúar] |
| é impossível | është e pamundur | [éʃtə ɛ pámundur] |
| incorreto (adj) | i pasaktë | [i pasáktə] |

| | | |
|---|---|---|
| rejeitar (~ um pedido) | hedh poshtë | [hɛð póʃtə] |
| apoiar (vt) | mbështes | [mbəʃtés] |
| aceitar (desculpas, etc.) | pranoj | [pranój] |

| | | |
|---|---|---|
| confirmar (vt) | konfirmoj | [konfirmój] |
| confirmação (f) | konfirmim (m) | [konfirmím] |
| permissão (f) | leje (f) | [léjɛ] |
| permitir (vt) | lejoj | [lɛjój] |
| decisão (f) | vendim (m) | [vɛndím] |
| não dizer nada | nuk them asgjë | [nuk θɛm ásjə] |

| | | |
|---|---|---|
| condição (com uma ~) | kusht (m) | [kuʃt] |
| pretexto (m) | justifikim (m) | [justifikím] |
| elogio (m) | lëvdata (f) | [ləvdáta] |
| elogiar (vt) | lavdëroj | [lavdərój] |

## 66. Sucesso. Boa sorte. Insucesso

| | | |
|---|---|---|
| êxito, sucesso (m) | sukses (m) | [suksés] |
| com êxito | me sukses | [mɛ suksés] |
| bem sucedido (adj) | i suksesshëm | [i suksésʃəm] |

| | | |
|---|---|---|
| sorte (fortuna) | fat (m) | [fat] |
| Boa sorte! | Paç fat! | [patʃ fat!] |
| de sorte | me fat | [mɛ fat] |
| sortudo, felizardo (adj) | fatlum | [fatlúm] |

| | | |
|---|---|---|
| fracasso (m) | dështim (m) | [dəʃtím] |
| pouca sorte (f) | fatkeqësi (f) | [fatkɛcəsí] |
| azar (m), má sorte (f) | ters (m) | [tɛrs] |

| | | |
|---|---|---|
| mal sucedido (adj) | i pasuksesshëm | [i pasuksésʃəm] |
| catàstrofe (f) | katastrofë (f) | [katastrófə] |

| | | |
|---|---|---|
| orgulho (m) | krenari (f) | [krɛnarí] |
| orgulhoso (adj) | krenar | [krɛnár] |
| estar orgulhoso, -a | jam krenar | [jam krɛnár] |

| | | |
|---|---|---|
| vencedor (m) | fitues (m) | [fitúɛs] |
| vencer (vi, vt) | fitoj | [fitój] |
| perder (vt) | humb | [húmb] |
| tentativa (f) | përpjekje (f) | [pərpjékjɛ] |
| tentar (vt) | përpiqem | [pərpícɛm] |
| chance (m) | shans (m) | [ʃans] |

## 67. Conflitos. Emoções negativas

| | | |
|---|---|---|
| grito (m) | britmë (f) | [brítmə] |
| gritar (vi) | bërtas | [bərtás] |
| começar a gritar | filloj të ulërij | [fiɫój tə uɫəríj] |
| | | |
| discussão (f) | grindje (f) | [gríndjɛ] |
| brigar (discutir) | grindem | [gríndɛm] |
| escândalo (m) | sherr (m) | [ʃɛr] |
| criar escândalo | bëj skenë | [bəj skénə] |
| conflito (m) | konflikt (m) | [konflíkt] |
| mal-entendido (m) | keqkuptim (m) | [kɛckuptím] |
| | | |
| insulto (m) | ofendim (m) | [ofɛndím] |
| insultar (vt) | fyej | [fýɛj] |
| insultado (adj) | i ofenduar | [i ofɛndúar] |
| ofensa (f) | fyerje (f) | [fýɛrjɛ] |
| ofender (vt) | ofendoj | [ofɛndój] |
| ofender-se (vr) | mbrohem | [mbróhɛm] |
| | | |
| indignação (f) | indinjatë (f) | [indiɲátə] |
| indignar-se (vr) | zemërohem | [zɛməróhɛm] |
| queixa (f) | ankesë (f) | [ankésə] |
| queixar-se (vr) | ankohem | [ankóhɛm] |
| | | |
| desculpa (f) | falje (f) | [fáljɛ] |
| desculpar-se (vr) | kërkoj falje | [kərkój fáljɛ] |
| pedir perdão | kërkoj ndjesë | [kərkój ndjésə] |
| | | |
| crítica (f) | kritikë (f) | [kritíkə] |
| criticar (vt) | kritikoj | [kritikój] |
| acusação (f) | akuzë (f) | [akúzə] |
| acusar (vt) | akuzoj | [akuzój] |
| | | |
| vingança (f) | hakmarrje (f) | [hakmárjɛ] |
| vingar (vt) | hakmerrem | [hakmérɛm] |
| vingar-se de | shpaguaj | [ʃpagúaj] |
| | | |
| desprezo (m) | përbuzje (f) | [pərbúzjɛ] |
| desprezar (vt) | përbuz | [pərbúz] |
| ódio (m) | urrejtje (f) | [uréjtjɛ] |
| odiar (vt) | urrej | [uréj] |
| | | |
| nervoso (adj) | nervoz | [nɛrvóz] |
| estar nervoso | nervozohem | [nɛrvozóhɛm] |
| zangado (adj) | i zemëruar | [i zɛmərúar] |
| zangar (vt) | zemëroj | [zɛmərój] |
| | | |
| humilhação (f) | poshtërim (m) | [poʃtərím] |
| humilhar (vt) | poshtëroj | [poʃtərój] |
| humilhar-se (vr) | poshtërohem | [poʃtəróhɛm] |
| | | |
| choque (m) | tronditje (f) | [trondítjɛ] |
| chocar (vt) | trondit | [trondít] |
| aborrecimento (m) | shqetësim (m) | [ʃcɛtəsím] |

| | | |
|---|---|---|
| desagradável (adj) | i pakëndshëm | [i pakéndʃəm] |
| medo (m) | frikë (f) | [fríkə] |
| terrível (tempestade, etc.) | i tmerrshëm | [i tmérʃəm] |
| assustador (ex. história ~a) | i frikshëm | [i fríkʃəm] |
| horror (m) | horror (m) | [horór] |
| horrível (crime, etc.) | i tmerrshëm | [i tmérʃəm] |

| | | |
|---|---|---|
| começar a tremer | filloj të dridhem | [fiɫój tə dríðɛm] |
| chorar (vi) | qaj | [caj] |
| começar a chorar | filloj të qaj | [fiɫój tə cáj] |
| lágrima (f) | lot (m) | [lot] |

| | | |
|---|---|---|
| falta (f) | faj (m) | [faj] |
| culpa (f) | faj (m) | [faj] |
| desonra (f) | turp (m) | [turp] |
| protesto (m) | protestë (f) | [protéstə] |
| estresse (m) | stres (m) | [strɛs] |

| | | |
|---|---|---|
| perturbar (vt) | shqetësoj | [ʃcɛtəsój] |
| zangar-se com ... | tërbohem | [tərbóhɛm] |
| zangado (irritado) | i inatosur | [i inatósur] |
| terminar (vt) | përfundoj | [pərfundój] |
| praguejar | betohem | [bɛtóhɛm] |

| | | |
|---|---|---|
| assustar-se | tremb | [trɛmb] |
| golpear (vt) | qëlloj | [cəɫój] |
| brigar (na rua, etc.) | grindem | [gríndɛm] |

| | | |
|---|---|---|
| resolver (o conflito) | zgjidh | [zɟið] |
| descontente (adj) | i pakënaqur | [i pakənácur] |
| furioso (adj) | i xhindosur | [i dʒindósur] |

| | | |
|---|---|---|
| Não está bem! | Nuk është mirë! | [nuk éʃtə mírə!] |
| É ruim! | Është keq! | [éʃtə kɛc!] |

# Medicina

## 68. Doenças

| | | |
|---|---|---|
| doença (f) | sëmundje (f) | [səmúndjɛ] |
| estar doente | jam sëmurë | [jam səmúrə] |
| saúde (f) | shëndet (m) | [ʃəndét] |
| | | |
| nariz (m) escorrendo | rrifë (f) | [rífə] |
| amigdalite (f) | grykët (m) | [grýkət] |
| resfriado (m) | ftohje (f) | [ftóhjɛ] |
| ficar resfriado | ftohem | [ftóhɛm] |
| | | |
| bronquite (f) | bronkit (m) | [bronkít] |
| pneumonia (f) | pneumoni (f) | [pnɛumoní] |
| gripe (f) | grip (m) | [grip] |
| | | |
| míope (adj) | miop | [mióp] |
| presbita (adj) | presbit | [prɛsbít] |
| estrabismo (m) | strabizëm (m) | [strabízəm] |
| estrábico, vesgo (adj) | strabik | [strabík] |
| catarata (f) | katarakt (m) | [katarákt] |
| glaucoma (m) | glaukoma (f) | [glaukóma] |
| | | |
| AVC (m), apoplexia (f) | goditje (f) | [godítjɛ] |
| ataque (m) cardíaco | sulm në zemër (m) | [sulm nə zémər] |
| enfarte (m) do miocárdio | infarkt miokardiak (m) | [infárkt miokardiák] |
| paralisia (f) | paralizë (f) | [paralízə] |
| paralisar (vt) | paralizoj | [paralizój] |
| | | |
| alergia (f) | alergji (f) | [alɛrɟí] |
| asma (f) | astmë (f) | [ástmə] |
| diabetes (f) | diabet (m) | [diabét] |
| | | |
| dor (f) de dente | dhimbje dhëmbi (f) | [ðímbjɛ ðə́mbi] |
| cárie (f) | karies (m) | [kariés] |
| | | |
| diarreia (f) | diarre (f) | [diaré] |
| prisão (f) de ventre | kapsllëk (m) | [kapsɫə́k] |
| desarranjo (m) intestinal | dispepsi (f) | [dispɛpsí] |
| intoxicação (f) alimentar | helmim (m) | [hɛlmím] |
| intoxicar-se | helmohem nga ushqimi | [hɛlmóhɛm ŋa uʃcími] |
| | | |
| artrite (f) | artrit (m) | [artrít] |
| raquitismo (m) | rakit (m) | [rakít] |
| reumatismo (m) | reumatizëm (m) | [rɛumatízəm] |
| arteriosclerose (f) | arteriosklerozë (f) | [artɛriosk_lɛrózə] |
| | | |
| gastrite (f) | gastrit (m) | [gastrít] |
| apendicite (f) | apendicit (m) | [apɛnditsít] |

| | | |
|---|---|---|
| colecistite (f) | **kolecistit** (m) | [kolɛtsistít] |
| úlcera (f) | **ulcerë** (f) | [ultsérə] |
| sarampo (m) | **fruth** (m) | [fruθ] |
| rubéola (f) | **rubeola** (f) | [rubɛóla] |
| icterícia (f) | **verdhëza** (f) | [vérðəza] |
| hepatite (f) | **hepatit** (m) | [hɛpatít] |
| esquizofrenia (f) | **skizofreni** (f) | [skizofrɛní] |
| raiva (f) | **sëmundje e tërbimit** (f) | [səmúndjɛ ɛ tərbímit] |
| neurose (f) | **neurozë** (f) | [nɛurózə] |
| contusão (f) cerebral | **tronditje** (f) | [tronditjɛ] |
| câncer (m) | **kancer** (m) | [kantsér] |
| esclerose (f) | **sklerozë** (f) | [sklɛrózə] |
| esclerose (f) múltipla | **sklerozë e shumëfishtë** (f) | [sklɛrózə ɛ ʃuməfíʃtə] |
| alcoolismo (m) | **alkoolizëm** (m) | [alkoolízəm] |
| alcoólico (m) | **alkoolik** (m) | [alkoolík] |
| sífilis (f) | **sifiliz** (m) | [sifilíz] |
| AIDS (f) | **SIDA** (f) | [sída] |
| tumor (m) | **tumor** (m) | [tumór] |
| maligno (adj) | **malinj** | [malíɲ] |
| benigno (adj) | **beninj** | [bɛníɲ] |
| febre (f) | **ethe** (f) | [éθɛ] |
| malária (f) | **malarie** (f) | [malaríɛ] |
| gangrena (f) | **gangrenë** (f) | [gaŋrénə] |
| enjoo (m) | **sëmundje deti** (f) | [səmúndjɛ déti] |
| epilepsia (f) | **epilepsi** (f) | [ɛpilɛpsí] |
| epidemia (f) | **epidemi** (f) | [ɛpidɛmí] |
| tifo (m) | **tifo** (f) | [tífo] |
| tuberculose (f) | **tuberkuloz** (f) | [tubɛrkulóz] |
| cólera (f) | **kolerë** (f) | [kolérə] |
| peste (f) bubônica | **murtaja** (f) | [murtája] |

## 69. Sintomas. Tratamentos. Parte 1

| | | |
|---|---|---|
| sintoma (m) | **simptomë** (f) | [simptómə] |
| temperatura (f) | **temperaturë** (f) | [tɛmpɛratúrə] |
| febre (f) | **temperaturë e lartë** (f) | [tɛmpɛratúrə ɛ lártə] |
| pulso (m) | **puls** (m) | [puls] |
| vertigem (f) | **marrje mendsh** (m) | [márjɛ méndʃ] |
| quente (testa, etc.) | **i nxehtë** | [i ndzéhtə] |
| calafrio (m) | **drithërima** (f) | [driθəríma] |
| pálido (adj) | **i zbehur** | [i zbéhur] |
| tosse (f) | **kollë** (f) | [kółə] |
| tossir (vi) | **kollitem** | [kołítɛm] |
| espirrar (vi) | **teshtij** | [tɛʃtíj] |
| desmaio (m) | **të fikët** (f) | [tə fíkət] |

| desmaiar (vi) | bie të fikët | [bíɛ tə fíkət] |
| mancha (f) preta | mavijosje (f) | [mavijósjɛ] |
| galo (m) | gungë (f) | [gúŋə] |
| machucar-se (vr) | godas | [godás] |
| contusão (f) | lëndim (m) | [ləndím] |
| machucar-se (vr) | lëndohem | [ləndóhɛm] |

| mancar (vi) | çaloj | [tʃalój] |
| deslocamento (f) | dislokim (m) | [dislokím] |
| deslocar (vt) | del nga vendi | [dɛl ŋa véndi] |
| fratura (f) | thyerje (f) | [θýɛrjɛ] |
| fraturar (vt) | thyej | [θýɛj] |

| corte (m) | e prerë (f) | [ɛ prérə] |
| cortar-se (vr) | pres veten | [prɛs vétɛn] |
| hemorragia (f) | rrjedhje gjaku (f) | [rjéðjɛ ɉáku] |

| queimadura (f) | djegie (f) | [djégiɛ] |
| queimar-se (vr) | digjem | [díɉɛm] |

| picar (vt) | shpoj | [ʃpoj] |
| picar-se (vr) | shpohem | [ʃpóhɛm] |
| lesionar (vt) | dëmtoj | [dəmtój] |
| lesão (m) | dëmtim (m) | [dəmtím] |
| ferida (f), ferimento (m) | plagë (f) | [plágə] |
| trauma (m) | traumë (f) | [traúmə] |

| delirar (vi) | fol përçart | [fól pərtʃárt] |
| gaguejar (vi) | belbëzoj | [bɛlbəzój] |
| insolação (f) | pikë e diellit (f) | [píkə ɛ diéɫit] |

## 70. Sintomas. Tratamentos. Parte 2

| dor (f) | dhimbje (f) | [ðímbjɛ] |
| farpa (no dedo, etc.) | cifël (f) | [tsífəl] |

| suor (m) | djersë (f) | [djérsə] |
| suar (vi) | djersij | [djɛrsíj] |
| vômito (m) | të vjella (f) | [tə vjéɫa] |
| convulsões (f pl) | konvulsione (f) | [konvulsiónɛ] |

| grávida (adj) | shtatzënë | [ʃtatzénə] |
| nascer (vi) | lind | [lind] |
| parto (m) | lindje (f) | [líndjɛ] |
| dar à luz | sjell në jetë | [sjɛɫ nə jétə] |
| aborto (m) | abort (m) | [abórt] |

| respiração (f) | frymëmarrje (f) | [fryməmárjɛ] |
| inspiração (f) | mbajtje e frymës (f) | [mbájtjɛ ɛ frýməs] |
| expiração (f) | lëshim i frymës (m) | [ləʃím i frýməs] |
| expirar (vi) | nxjerr frymën | [ndzjér frýmən] |
| inspirar (vi) | marr frymë | [mar frýmə] |
| inválido (m) | invalid (m) | [invalíd] |
| aleijado (m) | i gjymtuar (m) | [i ɉymtúar] |

| drogado (m) | narkoman (m) | [narkomán] |
|---|---|---|
| surdo (adj) | shurdh | [ʃurð] |
| mudo (adj) | memec | [mɛméts] |
| surdo-mudo (adj) | shurdh-memec | [ʃurð-mɛméts] |

| louco, insano (adj) | i marrë | [i márə] |
|---|---|---|
| louco (m) | i çmendur (m) | [i tʃméndur] |
| louca (f) | e çmendur (f) | [ɛ tʃméndur] |
| ficar louco | çmendem | [tʃméndɛm] |

| gene (m) | gen (m) | [gɛn] |
|---|---|---|
| imunidade (f) | imunitet (m) | [imunitét] |
| hereditário (adj) | e trashëguar | [ɛ traʃəgúar] |
| congênito (adj) | e lindur | [ɛ líndur] |

| vírus (m) | virus (m) | [virús] |
|---|---|---|
| micróbio (m) | mikrob (m) | [mikrób] |
| bactéria (f) | bakterie (f) | [baktériɛ] |
| infecção (f) | infeksion (m) | [infɛksión] |

## 71. Sintomas. Tratamentos. Parte 3

| hospital (m) | spital (m) | [spitál] |
|---|---|---|
| paciente (m) | pacient (m) | [patsiént] |

| diagnóstico (m) | diagnozë (f) | [diagnózə] |
|---|---|---|
| cura (f) | kurë (f) | [kúrə] |
| tratamento (m) médico | trajtim mjekësor (m) | [trajtím mjɛkəsór] |
| curar-se (vr) | kurohem | [kuróhɛm] |
| tratar (vt) | kuroj | [kurój] |
| cuidar (pessoa) | kujdesem | [kujdésɛm] |
| cuidado (m) | kujdes (m) | [kujdés] |

| operação (f) | operacion (m) | [opɛratsión] |
|---|---|---|
| enfaixar (vt) | fashoj | [faʃój] |
| enfaixamento (m) | fashim (m) | [faʃím] |

| vacinação (f) | vaksinim (m) | [vaksiním] |
|---|---|---|
| vacinar (vt) | vaksinoj | [vaksinój] |
| injeção (f) | injeksion (m) | [iɲɛksión] |
| dar uma injeção | bëj injeksion | [bəj ɪɲɛksion] |

| ataque (~ de asma, etc.) | atak (m) | [aták] |
|---|---|---|
| amputação (f) | amputim (m) | [amputím] |
| amputar (vt) | amputoj | [amputój] |
| coma (f) | komë (f) | [kómə] |
| estar em coma | jam në komë | [jam nə kómə] |
| reanimação (f) | kujdes intensiv (m) | [kujdés intɛnsív] |

| recuperar-se (vr) | shërohem | [ʃəróhɛm] |
|---|---|---|
| estado (~ de saúde) | gjendje (f) | [ɟéndjɛ] |
| consciência (perder a ~) | vetëdije (f) | [vɛtədíjɛ] |
| memória (f) | kujtesë (f) | [kujtésə] |
| tirar (vt) | heq | [hɛc] |

69

| | | |
|---|---|---|
| obturação (f) | mbushje (f) | [mbúʃjɛ] |
| obturar (vt) | mbush | [mbúʃ] |
| hipnose (f) | hipnozë (f) | [hipnózə] |
| hipnotizar (vt) | hipnotizim | [hipnotizím] |

## 72. Médicos

| | | |
|---|---|---|
| médico (m) | mjek (m) | [mjék] |
| enfermeira (f) | infermiere (f) | [infɛrmiérɛ] |
| médico (m) pessoal | mjek personal (m) | [mjék pɛrsonál] |
| dentista (m) | dentist (m) | [dɛntíst] |
| oculista (m) | okulist (m) | [okulíst] |
| terapeuta (m) | mjek i përgjithshëm (m) | [mjék i pərɟíθʃəm] |
| cirurgião (m) | kirurg (m) | [kirúrg] |
| psiquiatra (m) | psikiatër (m) | [psikiátər] |
| pediatra (m) | pediatër (m) | [pɛdiátər] |
| psicólogo (m) | psikolog (m) | [psikológ] |
| ginecologista (m) | gjinekolog (m) | [ɟinɛkológ] |
| cardiologista (m) | kardiolog (m) | [kardiológ] |

## 73. Medicina. Drogas. Acessórios

| | | |
|---|---|---|
| medicamento (m) | ilaç (m) | [iláʧ] |
| remédio (m) | mjekim (m) | [mjɛkím] |
| receitar (vt) | shkruaj recetë | [ʃkrúaj rɛtsétə] |
| receita (f) | recetë (f) | [rɛtsétə] |
| comprimido (m) | pilulë (f) | [pilúlə] |
| unguento (m) | krem (m) | [krɛm] |
| ampola (f) | ampulë (f) | [ampúlə] |
| solução, preparado (m) | përzierje (f) | [pərzíɛrjɛ] |
| xarope (m) | shurup (m) | [ʃurúp] |
| cápsula (f) | pilulë (f) | [pilúlə] |
| pó (m) | pudër (f) | [púdər] |
| atadura (f) | fashë garze (f) | [faʃə gárzɛ] |
| algodão (m) | pambuk (m) | [pambúk] |
| iodo (m) | jod (m) | [jod] |
| curativo (m) adesivo | leukoplast (m) | [lɛukoplást] |
| conta-gotas (m) | pikatore (f) | [pikatórɛ] |
| termômetro (m) | termometër (m) | [tɛrmométər] |
| seringa (f) | shiringë (f) | [ʃiríŋə] |
| cadeira (f) de rodas | karrocë me rrota (f) | [karótsə mɛ róta] |
| muletas (f pl) | paterica (f) | [patɛrítsa] |
| analgésico (m) | qetësues (m) | [cɛtəsúɛs] |
| laxante (m) | laksativ (m) | [laksatív] |

70

| álcool (m) | alkool dezinfektues (m) | [alkoól dɛzinfɛktúɛs] |
|---|---|---|
| ervas (f pl) medicinais | bimë mjekësore (f) | [bímə mjɛkəsórɛ] |
| de ervas (chá ~) | çaj bimor | [tʃáj bimór] |

## 74. Fumar. Produtos tabágicos

| tabaco (m) | duhan (m) | [duhán] |
|---|---|---|
| cigarro (m) | cigare (f) | [tsigárɛ] |
| charuto (m) | puro (f) | [púro] |
| cachimbo (m) | llullë (f) | [ɫúɫə] |
| maço (~ de cigarros) | pako cigaresh (m) | [páko tsigárɛʃ] |

| fósforos (m pl) | shkrepëse (pl) | [ʃkrépəsɛ] |
|---|---|---|
| caixa (f) de fósforos | kuti shkrepësesh (f) | [kutí ʃkrépəsɛʃ] |
| isqueiro (m) | çakmak (m) | [tʃakmák] |
| cinzeiro (m) | taketuke (f) | [takɛtúkɛ] |
| cigarreira (f) | kuti cigaresh (f) | [kutí tsigárɛʃ] |

| piteira (f) | cigarishte (f) | [tsigaríʃtɛ] |
|---|---|---|
| filtro (m) | filtër (m) | [fíltər] |

| fumar (vi, vt) | pi duhan | [pi duhán] |
|---|---|---|
| acender um cigarro | ndez një cigare | [ndɛz ɲə tsigárɛ] |
| tabagismo (m) | pirja e duhanit (f) | [pírja ɛ duhánit] |
| fumante (m) | duhanpirës (m) | [duhanpírəs] |

| bituca (f) | bishti i cigares (m) | [bíʃti i tsigárɛs] |
|---|---|---|
| fumaça (f) | tym (m) | [tym] |
| cinza (f) | hi (m) | [hi] |

# HABITAT HUMANO

## Cidade

### 75. Cidade. Vida na cidade

| | | |
|---|---|---|
| cidade (f) | qytet (m) | [cytét] |
| capital (f) | kryeqytet (m) | [kryɛcytét] |
| aldeia (f) | fshat (m) | [ffát] |
| | | |
| mapa (m) da cidade | hartë e qytetit (f) | [hártə ɛ cytétit] |
| centro (m) da cidade | qendër e qytetit (f) | [céndər ɛ cytétit] |
| subúrbio (m) | periferi (f) | [pɛrifɛrí] |
| suburbano (adj) | periferik | [pɛrifɛrík] |
| | | |
| periferia (f) | periferia (f) | [pɛrifɛría] |
| arredores (m pl) | periferia (f) | [pɛrifɛría] |
| quarteirão (m) | bllok pallatesh (m) | [błók pałátɛʃ] |
| quarteirão (m) residencial | bllok banimi (m) | [błók baními] |
| | | |
| tráfego (m) | trafik (m) | [trafík] |
| semáforo (m) | semafor (m) | [sɛmafór] |
| transporte (m) público | transport publik (m) | [transpórt publík] |
| cruzamento (m) | kryqëzim (m) | [krycəzím] |
| | | |
| faixa (f) | kalim për këmbësorë (m) | [kalím pər kəmbəsórə] |
| túnel (m) subterrâneo | nënkalim për këmbësorë (m) | [nənkalím pər kəmbəsórə] |
| cruzar, atravessar (vt) | kapërcej | [kapərtséj] |
| pedestre (m) | këmbësor (m) | [kəmbəsór] |
| calçada (f) | trotuar (m) | [trotuár] |
| | | |
| ponte (f) | urë (f) | [úrə] |
| margem (f) do rio | breg lumi (m) | [brɛg lúmi] |
| fonte (f) | shatërvan (m) | [ʃatərván] |
| | | |
| alameda (f) | rrugëz (m) | [rúgəz] |
| parque (m) | park (m) | [park] |
| bulevar (m) | bulevard (m) | [bulɛvárd] |
| praça (f) | shesh (m) | [ʃɛʃ] |
| avenida (f) | bulevard (m) | [bulɛvárd] |
| rua (f) | rrugë (f) | [rúgə] |
| travessa (f) | rrugë dytësore (f) | [rúgə dytəsórɛ] |
| beco (m) sem saída | rrugë pa krye (f) | [rúgə pa krýɛ] |
| | | |
| casa (f) | shtëpi (f) | [ʃtəpí] |
| edifício, prédio (m) | ndërtesë (f) | [ndərtésə] |
| arranha-céu (m) | qiellgërvishtës (m) | [ciɛłgərvíʃtəs] |
| fachada (f) | fasadë (f) | [fasádə] |
| telhado (m) | çati (f) | [tʃatí] |

| janela (f) | dritare (f) | [dritárɛ] |
| arco (m) | hark (m) | [hárk] |
| coluna (f) | kolonë (f) | [kolónə] |
| esquina (f) | kënd (m) | [kə́nd] |

| vitrine (f) | vitrinë (f) | [vitrínə] |
| letreiro (m) | tabelë (f) | [tabélə] |
| cartaz (do filme, etc.) | poster (m) | [postér] |
| cartaz (m) publicitário | afishe reklamuese (f) | [afíʃɛ rɛklamúɛsɛ] |
| painel (m) publicitário | tabelë reklamash (f) | [tabélə rɛklámaʃ] |

| lixo (m) | plehra (f) | [pléhra] |
| lata (f) de lixo | kosh plehrash (m) | [koʃ pléhraʃ] |
| jogar lixo na rua | hedh mbeturina | [hɛð mbɛturína] |
| aterro (m) sanitário | deponi plehrash (f) | [dɛponí pléhraʃ] |

| orelhão (m) | kabinë telefonike (f) | [kabínə tɛlɛfoníkɛ] |
| poste (m) de luz | shtyllë dritash (f) | [ʃtýɫə drítaʃ] |
| banco (m) | stol (m) | [stol] |

| polícia (m) | polic (m) | [políts] |
| polícia (instituição) | polici (f) | [politsí] |
| mendigo, pedinte (m) | lypës (m) | [lýpəs] |
| desabrigado (m) | i pastrehë (m) | [i pastréhə] |

## 76. Instituições urbanas

| loja (f) | dyqan (m) | [dycán] |
| drogaria (f) | farmaci (f) | [farmatsí] |
| ótica (f) | optikë (f) | [optíkə] |
| centro (m) comercial | qendër tregtare (f) | [céndər trɛgtárɛ] |
| supermercado (m) | supermarket (m) | [supɛrmarkét] |

| padaria (f) | furrë (f) | [fúrə] |
| padeiro (m) | furrtar (m) | [furtár] |
| pastelaria (f) | pastiçeri (f) | [pastitʃɛrí] |
| mercearia (f) | dyqan ushqimor (m) | [dycán uʃcimór] |
| açougue (m) | dyqan mishi (m) | [dycán míʃi] |

| fruteira (f) | dyqan fruta-perimesh (m) | [dycán frúta-pɛrímɛʃ] |
| mercado (m) | treg (m) | [trɛg] |

| cafeteria (f) | kafene (f) | [kafɛné] |
| restaurante (m) | restorant (m) | [rɛstoránt] |
| bar (m) | pab (m), pijetore (f) | [pab], [pijɛtórɛ] |
| pizzaria (f) | piceri (f) | [pitsɛrí] |

| salão (m) de cabeleireiro | parukeri (f) | [parukɛrí] |
| agência (f) dos correios | zyrë postare (f) | [zýrə postárɛ] |
| lavanderia (f) | pastrim kimik (m) | [pastrím kimík] |
| estúdio (m) fotográfico | studio fotografike (f) | [stúdio fotografíkɛ] |

| sapataria (f) | dyqan këpucësh (m) | [dycán kəpútsəʃ] |
| livraria (f) | librari (f) | [librarí] |

| | | |
|---|---|---|
| loja (f) de artigos esportivos | dyqan me mallra sportivë (m) | [dycán mɛ máłra sportívə] |
| costureira (m) | rrobaqepësi (f) | [robacɛpəsí] |
| aluguel (m) de roupa | dyqan veshjesh me qira (m) | [dycán véʃjeʃ mɛ cirá] |
| videolocadora (f) | dyqan videosh me qira (m) | [dycán vídeoʃ mɛ cirá] |
| circo (m) | cirk (m) | [tsírk] |
| jardim (m) zoológico | kopsht zoologjik (m) | [kópʃt zooloɟík] |
| cinema (m) | kinema (f) | [kinɛmá] |
| museu (m) | muze (m) | [muzé] |
| biblioteca (f) | bibliotekë (f) | [bibliotékə] |
| teatro (m) | teatër (m) | [tɛátər] |
| ópera (f) | opera (f) | [opéra] |
| boate (casa noturna) | klub nate (m) | [klúb nátɛ] |
| cassino (m) | kazino (f) | [kazíno] |
| mesquita (f) | xhami (f) | [dʒamí] |
| sinagoga (f) | sinagogë (f) | [sinagógə] |
| catedral (f) | katedrale (f) | [katɛdrálɛ] |
| templo (m) | tempull (m) | [témpuł] |
| igreja (f) | kishë (f) | [kíʃə] |
| faculdade (f) | kolegj (m) | [koléɟ] |
| universidade (f) | universitet (m) | [univɛrsitét] |
| escola (f) | shkollë (f) | [ʃkółə] |
| prefeitura (f) | prefekturë (f) | [prɛfɛktúrə] |
| câmara (f) municipal | bashki (f) | [baʃkí] |
| hotel (m) | hotel (m) | [hotél] |
| banco (m) | bankë (f) | [bánkə] |
| embaixada (f) | ambasadë (f) | [ambasádə] |
| agência (f) de viagens | agjenci udhëtimesh (f) | [aɟentsí uðətímɛʃ] |
| agência (f) de informações | zyrë informacioni (f) | [zýrə informatsióni] |
| casa (f) de câmbio | këmbim valutor (m) | [kəmbím valutór] |
| metrô (m) | metro (f) | [mɛtró] |
| hospital (m) | spital (m) | [spitál] |
| posto (m) de gasolina | pikë karburanti (f) | [píkə karburánti] |
| parque (m) de estacionamento | parking (m) | [parkín] |

## 77. Transportes urbanos

| | | |
|---|---|---|
| ônibus (m) | autobus (m) | [autobús] |
| bonde (m) elétrico | tramvaj (m) | [tramváj] |
| trólebus (m) | autobus tramvaj (m) | [autobús tramváj] |
| rota (f), itinerário (m) | itinerar (m) | [itinɛrár] |
| número (m) | numër (m) | [númər] |
| ir de … (carro, etc.) | udhëtoj me … | [uðətój mɛ …] |
| entrar no … | hip | [hip] |
| descer do … | zbres … | [zbrɛs …] |

| parada (f) | stacion (m) | [statsión] |
| próxima parada (f) | stacioni tjetër (m) | [statsióni tjétər] |
| terminal (m) | terminal (m) | [tɛrminál] |
| horário (m) | orar (m) | [orár] |
| esperar (vt) | pres | [prɛs] |

| passagem (f) | biletë (f) | [bilétə] |
| tarifa (f) | çmim bilete (m) | [tʃmím bilétɛ] |

| bilheteiro (m) | shitës biletash (m) | [ʃítəs bilétaʃ] |
| controle (m) de passagens | kontroll biletash (m) | [kontrół bilétaʃ] |
| revisor (m) | kontrollues biletash (m) | [kontrołúɛs bilétaʃ] |

| atrasar-se (vr) | vonohem | [vonóhɛm] |
| perder (o autocarro, etc.) | humbas | [humbás] |
| estar com pressa | nxitoj | [ndzitój] |

| táxi (m) | taksi (m) | [táksi] |
| taxista (m) | shofer taksie (m) | [ʃofér taksíɛ] |
| de táxi (ir ~) | me taksi | [mɛ táksi] |
| ponto (m) de táxis | stacion taksish (m) | [statsión táksiʃ] |
| chamar um táxi | thërras taksi | [θərás táksi] |
| pegar um táxi | marr taksi | [mar táksi] |

| tráfego (m) | trafik (m) | [trafík] |
| engarrafamento (m) | bllokim trafiku (m) | [błokím trafíku] |
| horas (f pl) de pico | orë e trafikut të rëndë (f) | [órə ɛ trafíkut tə rəndə] |
| estacionar (vi) | parkoj | [parkój] |
| estacionar (vt) | parkim | [parkím] |
| parque (m) de estacionamento | parking (m) | [parkíŋ] |

| metrô (m) | metro (f) | [mɛtró] |
| estação (f) | stacion (m) | [statsión] |
| ir de metrô | shkoj me metro | [ʃkoj mɛ métro] |
| trem (m) | tren (m) | [trɛn] |
| estação (f) de trem | stacion treni (m) | [statsión tréni] |

## 78. Turismo

| monumento (m) | monument (m) | [monumént] |
| fortaleza (f) | kala (f) | [kalá] |
| palácio (m) | pallat (m) | [pałát] |
| castelo (m) | kështjellë (f) | [kəʃtjéłə] |
| torre (f) | kullë (f) | [kúłə] |
| mausoléu (m) | mauzoleum (m) | [mauzolɛúm] |

| arquitetura (f) | arkitekturë (f) | [arkitɛktúrə] |
| medieval (adj) | mesjetare | [mɛsjɛtárɛ] |
| antigo (adj) | e lashtë | [ɛ láʃtə] |
| nacional (adj) | kombëtare | [kombətárɛ] |
| famoso, conhecido (adj) | i famshëm | [i fámʃəm] |

| turista (m) | turist (m) | [turíst] |
| guia (pessoa) | udhërrëfyes (m) | [uðərəfýɛs] |

75

| | | |
|---|---|---|
| excursão (f) | ekskursion (m) | [εkskursión] |
| mostrar (vt) | tregoj | [trεgój] |
| contar (vt) | dëftoj | [dəftój] |

| | | |
|---|---|---|
| encontrar (vt) | gjej | [ɟéj] |
| perder-se (vr) | humbas | [humbás] |
| mapa (~ do metrô) | hartë (f) | [hártə] |
| mapa (~ da cidade) | hartë (f) | [hártə] |

| | | |
|---|---|---|
| lembrança (f), presente (m) | suvenir (m) | [suvεnír] |
| loja (f) de presentes | dyqan dhuratash (m) | [dycán ðúrátaʃ] |
| tirar fotos, fotografar | bëj foto | [bəj fóto] |
| fotografar-se (vr) | bëj fotografi | [bəj fotografí] |

## 79. Compras

| | | |
|---|---|---|
| comprar (vt) | blej | [blεj] |
| compra (f) | blerje (f) | [blérjε] |
| fazer compras | shkoj për pazar | [ʃkoj pər pazár] |
| compras (f pl) | pazar (m) | [pazár] |

| | | |
|---|---|---|
| estar aberta (loja) | hapur | [hápur] |
| estar fechada | mbyllur | [mbýɫur] |

| | | |
|---|---|---|
| calçado (m) | këpucë (f) | [kəpútsə] |
| roupa (f) | veshje (f) | [véʃjε] |
| cosméticos (m pl) | kozmetikë (f) | [kozmεtíkə] |
| alimentos (m pl) | mallra ushqimore (f) | [máɫra uʃcimórε] |
| presente (m) | dhuratë (f) | [ðurátə] |

| | | |
|---|---|---|
| vendedor (m) | shitës (m) | [ʃítəs] |
| vendedora (f) | shitëse (f) | [ʃítəsε] |

| | | |
|---|---|---|
| caixa (f) | arkë (f) | [árkə] |
| espelho (m) | pasqyrë (f) | [pascýrə] |
| balcão (m) | banak (m) | [bának] |
| provador (m) | dhomë prove (f) | [ðómə próvε] |

| | | |
|---|---|---|
| provar (vt) | provoj | [provój] |
| servir (roupa, caber) | më rri mirë | [mə ri mírə] |
| gostar (apreciar) | pëlqej | [pəlcéj] |

| | | |
|---|---|---|
| preço (m) | çmim (m) | [tʃmím] |
| etiqueta (f) de preço | etiketa e çmimit (f) | [εtikéta ε tʃmímit] |
| custar (vt) | kushton | [kuʃtón] |
| Quanto? | Sa? | [sa?] |
| desconto (m) | ulje (f) | [úljε] |

| | | |
|---|---|---|
| não caro (adj) | jo e shtrenjtë | [jo ε ʃtréɲtə] |
| barato (adj) | e lirë | [ε lírə] |
| caro (adj) | i shtrenjtë | [i ʃtréɲtə] |
| É caro | Është e shtrenjtë | [əʃtə ε ʃtréɲtə] |
| aluguel (m) | qiramarrje (f) | [ciramárjε] |
| alugar (roupas, etc.) | marr me qira | [mar mε cirá] |

| | | |
|---|---|---|
| crédito (m) | kredit (m) | [krɛdít] |
| a crédito | me kredi | [mɛ krɛdí] |

## 80. Dinheiro

| | | |
|---|---|---|
| dinheiro (m) | para (f) | [pará] |
| câmbio (m) | këmbim valutor (m) | [kəmbím valutór] |
| taxa (f) de câmbio | kurs këmbimi (m) | [kurs kəmbími] |
| caixa (m) eletrônico | bankomat (m) | [bankomát] |
| moeda (f) | monedhë (f) | [monéðə] |
| | | |
| dólar (m) | dollar (m) | [doɫár] |
| euro (m) | euro (f) | [éuro] |
| | | |
| lira (f) | lirë (f) | [lírə] |
| marco (m) | Marka gjermane (f) | [márka ɟɛrmánɛ] |
| franco (m) | franga (f) | [fráŋa] |
| libra (f) esterlina | sterlina angleze (f) | [stɛrlína aŋlézɛ] |
| iene (m) | jen (m) | [jén] |
| | | |
| dívida (f) | borxh (m) | [bórdʒ] |
| devedor (m) | debitor (m) | [dɛbitór] |
| emprestar (vt) | jap hua | [jap huá] |
| pedir emprestado | marr hua | [mar huá] |
| | | |
| banco (m) | bankë (f) | [bánkə] |
| conta (f) | llogari (f) | [ɫogarí] |
| depositar (vt) | depozitoj | [dɛpozitój] |
| depositar na conta | depozitoj në llogari | [dɛpozitój nə ɫogarí] |
| sacar (vt) | tërheq | [tərhéc] |
| | | |
| cartão (m) de crédito | kartë krediti (f) | [kártə krɛdíti] |
| dinheiro (m) vivo | kesh (m) | [kɛʃ] |
| cheque (m) | çek (m) | [tʃɛk] |
| passar um cheque | lëshoj një çek | [ləʃój ɲə tʃék] |
| talão (m) de cheques | bllok çeqesh (m) | [bɫók tʃécɛʃ] |
| | | |
| carteira (f) | portofol (m) | [portofól] |
| niqueleira (f) | kuletë (f) | [kulétə] |
| cofre (m) | kasafortë (f) | [kasafórtə] |
| | | |
| herdeiro (m) | trashëgimtar (m) | [traʃəgimtár] |
| herança (f) | trashëgimi (f) | [traʃəgimí] |
| fortuna (riqueza) | pasuri (f) | [pasurí] |
| | | |
| arrendamento (m) | qira (f) | [cirá] |
| aluguel (pagar o ~) | qiraja (f) | [cirája] |
| alugar (vt) | marr me qira | [mar mɛ cirá] |
| | | |
| preço (m) | çmim (m) | [tʃmím] |
| custo (m) | kosto (f) | [kósto] |
| soma (f) | shumë (f) | [ʃúmə] |
| gastar (vt) | shpenzoj | [ʃpɛnzój] |
| gastos (m pl) | shpenzime (f) | [ʃpɛnzímɛ] |

| economizar (vi) | kursej | [kurséj] |
| econômico (adj) | ekonomik | [ɛkonomík] |

| pagar (vt) | paguaj | [pagúaj] |
| pagamento (m) | pagesë (f) | [pagésə] |
| troco (m) | kusur (m) | [kusúr] |

| imposto (m) | taksë (f) | [táksə] |
| multa (f) | gjobë (f) | [ɟóbə] |
| multar (vt) | vendos gjobë | [vɛndós ɟóbə] |

## 81. Correios. Serviço postal

| agência (f) dos correios | zyrë postare (f) | [zýrə postárɛ] |
| correio (m) | postë (f) | [póstə] |
| carteiro (m) | postier (m) | [postiér] |
| horário (m) | orari i punës (m) | [orári i púnəs] |

| carta (f) | letër (f) | [létər] |
| carta (f) registada | letër rekomande (f) | [létər rɛkomándɛ] |
| cartão (m) postal | kartolinë (f) | [kartolínə] |
| telegrama (m) | telegram (m) | [tɛlɛgrám] |
| encomenda (f) | pako (f) | [páko] |
| transferência (f) de dinheiro | transfer parash (m) | [transfér paráʃ] |

| receber (vt) | pranoj | [pranój] |
| enviar (vt) | dërgoj | [dərgój] |
| envio (m) | dërgesë (f) | [dərgésə] |

| endereço (m) | adresë (f) | [adrésə] |
| código (m) postal | kodi postar (m) | [kódi postár] |
| remetente (m) | dërguesi (m) | [dərgúɛsi] |
| destinatário (m) | pranues (m) | [pranúɛs] |

| nome (m) | emër (m) | [émər] |
| sobrenome (m) | mbiemër (m) | [mbiémər] |

| tarifa (f) | tarifë postare (f) | [tarífə postárɛ] |
| ordinário (adj) | standard | [standárd] |
| econômico (adj) | ekonomike | [ɛkonomíkɛ] |

| peso (m) | peshë (f) | [péʃə] |
| pesar (estabelecer o peso) | peshoj | [pɛʃój] |
| envelope (m) | zarf (m) | [zarf] |
| selo (m) postal | pullë postare (f) | [púɫə postárɛ] |
| colar o selo | vendos pullën postare | [vɛndós púɫən postárɛ] |

# Moradia. Casa. Lar

## 82. Casa. Habitação

| | | |
|---|---|---|
| casa (f) | shtëpi (f) | [ʃtəpí] |
| em casa | në shtëpi | [nə ʃtəpí] |
| pátio (m), quintal (f) | oborr (m) | [obór] |
| cerca, grade (f) | gardh (m) | [garð] |
| | | |
| tijolo (m) | tullë (f) | [túłə] |
| de tijolos | me tulla | [mɛ túła] |
| pedra (f) | gur (m) | [guɾ] |
| de pedra | guror | [guɾór] |
| concreto (m) | çimento (f) | [tʃiménto] |
| concreto (adj) | prej çimentoje | [prɛj tʃiméntojɛ] |
| | | |
| novo (adj) | i ri | [i ɾí] |
| velho (adj) | i vjetër | [i vjétər] |
| decrépito (adj) | e vjetruar | [ɛ vjɛtrúar] |
| moderno (adj) | moderne | [modérnɛ] |
| de vários andares | shumëkatëshe | [ʃuməkátəʃɛ] |
| alto (adj) | e lartë | [ɛ lártə] |
| | | |
| andar (m) | kat (m) | [kat] |
| de um andar | njëkatëshe | [ɲəkátəʃɛ] |
| | | |
| térreo (m) | përdhese (f) | [pərðésɛ] |
| andar (m) de cima | kati i fundit (m) | [káti i fúndit] |
| | | |
| telhado (m) | çati (f) | [tʃatí] |
| chaminé (f) | oxhak (m) | [odʒák] |
| | | |
| telha (f) | tjegulla (f) | [tjéguła] |
| de telha | me tjegulla | [mɛ tjéguła] |
| sótão (m) | papafingo (f) | [papafíŋo] |
| | | |
| janela (f) | dritare (f) | [dritárc] |
| vidro (m) | xham (m) | [dʒam] |
| | | |
| parapeito (m) | prag dritareje (m) | [prag dritárɛjɛ] |
| persianas (f pl) | grila (f) | [gríla] |
| | | |
| parede (f) | mur (m) | [mur] |
| varanda (f) | ballkon (m) | [bałkón] |
| calha (f) | ulluk (m) | [ułúk] |
| | | |
| em cima | lart | [lart] |
| subir (vi) | ngjitem lart | [ɲjitém lárt] |
| descer (vi) | zbres | [zbrɛs] |
| mudar-se (vr) | lëviz | [ləvíz] |

## 83. Casa. Entrada. Elevador

| | | |
|---|---|---|
| entrada (f) | hyrje (f) | [hýrjɛ] |
| escada (f) | shkallë (f) | [ʃkáɫə] |
| degraus (m pl) | shkallë (f) | [ʃkáɫə] |
| corrimão (m) | parmak (m) | [parmák] |
| hall (m) de entrada | holl (m) | [hoɫ] |
| | | |
| caixa (f) de correio | kuti postare (f) | [kutí postárɛ] |
| lata (f) do lixo | kazan mbeturinash (m) | [kazán mbɛturínaʃ] |
| calha (f) de lixo | ashensor mbeturinash (m) | [aʃɛnsór mbɛturínaʃ] |
| | | |
| elevador (m) | ashensor (m) | [aʃɛnsór] |
| elevador (m) de carga | ashensor mallrash (m) | [aʃɛnsór máɫraʃ] |
| cabine (f) | kabinë ashensori (f) | [kabínə aʃɛnsóri] |
| pegar o elevador | marr ashensorin | [mar aʃɛnsórin] |
| | | |
| apartamento (m) | apartament (m) | [apartamént] |
| residentes (pl) | banorë (pl) | [banórə] |
| vizinho (m) | komshi (m) | [komʃí] |
| vizinha (f) | komshike (f) | [komʃíkɛ] |
| vizinhos (pl) | komshinj (pl) | [komʃíɲ] |

## 84. Casa. Portas. Fechaduras

| | | |
|---|---|---|
| porta (f) | derë (f) | [dérə] |
| portão (m) | portik (m) | [portík] |
| maçaneta (f) | dorezë (f) | [dorézə] |
| destrancar (vt) | zhbllokoj | [ʒbɫokój] |
| abrir (vt) | hap | [hap] |
| fechar (vt) | mbyll | [mbyɫ] |
| | | |
| chave (f) | çelës (m) | [tʃéləs] |
| molho (m) | tufë çelësash (f) | [túfə tʃéləsaʃ] |
| ranger (vi) | kërcet | [kərtsét] |
| rangido (m) | kërcitje (f) | [kərtsítjɛ] |
| dobradiça (f) | menteshë (f) | [mɛntéʃə] |
| capacho (m) | tapet hyrës (m) | [tapét hýrəs] |
| | | |
| fechadura (f) | kyç (m) | [kytʃ] |
| buraco (m) da fechadura | vrimë e çelësit (f) | [vrímə ɛ tʃéləsit] |
| barra (f) | shul (m) | [ʃul] |
| fecho (ferrolho pequeno) | shul (m) | [ʃul] |
| cadeado (m) | dry (m) | [dry] |
| | | |
| tocar (vt) | i bie ziles | [i bíɛ zíłɛs] |
| toque (m) | tingulli i ziles (m) | [tíɲuti i zíłɛs] |
| campainha (f) | zile (f) | [zíłɛ] |
| botão (m) | çelësi i ziles (m) | [tʃéləsi i zíłɛs] |
| batida (f) | trokitje (f) | [trokítjɛ] |
| bater (vi) | trokas | [trokás] |
| código (m) | kod (m) | [kod] |
| fechadura (f) de código | kod (m) | [kod] |

| interfone (m) | interkom (m) | [intɛrkóm] |
| número (m) | numër (m) | [númər] |
| placa (f) de porta | pllakë e emrit (f) | [płákə ɛ émrit] |
| olho (m) mágico | vrimë përgjimi (f) | [vrímə pərɟími] |

## 85. Casa de campo

| aldeia (f) | fshat (m) | [fʃát] |
| horta (f) | kopsht zarzavatesh (m) | [kópʃt zarzavátɛʃ] |

| cerca (f) | gardh (m) | [garð] |
| cerca (f) de piquete | gardh kunjash | [garð kúɲaʃ] |
| portão (f) do jardim | portik (m) | [portík] |

| celeiro (m) | hambar (m) | [hambár] |
| adega (f) | qilar (m) | [cilár] |
| galpão, barracão (m) | kasolle (f) | [kasółɛ] |
| poço (m) | pus (m) | [pus] |

| fogão (m) | sobë (f) | [sóbə] |
| atiçar o fogo | mbush sobën | [mbúʃ sóbən] |

| lenha (carvão ou ~) | dru për zjarr (m) | [dru pər zjár] |
| acha, lenha (f) | dru (m) | [dru] |

| varanda (f) | verandë (f) | [vɛrándə] |
| alpendre (m) | ballkon (m) | [bałkón] |
| degraus (m pl) de entrada | prag i derës (m) | [prag i dérəs] |
| balanço (m) | kolovajzë (f) | [kolovájzə] |

## 86. Castelo. Palácio

| castelo (m) | kështjellë (f) | [kəʃtjéłə] |
| palácio (m) | pallat (m) | [pałát] |
| fortaleza (f) | kala (f) | [kalá] |

| muralha (f) | mur rrethues (m) | [mur rɛθúɛs] |
| torre (f) | kullë (f) | [kúłə] |
| calabouço (m) | kulla e parë (f) | [kúła ɛ párə] |

| grade (f) levadiça | portë me hekura (f) | [pórtə mɛ hékura] |
| passagem (f) subterrânea | nënkalim (m) | [nənkalím] |
| fosso (m) | kanal (m) | [kanál] |

| corrente, cadeia (f) | zinxhir (m) | [zindʒír] |
| seteira (f) | frëngji (f) | [frənɟí] |

| magnífico (adj) | e mrekullueshme | [ɛ mrɛkułúɛʃmɛ] |
| majestoso (adj) | madhështore | [maðəʃtórɛ] |

| inexpugnável (adj) | e padepërtueshme | [ɛ padɛpərtúɛʃmɛ] |
| medieval (adj) | mesjetare | [mɛsjɛtárɛ] |

## 87. Apartamento

| apartamento (m) | apartament (m) | [apartamént] |
|---|---|---|
| quarto, cômodo (m) | dhomë (f) | [ðómə] |
| quarto (m) de dormir | dhomë gjumi (f) | [ðómə ɟúmi] |
| sala (f) de jantar | dhomë ngrënie (f) | [ðómə ŋrəníɛ] |
| sala (f) de estar | dhomë ndeje (f) | [ðómə ndéjɛ] |
| escritório (m) | dhomë pune (f) | [ðómə púnɛ] |

| sala (f) de entrada | hyrje (f) | [hýrjɛ] |
|---|---|---|
| banheiro (m) | banjo (f) | [báɲo] |
| lavabo (m) | tualet (m) | [tualét] |

| teto (m) | tavan (m) | [taván] |
|---|---|---|
| chão, piso (m) | dysheme (f) | [dyʃɛmé] |
| canto (m) | qoshe (f) | [cóʃɛ] |

## 88. Apartamento. Limpeza

| arrumar, limpar (vt) | pastroj | [pastrój] |
|---|---|---|
| guardar (no armário, etc.) | vendos | [vɛndós] |

| pó (m) | pluhur (m) | [plúhur] |
|---|---|---|
| empoeirado (adj) | e pluhurosur | [ɛ pluhurósur] |
| tirar o pó | marr pluhurat | [mar plúhurat] |
| aspirador (m) | fshesë elektrike (f) | [fʃésə ɛlɛktríkɛ] |
| aspirar (vt) | thith pluhurin | [θiθ plúhurin] |

| varrer (vt) | fshij | [fʃíj] |
|---|---|---|
| sujeira (f) | plehra (f) | [pléhra] |
| arrumação, ordem (f) | rregull (m) | [réguɫ] |
| desordem (f) | rrëmujë (f) | [rəmújə] |

| esfregão (m) | shtupë (f) | [ʃtúpə] |
|---|---|---|
| pano (m), trapo (m) | leckë (f) | [létskə] |
| vassoura (f) | fshesë (f) | [fʃésə] |
| pá (f) de lixo | kaci (f) | [katsí] |

## 89. Mobiliário. Interior

| mobiliário (m) | orendi (f) | [orɛndí] |
|---|---|---|
| mesa (f) | tryezë (f) | [tryézə] |
| cadeira (f) | karrige (f) | [karígɛ] |
| cama (f) | shtrat (m) | [ʃtrat] |
| sofá, divã (m) | divan (m) | [diván] |
| poltrona (f) | kolltuk (m) | [koɫtúk] |

| estante (f) | raft librash (m) | [ráft líbraʃ] |
|---|---|---|
| prateleira (f) | sergjen (m) | [sɛɟén] |
| guarda-roupas (m) | gardërobë (f) | [gardəróbə] |
| cabide (m) de parede | varëse (f) | [várəsɛ] |

| cabideiro (m) de pé | varëse xhaketash (f) | [várəsɛ dʒakétaʃ] |
| cômoda (f) | komodë (f) | [komódə] |
| mesinha (f) de centro | tryezë e ulët (f) | [tryézə ɛ úlət] |

| espelho (m) | pasqyrë (f) | [pascýrə] |
| tapete (m) | qilim (m) | [cilím] |
| tapete (m) pequeno | tapet (m) | [tapét] |

| lareira (f) | oxhak (m) | [odʒák] |
| vela (f) | qiri (m) | [círi] |
| castiçal (m) | shandan (m) | [ʃandán] |

| cortinas (f pl) | perde (f) | [pérdɛ] |
| papel (m) de parede | tapiceri (f) | [tapitsɛrí] |
| persianas (f pl) | grila (f) | [gríla] |

| luminária (f) de mesa | llambë tavoline (f) | [ɫámbə tavolínɛ] |
| luminária (f) de parede | llambadar muri (m) | [ɫambadár múri] |
| abajur (m) de pé | llambadar (m) | [ɫambadár] |
| lustre (m) | llambadar (m) | [ɫambadár] |

| pé (de mesa, etc.) | këmbë (f) | [kémbə] |
| braço, descanso (m) | mbështetëse krahu (f) | [mbəʃtétəsɛ kráhu] |
| costas (f pl) | mbështetëse (f) | [mbəʃtétəsɛ] |
| gaveta (f) | sirtar (m) | [sirtár] |

## 90. Quarto de dormir

| roupa (f) de cama | çarçafë (pl) | [tʃartʃáfə] |
| travesseiro (m) | jastëk (m) | [jasték] |
| fronha (f) | këllëf jastëku (m) | [kəɫəf jastéku] |
| cobertor (m) | jorgan (m) | [jorgán] |
| lençol (m) | çarçaf (m) | [tʃartʃáf] |
| colcha (f) | mbulesë (f) | [mbulésə] |

## 91. Cozinha

| cozinha (f) | kuzhinë (f) | [kuʒínə] |
| gás (m) | gaz (m) | [gaz] |
| fogão (m) a gás | sobë me gaz (f) | [sóbə mɛ gaz] |
| fogão (m) elétrico | sobë elektrike (f) | [sóbə ɛlɛktríkɛ] |
| forno (m) | furrë (f) | [fúrə] |
| forno (m) de micro-ondas | mikrovalë (f) | [mikrVálə] |

| geladeira (f) | frigorifer (m) | [frigorifér] |
| congelador (m) | frigorifer (m) | [frigorifér] |
| máquina (f) de lavar louça | pjatalarëse (f) | [pjatalárəsɛ] |

| moedor (m) de carne | grirëse mishi (f) | [grírəsɛ míʃi] |
| espremedor (m) | shtrydhëse frutash (f) | [ʃtrýðəsɛ frútaʃ] |
| torradeira (f) | toster (m) | [tostér] |
| batedeira (f) | mikser (m) | [miksér] |

83

| | | |
|---|---|---|
| máquina (f) de café | makinë kafeje (f) | [makínə kaféjɛ] |
| cafeteira (f) | kafetierë (f) | [kafɛtiérə] |
| moedor (m) de café | mulli kafeje (f) | [muɫí káfɛjɛ] |

| | | |
|---|---|---|
| chaleira (f) | çajnik (m) | [tʃajník] |
| bule (m) | çajnik (m) | [tʃajník] |
| tampa (f) | kapak (m) | [kapák] |
| coador (m) de chá | sitë çaji (f) | [sítə tʃáji] |

| | | |
|---|---|---|
| colher (f) | lugë (f) | [lúgə] |
| colher (f) de chá | lugë çaji (f) | [lúgə tʃáji] |
| colher (f) de sopa | lugë gjelle (f) | [lúgə ɟéɫɛ] |
| garfo (m) | pirun (m) | [pirún] |
| faca (f) | thikë (f) | [θíkə] |

| | | |
|---|---|---|
| louça (f) | enë kuzhine (f) | [énə kuʒínɛ] |
| prato (m) | pjatë (f) | [pjátə] |
| pires (m) | pjatë filxhani (f) | [pjátə fildʒáni] |

| | | |
|---|---|---|
| cálice (m) | potir (m) | [potír] |
| copo (m) | gotë (f) | [gótə] |
| xícara (f) | filxhan (m) | [fildʒán] |

| | | |
|---|---|---|
| açucareiro (m) | tas për sheqer (m) | [tas pər ʃɛcér] |
| saleiro (m) | kripore (f) | [kripórɛ] |
| pimenteiro (m) | enë piperi (f) | [énə pipéri] |
| manteigueira (f) | pjatë gjalpi (f) | [pjátə ɟálpi] |

| | | |
|---|---|---|
| panela (f) | tenxhere (f) | [tɛndʒérɛ] |
| frigideira (f) | tigan (m) | [tigán] |
| concha (f) | garuzhdë (f) | [garúʒdə] |
| coador (m) | kullesë (f) | [kuɫésə] |
| bandeja (f) | tabaka (f) | [tabaká] |

| | | |
|---|---|---|
| garrafa (f) | shishe (f) | [ʃíʃɛ] |
| pote (m) de vidro | kavanoz (m) | [kavanóz] |
| lata (~ de cerveja) | kanoçe (f) | [kanótʃɛ] |

| | | |
|---|---|---|
| abridor (m) de garrafa | hapëse shishesh (f) | [hapəsé ʃíʃɛʃ] |
| abridor (m) de latas | hapëse kanoçesh (f) | [hapəsé kanótʃɛʃ] |
| saca-rolhas (m) | turjelë tapash (f) | [turjélə tápaʃ] |
| filtro (m) | filtër (m) | [fíltər] |
| filtrar (vt) | filtroj | [filtrój] |

| | | |
|---|---|---|
| lixo (m) | pleh (m) | [plɛh] |
| lixeira (f) | kosh plehrash (m) | [koʃ pléhraʃ] |

## 92. Casa de banho

| | | |
|---|---|---|
| banheiro (m) | banjo (f) | [báɲo] |
| água (f) | ujë (m) | [újə] |
| torneira (f) | rubinet (m) | [rubinét] |
| água (f) quente | ujë i nxehtë (f) | [újə i ndzéhtə] |
| água (f) fria | ujë i ftohtë (f) | [újə i ftóhtə] |

| pasta (f) de dente | pastë dhëmbësh (f) | [pástə ðémbəʃ] |
| escovar os dentes | laj dhëmbët | [laj ðémbət] |
| escova (f) de dente | furçë dhëmbësh (f) | [fúrtʃə ðémbəʃ] |

| barbear-se (vr) | rruhem | [rúhɛm] |
| espuma (f) de barbear | shkumë rroje (f) | [ʃkumə rójɛ] |
| gilete (f) | brisk (m) | [brísk] |

| lavar (vt) | laj duart | [laj dúart] |
| tomar banho | lahem | [láhɛm] |
| chuveiro (m), ducha (f) | dush (m) | [duʃ] |
| tomar uma ducha | bëj dush | [bəj dúʃ] |

| banheira (f) | vaskë (f) | [váskə] |
| vaso (m) sanitário | tualet (m) | [tualét] |
| pia (f) | lavaman (m) | [lavamán] |

| sabonete (m) | sapun (m) | [sapún] |
| saboneteira (f) | pjatë sapuni (f) | [pjátə sapúni] |

| esponja (f) | sfungjer (m) | [sfunɟér] |
| xampu (m) | shampo (f) | [ʃampó] |
| toalha (f) | peshqir (m) | [pɛʃcír] |
| roupão (m) de banho | peshqir trupi (m) | [pɛʃcír trúpi] |

| lavagem (f) | larje (f) | [lárjɛ] |
| lavadora (f) de roupas | makinë larëse (f) | [makínə lárəsɛ] |
| lavar a roupa | laj rroba | [laj róba] |
| detergente (m) | detergjent (m) | [dɛtɛrɟént] |

## 93. Eletrodomésticos

| televisor (m) | televizor (m) | [tɛlɛvizór] |
| gravador (m) | inçizues me shirit (m) | [intʃizúɛs mɛ ʃirít] |
| videogravador (m) | video regjistrues (m) | [vídɛo rɛɟistrúɛs] |
| rádio (m) | radio (f) | [rádio] |
| leitor (m) | kasetofon (m) | [kasɛtofón] |

| projetor (m) | projektor (m) | [projɛktór] |
| cinema (m) em casa | kinema shtëpie (f) | [kinɛmá ʃtəpíɛ] |
| DVD Player (m) | DVD player (m) | [dividí plɛjər] |
| amplificador (m) | amplifikator (m) | [amplifikatór] |
| console (f) de jogos | konsol video loje (m) | [konsól vídɛo lójɛ] |

| câmera (f) de vídeo | videokamerë (f) | [vidɛokamérə] |
| máquina (f) fotográfica | aparat fotografik (m) | [aparát fotografík] |
| câmera (f) digital | kamerë digjitale (f) | [kamérə diɟitálɛ] |

| aspirador (m) | fshesë elektrike (f) | [fʃésə ɛlɛktríkɛ] |
| ferro (m) de passar | hekur (m) | [hékur] |
| tábua (f) de passar | tryezë për hekurosje (f) | [tryézə pər hɛkurósjɛ] |

| telefone (m) | telefon (m) | [tɛlɛfón] |
| celular (m) | celular (m) | [tsɛlulár] |

| máquina (f) de escrever | makinë shkrimi (f) | [makínə ʃkrími] |
| máquina (f) de costura | makinë qepëse (f) | [makínə cépəsɛ] |

| microfone (m) | mikrofon (m) | [mikrofón] |
| fone (m) de ouvido | kufje (f) | [kúfjɛ] |
| controle remoto (m) | telekomandë (f) | [tɛlɛkomándə] |

| CD (m) | CD (f) | [tsɛdé] |
| fita (f) cassete | kasetë (f) | [kasétə] |
| disco (m) de vinil | pllakë gramafoni (f) | [płákə gramafóni] |

## 94. Reparações. Renovação

| renovação (f) | renovim (m) | [rɛnovím] |
| renovar (vt), fazer obras | rinovoj | [rinovój] |
| reparar (vt) | riparoj | [riparój] |
| consertar (vt) | rregulloj | [rɛgułój] |
| refazer (vt) | ribëj | [ribéj] |

| tinta (f) | bojë (f) | [bójə] |
| pintar (vt) | lyej | [lýɛj] |
| pintor (m) | bojaxhi (m) | [bojadʒí] |
| pincel (m) | furçë (f) | [fúrtʃə] |

| cal (f) | gëlqere (f) | [gəlcérɛ] |
| caiar (vt) | lyej me gëlqere | [lýɛj mɛ gəlcérɛ] |

| papel (m) de parede | tapiceri (f) | [tapitsɛrí] |
| colocar papel de parede | vendos tapiceri | [vɛndós tapitsɛrí] |
| verniz (m) | llak (m) | [łak] |
| envernizar (vt) | lustroj | [lustrój] |

## 95. Canalizações

| água (f) | ujë (m) | [újə] |
| água (f) quente | ujë i nxehtë (f) | [újə i ndzéhtə] |
| água (f) fria | ujë i ftohtë (f) | [újə i ftóhtə] |
| torneira (f) | rubinet (m) | [rubinét] |

| gota (f) | pikë uji (f) | [píkə úji] |
| gotejar (vi) | pikon | [pikón] |
| vazar (vt) | rrjedh | [rjéð] |
| vazamento (m) | rrjedhje (f) | [rjéðjɛ] |
| poça (f) | pellg (m) | [pɛłg] |

| tubo (m) | gyp (m) | [gyp] |
| válvula (f) | valvulë (f) | [valvúlə] |
| entupir-se (vr) | bllokohet | [błokóhɛt] |

| ferramentas (f pl) | vegla (pl) | [végla] |
| chave (f) inglesa | çelës anglez (m) | [tʃéłəs aŋléz] |
| desenroscar (vt) | zhvidhos | [ʒviðós] |

| | | |
|---|---|---|
| enroscar (vt) | vidhos | [viðós] |
| desentupir (vt) | zhbllokoj | [ʒbłokój] |
| encanador (m) | hidraulik (m) | [hidraulík] |
| porão (m) | qilar (m) | [cilár] |
| rede (f) de esgotos | kanalizim (m) | [kanalizím] |

## 96. Fogo. Deflagração

| | | |
|---|---|---|
| incêndio (m) | zjarr (m) | [zjar] |
| chama (f) | flakë (f) | [flákə] |
| faísca (f) | shkëndijë (f) | [ʃkəndíjə] |
| fumaça (f) | tym (m) | [tym] |
| tocha (f) | pishtar (m) | [piʃtár] |
| fogueira (f) | zjarr kampingu (m) | [zjar kampíŋu] |
| gasolina (f) | benzinë (f) | [bɛnzínə] |
| querosene (m) | vajgur (m) | [vajgúr] |
| inflamável (adj) | djegëse | [djégəsɛ] |
| explosivo (adj) | shpërthyese | [ʃpərθýɛsɛ] |
| PROIBIDO FUMAR! | NDALOHET DUHANI | [ndalóhɛt duháni] |
| segurança (f) | siguri (f) | [sigurí] |
| perigo (m) | rrezik (m) | [rɛzík] |
| perigoso (adj) | i rrezikshëm | [i rɛzíkʃəm] |
| incendiar-se (vr) | merr flakë | [mɛr flákə] |
| explosão (f) | shpërthim (m) | [ʃpərθím] |
| incendiar (vt) | vë flakën | [və flákən] |
| incendiário (m) | zjarrvënës (m) | [zjarvénəs] |
| incêndio (m) criminoso | zjarrvënie e qëllimshme (f) | [zjarvéniɛ ɛ cəłímʃmɛ] |
| flamejar (vi) | flakëron | [flakərón] |
| queimar (vi) | digjet | [díɟɛt] |
| queimar tudo (vi) | u dogj | [u doɟ] |
| chamar os bombeiros | telefonoj zjarrfikësit | [tɛlɛfonój zjarfíkəsit] |
| bombeiro (m) | zjarrfikës (m) | [zjarfíkəs] |
| caminhão (m) de bombeiros | kamion zjarrfikës (m) | [kamión zjarfíkəs] |
| corpo (m) de bombeiros | zjarrfikës (m) | [zjarfíkəs] |
| escada (f) extensível | shkallë e zjarrfikëses (f) | [ʃkáłə ɛ zjarfíkəsɛs] |
| mangueira (f) | pompë e ujit (f) | [pómpə ɛ újit] |
| extintor (m) | bombolë kundër zjarrit (f) | [bombólə kúndər zjárit] |
| capacete (m) | helmetë (f) | [hɛlmétə] |
| sirene (f) | alarm (m) | [alárm] |
| gritar (vi) | bërtas | [bərtás] |
| chamar por socorro | thërras për ndihmë | [θərás pər ndíhmə] |
| socorrista (m) | shpëtimtar (m) | [ʃpətimtár] |
| salvar, resgatar (vt) | shpëtoj | [ʃpətój] |
| chegar (vi) | arrij | [aríj] |
| apagar (vt) | shuaj | [ʃúaj] |
| água (f) | ujë (m) | [újə] |

| | | |
|---|---|---|
| areia (f) | rërë (f) | [rérə] |
| ruínas (f pl) | gërmadhë (f) | [gərmáðə] |
| ruir (vi) | shembet | [ʃémbɛt] |
| desmoronar (vi) | rrëzohem | [rəzóhɛm] |
| desabar (vi) | shembet | [ʃémbɛt] |
| | | |
| fragmento (m) | mbetje (f) | [mbétjɛ] |
| cinza (f) | hi (m) | [hi] |
| | | |
| sufocar (vi) | asfiksim | [asfiksím] |
| perecer (vi) | vdes | [vdɛs] |

# ATIVIDADES HUMANAS

# Emprego. Negócios. Parte 1

## 97. Banca

| | | |
|---|---|---|
| banco (m) | bankë (f) | [bánkə] |
| balcão (f) | degë (f) | [dégə] |
| | | |
| consultor (m) bancário | punonjës banke (m) | [punóɲəs bánkɛ] |
| gerente (m) | drejtor (m) | [drɛjtór] |
| | | |
| conta (f) | llogari bankare (f) | [ɫogarí bankárɛ] |
| número (m) da conta | numër llogarie (m) | [númər ɫogaríɛ] |
| conta (f) corrente | llogari rrjedhëse (f) | [ɫogarí rjéðəsɛ] |
| conta (f) poupança | llogari kursimesh (f) | [ɫogarí kursímɛʃ] |
| | | |
| abrir uma conta | hap një llogari | [hap ɲə ɫogarí] |
| fechar uma conta | mbyll një llogari | [mbýɫ ɲə ɫogarí] |
| depositar na conta | depozitoj në llogari | [dɛpozitój nə ɫogarí] |
| sacar (vt) | tërheq | [tərhéc] |
| | | |
| depósito (m) | depozitë (f) | [dɛpozítə] |
| fazer um depósito | kryej një depozitim | [krýɛj ɲə dɛpozitím] |
| transferência (f) bancária | transfer bankar (m) | [transfér bankár] |
| transferir (vt) | transferoj para | [transfɛrój pará] |
| | | |
| soma (f) | shumë (f) | [ʃúmə] |
| Quanto? | Sa? | [sa?] |
| | | |
| assinatura (f) | nënshkrim (m) | [nənʃkrím] |
| assinar (vt) | nënshkruaj | [nənʃkrúaj] |
| | | |
| cartão (m) de crédito | kartë krediti (f) | [kártə krɛdíti] |
| senha (f) | kodi PIN (m) | [kódi pin] |
| | | |
| número (m) do cartão de crédito | numri i kartës së kreditit (m) | [númri i kártəs sə krɛdítit] |
| caixa (m) eletrônico | bankomat (m) | [bankomát] |
| | | |
| cheque (m) | çek (m) | [tʃɛk] |
| passar um cheque | lëshoj një çek | [ləʃój ɲə tʃék] |
| talão (m) de cheques | bllok çeqesh (m) | [bɫók tʃécɛʃ] |
| | | |
| empréstimo (m) | kredi (f) | [krɛdí] |
| pedir um empréstimo | aplikoj për kredi | [aplikój pər krɛdí] |
| obter empréstimo | marr kredi | [mar krɛdí] |
| dar um empréstimo | jap kredi | [jap krɛdí] |
| garantia (f) | garanci (f) | [garantsí] |

## 98. Telefone. Conversação telefônica

| | | |
|---|---|---|
| telefone (m) | telefon (m) | [tɛlɛfón] |
| celular (m) | celular (m) | [tsɛlulár] |
| secretária (f) eletrônica | sekretari telefonike (f) | [sɛkrɛtarí tɛlɛfoníkɛ] |

| | | |
|---|---|---|
| fazer uma chamada | telefonoj | [tɛlɛfonój] |
| chamada (f) | telefonatë (f) | [tɛlɛfonátə] |

| | | |
|---|---|---|
| discar um número | i bie numrit | [i bíɛ númrit] |
| Alô! | Përshëndetje! | [pərʃəndétjɛ!] |
| perguntar (vt) | pyes | [pýɛs] |
| responder (vt) | përgjigjem | [pərɟíɟɛm] |

| | | |
|---|---|---|
| ouvir (vt) | dëgjoj | [dəɟój] |
| bem | mirë | [mírə] |
| mal | jo mirë | [jo mírə] |
| ruído (m) | zhurmë (f) | [ʒúrmə] |

| | | |
|---|---|---|
| fone (m) | marrës (m) | [márəs] |
| pegar o telefone | ngre telefonin | [ŋré tɛlɛfónin] |
| desligar (vi) | mbyll telefonin | [mbýɫ tɛlɛfónin] |

| | | |
|---|---|---|
| ocupado (adj) | i zënë | [i zénə] |
| tocar (vi) | bie zilja | [bíɛ zílja] |
| lista (f) telefônica | numerator telefonik (m) | [numɛratór tɛlɛfoník] |

| | | |
|---|---|---|
| local (adj) | lokale | [lokálɛ] |
| chamada (f) local | thirrje lokale (f) | [θírjɛ lokálɛ] |
| de longa distância | distancë e largët | [distántsə ɛ lárgət] |
| chamada (f) de longa distância | thirrje në distancë (f) | [θírjɛ nə distántsə] |
| internacional (adj) | ndërkombëtar | [ndərkombətár] |
| chamada (f) internacional | thirrje ndërkombëtare (f) | [θírjɛ ndərkombətárɛ] |

## 99. Telefone móvel

| | | |
|---|---|---|
| celular (m) | celular (m) | [tsɛlulár] |
| tela (f) | ekran (m) | [ɛkrán] |
| botão (m) | buton (m) | [butón] |
| cartão SIM (m) | karta SIM (m) | [kárta sim] |

| | | |
|---|---|---|
| bateria (f) | bateri (f) | [batɛrí] |
| descarregar-se (vr) | e shkarkuar | [ɛ ʃkarkúar] |
| carregador (m) | karikues (m) | [karikúɛs] |

| | | |
|---|---|---|
| menu (m) | menu (f) | [mɛnú] |
| configurações (f pl) | parametra (f) | [paramétra] |
| melodia (f) | melodi (f) | [mɛlodí] |
| escolher (vt) | përzgjedh | [pərʒɟéð] |

| | | |
|---|---|---|
| calculadora (f) | makinë llogaritëse (f) | [makínə ɫogarítəsɛ] |
| correio (m) de voz | postë zanore (f) | [póstə zanórɛ] |

| despertador (m) | alarm (m) | [alárm] |
| contatos (m pl) | kontakte (pl) | [kontáktɛ] |

| mensagem (f) de texto | SMS (m) | [ɛsɛmɛs] |
| assinante (m) | abonent (m) | [abonént] |

## 100. Estacionário

| caneta (f) | stilolaps (m) | [stiloláps] |
| caneta (f) tinteiro | stilograf (m) | [stilográf] |

| lápis (m) | laps (m) | [láps] |
| marcador (m) de texto | shënjues (m) | [ʃənúɛs] |
| caneta (f) hidrográfica | tushë me bojë (f) | [túʃə mɛ bójə] |

| bloco (m) de notas | bllok shënimesh (m) | [bɫók ʃənímɛʃ] |
| agenda (f) | agjendë (f) | [aɟéndə] |

| régua (f) | vizore (f) | [vizórɛ] |
| calculadora (f) | makinë llogaritëse (f) | [makínə ɫogarítəsɛ] |
| borracha (f) | gomë (f) | [gómə] |
| alfinete (m) | pineskë (f) | [pinéskə] |
| clipe (m) | kapëse fletësh (f) | [kápəsɛ flétəʃ] |

| cola (f) | ngjitës (m) | [ɲʝítəs] |
| grampeador (m) | ngjitës metalik (m) | [ɲʝítəs mɛtalík] |
| furador (m) de papel | hapës vrimash (m) | [hápəs vrímaʃ] |
| apontador (m) | mprehëse lapsash (m) | [mpréhəsɛ lápsaʃ] |

# Emprego. Negócios. Parte 2

## 101. Media

| | | |
|---|---|---|
| jornal (m) | gazetë (f) | [gazétə] |
| revista (f) | revistë (f) | [rɛvístə] |
| imprensa (f) | shtyp (m) | [ʃtyp] |
| rádio (m) | radio (f) | [rádio] |
| estação (f) de rádio | radio stacion (m) | [rádio statsión] |
| televisão (f) | televizor (m) | [tɛlɛvizór] |
| | | |
| apresentador (m) | prezantues (m) | [prɛzantúɛs] |
| locutor (m) | prezantues lajmesh (m) | [prɛzantúɛs lájmɛʃ] |
| comentarista (m) | komentues (m) | [komɛntúɛs] |
| | | |
| jornalista (m) | gazetar (m) | [gazɛtár] |
| correspondente (m) | reporter (m) | [rɛportér] |
| repórter (m) fotográfico | fotograf gazetar (m) | [fotográf gazɛtár] |
| repórter (m) | reporter (m) | [rɛportér] |
| | | |
| redator (m) | redaktor (m) | [rɛdaktór] |
| redator-chefe (m) | kryeredaktor (m) | [kryɛrɛdaktór] |
| | | |
| assinar a ... | abonohem | [abonóhɛm] |
| assinatura (f) | abonim (m) | [aboním] |
| assinante (m) | abonent (m) | [abonént] |
| ler (vt) | lexoj | [lɛdzój] |
| leitor (m) | lexues (m) | [lɛdzúɛs] |
| | | |
| tiragem (f) | qarkullim (m) | [carkuɫím] |
| mensal (adj) | mujore | [mujórɛ] |
| semanal (adj) | javor | [javór] |
| número (jornal, revista) | edicion (m) | [ɛditsión] |
| recente, novo (adj) | i ri | [i rí] |
| | | |
| manchete (f) | kryeradhë (f) | [kryɛráðə] |
| pequeno artigo (m) | artikull i shkurtër (m) | [artíkuɫ i ʃkúrtər] |
| coluna (~ semanal) | rubrikë (f) | [rubríkə] |
| artigo (m) | artikull (m) | [artíkuɫ] |
| página (f) | faqe (f) | [fácɛ] |
| | | |
| reportagem (f) | reportazh (m) | [rɛportáʒ] |
| evento (festa, etc.) | ceremoni (f) | [tsɛrɛmoní] |
| sensação (f) | ndjesi (f) | [ndjɛsí] |
| escândalo (m) | skandal (m) | [skandál] |
| escandaloso (adj) | skandaloz | [skandalóz] |
| grande (adj) | i madh | [i máð] |
| | | |
| programa (m) | emision (m) | [ɛmisión] |
| entrevista (f) | intervistë (f) | [intɛrvístə] |

| transmissão (f) ao vivo | lidhje direkte (f) | [líðjɛ dirɛ́ktɛ] |
| canal (m) | kanal (m) | [kanál] |

## 102. Agricultura

| agricultura (f) | agrikulturë (f) | [agrikultúrə] |
| camponês (m) | fshatar (m) | [fʃatár] |
| camponesa (f) | fshatare (f) | [fʃatárɛ] |
| agricultor, fazendeiro (m) | fermer (m) | [fɛrmér] |

| trator (m) | traktor (m) | [traktór] |
| colheitadeira (f) | autokombajnë (f) | [autokombájnə] |

| arado (m) | plug (m) | [plug] |
| arar (vt) | lëroj | [lərój] |
| campo (m) lavrado | tokë bujqësore (f) | [tókə bujcəsórɛ] |
| sulco (m) | brazdë (f) | [brázdə] |

| semear (vt) | mbjell | [mbjéɫ] |
| plantadeira (f) | mbjellës (m) | [mbjéɫəs] |
| semeadura (f) | mbjellje (f) | [mbjéɫjɛ] |

| foice (m) | kosë (f) | [kósə] |
| cortar com foice | kosit | [kosít] |

| pá (f) | lopatë (f) | [lopátə] |
| cavar (vt) | lëroj | [lərój] |

| enxada (f) | shat (m) | [ʃat] |
| capinar (vt) | prashis | [praʃís] |
| erva (f) daninha | bar i keq (m) | [bar i kɛc] |

| regador (m) | vaditës (m) | [vadítəs] |
| regar (plantas) | ujis | [ujís] |
| rega (f) | vaditje (f) | [vadítjɛ] |

| forquilha (f) | sfurk (m) | [sfúrk] |
| ancinho (m) | grabujë (f) | [grabújə] |

| fertilizante (m) | pleh (m) | [plɛh] |
| fertilizar (vt) | hedh pleh | [hɛð pléh] |
| estrume, esterco (m) | pleh kafshësh (m) | [plɛh káfʃəʃ] |

| campo (m) | fushë (f) | [fúʃə] |
| prado (m) | lëndinë (f) | [ləndínə] |
| horta (f) | kopsht zarzavatesh (m) | [kópʃt zarzavátɛʃ] |
| pomar (m) | kopsht frutor (m) | [kópʃt frutór] |

| pastar (vt) | kullos | [kuɫós] |
| pastor (m) | bari (m) | [barí] |
| pastagem (f) | kullota (f) | [kuɫóta] |

| pecuária (f) | mbarështim bagëtish (m) | [mbarəʃtím bagətíʃ] |
| criação (f) de ovelhas | rritje e deleve (f) | [rítjɛ ɛ délɛvɛ] |

| | | |
|---|---|---|
| plantação (f) | plantacion (m) | [plantatsión] |
| canteiro (m) | rresht (m) | [réʃt] |
| estufa (f) | serë (f) | [sérə] |

| | | |
|---|---|---|
| seca (f) | thatësirë (f) | [θatəsírə] |
| seco (verão ~) | e thatë | [ɛ θátə] |

| | | |
|---|---|---|
| grão (m) | drithë (m) | [dríθə] |
| cereais (m pl) | drithëra (pl) | [dríθəra] |
| colher (vt) | korr | [kor] |

| | | |
|---|---|---|
| moleiro (m) | mullixhi (m) | [muɫidʒí] |
| moinho (m) | mulli (m) | [muɫí] |
| moer (vt) | bluaj | [blúaj] |
| farinha (f) | miell (m) | [míɛɫ] |
| palha (f) | kashtë (f) | [káʃtə] |

## 103. Construção. Processo de construção

| | | |
|---|---|---|
| canteiro (m) de obras | kantier ndërtimi (m) | [kantiér ndərtími] |
| construir (vt) | ndërtoj | [ndərtój] |
| construtor (m) | punëtor ndërtimi (m) | [punətór ndərtími] |

| | | |
|---|---|---|
| projeto (m) | projekt (m) | [projékt] |
| arquiteto (m) | arkitekt (m) | [arkitékt] |
| operário (m) | punëtor (m) | [punətór] |

| | | |
|---|---|---|
| fundação (f) | themel (m) | [θɛmél] |
| telhado (m) | çati (f) | [tʃatí] |
| estaca (f) | shtyllë themeli (f) | [ʃtýɫə θɛméli] |
| parede (f) | mur (m) | [mur] |

| | | |
|---|---|---|
| colunas (f pl) de sustentação | shufra përforcuese (pl) | [ʃúfra pərfortsúɛsɛ] |
| andaime (m) | skela (f) | [skéla] |

| | | |
|---|---|---|
| concreto (m) | beton (m) | [bɛtón] |
| granito (m) | granit (m) | [graní̇t] |
| pedra (f) | gur (m) | [gur] |
| tijolo (m) | tullë (f) | [túɫə] |

| | | |
|---|---|---|
| areia (f) | rërë (f) | [rérə] |
| cimento (m) | çimento (f) | [tʃiménto] |
| emboço, reboco (m) | suva (f) | [súva] |
| emboçar, rebocar (vt) | suvatoj | [suvatój] |

| | | |
|---|---|---|
| tinta (f) | bojë (f) | [bójə] |
| pintar (vt) | lyej | [lýɛj] |
| barril (m) | fuçi (f) | [futʃí] |

| | | |
|---|---|---|
| grua (f), guindaste (m) | vinç (m) | [vintʃ] |
| erguer (vt) | ngreh | [ŋréh] |
| baixar (vt) | ul | [ul] |
| buldózer (m) | buldozer (m) | [buldozér] |
| escavadora (f) | ekskavator (m) | [ɛkskavatór] |

| caçamba (f) | goja e ekskavatorit (f) | [gója ε εkskavatórit] |
| escavar (vt) | gërmoj | [gərmój] |
| capacete (m) de proteção | helmetë (f) | [hεlmétə] |

# Profissões e ocupações

## 104. Procura de emprego. Demissão

| | | |
|---|---|---|
| trabalho (m) | punë (f) | [púnə] |
| equipe (f) | staf (m) | [staf] |
| pessoal (m) | personel (m) | [pɛrsonél] |
| | | |
| carreira (f) | karrierë (f) | [kariérə] |
| perspectivas (f pl) | mundësi (f) | [mundəsí] |
| habilidades (f pl) | aftësi (f) | [aftəsí] |
| | | |
| seleção (f) | përzgjedhje (f) | [pərzɟéðjɛ] |
| agência (f) de emprego | agjenci punësimi (f) | [aɟɛntsí punəsími] |
| currículo (m) | resume (f) | [rɛsumé] |
| entrevista (f) de emprego | intervistë punësimi (f) | [intɛrvístə punəsími] |
| vaga (f) | vend i lirë pune (m) | [vɛnd i lírə púnɛ] |
| | | |
| salário (m) | rrogë (f) | [rógə] |
| salário (m) fixo | rrogë fikse (f) | [rógə fíksɛ] |
| pagamento (m) | pagesë (f) | [pagésə] |
| | | |
| cargo (m) | post (m) | [post] |
| dever (do empregado) | detyrë (f) | [dɛtýrə] |
| gama (f) de deveres | lista e detyrave (f) | [lísta ɛ dɛtýravɛ] |
| ocupado (adj) | i zënë | [i zénə] |
| | | |
| despedir, demitir (vt) | pushoj nga puna | [puʃój ŋa púna] |
| demissão (f) | pushim nga puna (m) | [puʃím ŋa púna] |
| | | |
| desemprego (m) | papunësi (m) | [papunəsí] |
| desempregado (m) | i papunë (m) | [i papúnə] |
| aposentadoria (f) | pension (m) | [pɛnsión] |
| aposentar-se (vr) | dal në pension | [dál nə pɛnsión] |

## 105. Gente de negócios

| | | |
|---|---|---|
| diretor (m) | drejtor (m) | [drɛjtór] |
| gerente (m) | drejtor (m) | [drɛjtór] |
| patrão, chefe (m) | bos (m) | [bos] |
| | | |
| superior (m) | epror (m) | [ɛprór] |
| superiores (m pl) | eprorët (pl) | [ɛprórət] |
| presidente (m) | president (m) | [prɛsidént] |
| chairman (m) | kryetar (m) | [kryɛtár] |
| | | |
| substituto (m) | zëvendës (m) | [zəvéndəs] |
| assistente (m) | ndihmës (m) | [ndíhməs] |

| secretário (m) | sekretar (m) | [sɛkrɛtár] |
| secretário (m) pessoal | ndihmës personal (m) | [ndíhməs pɛrsonál] |

| homem (m) de negócios | biznesmen (m) | [biznɛsmén] |
| empreendedor (m) | sipërmarrës (m) | [sipərmárəs] |
| fundador (m) | themelues (m) | [θɛmɛlúɛs] |
| fundar (vt) | themeloj | [θɛmɛlój] |

| principiador (m) | bashkëthemelues (m) | [baʃkəθɛmɛlúɛs] |
| parceiro, sócio (m) | partner (m) | [partnér] |
| acionista (m) | aksioner (m) | [aksionér] |

| milionário (m) | milioner (m) | [milionér] |
| bilionário (m) | bilioner (m) | [bilionér] |
| proprietário (m) | pronar (m) | [pronár] |
| proprietário (m) de terras | pronar tokash (m) | [pronár tókaʃ] |

| cliente (m) | klient (m) | [kliént] |
| cliente (m) habitual | klient i rregullt (m) | [kliént i régułt] |
| comprador (m) | blerës (m) | [blérəs] |
| visitante (m) | vizitor (m) | [vizitór] |

| profissional (m) | profesionist (m) | [profɛsioníst] |
| perito (m) | ekspert (m) | [ɛkspért] |
| especialista (m) | specialist (m) | [spɛtsialíst] |

| banqueiro (m) | bankier (m) | [bankiér] |
| corretor (m) | komisioner (m) | [komisionér] |

| caixa (m, f) | arkëtar (m) | [arkətár] |
| contador (m) | kontabilist (m) | [kontabilíst] |
| guarda (m) | roje sigurimi (m) | [rójɛ sigurími] |

| investidor (m) | investitor (m) | [invɛstitór] |
| devedor (m) | debitor (m) | [dɛbitór] |
| credor (m) | kreditor (m) | [krɛditór] |
| mutuário (m) | huamarrës (m) | [huamárəs] |

| importador (m) | importues (m) | [importúɛs] |
| exportador (m) | eksportues (m) | [ɛksportúɛs] |

| produtor (m) | prodhues (m) | [proðúɛs] |
| distribuidor (m) | distributor (m) | [distributór] |
| intermediário (m) | ndërmjetës (m) | [ndərmjétəs] |

| consultor (m) | këshilltar (m) | [kəʃiłtár] |
| representante comercial | përfaqësues i shitjeve (m) | [pərfacəsúɛs i ʃitjévɛ] |
| agente (m) | agjent (m) | [aɟént] |
| agente (m) de seguros | agjent sigurimesh (m) | [aɟént sigurímɛʃ] |

## 106. Profissões de serviços

| cozinheiro (m) | kuzhinier (m) | [kuʒiniér] |
| chefe (m) de cozinha | shef kuzhine (m) | [ʃef kuʒínɛ] |

| padeiro (m) | furrtar (m) | [furtár] |
| barman (m) | banakier (m) | [banakiér] |
| garçom (m) | kamerier (m) | [kamɛriér] |
| garçonete (f) | kameriere (f) | [kamɛriérɛ] |

| advogado (m) | avokat (m) | [avokát] |
| jurista (m) | jurist (m) | [juríst] |
| notário (m) | noter (m) | [notér] |

| eletricista (m) | elektricist (m) | [ɛlɛktritsíst] |
| encanador (m) | hidraulik (m) | [hidraulík] |
| carpinteiro (m) | marangoz (m) | [maraŋóz] |

| massagista (m) | masazhist (m) | [masaʒíst] |
| massagista (f) | masazhiste (f) | [masaʒístɛ] |
| médico (m) | mjek (m) | [mjék] |

| taxista (m) | shofer taksie (m) | [ʃofér taksíɛ] |
| condutor (automobilista) | shofer (m) | [ʃofér] |
| entregador (m) | postier (m) | [postiér] |

| camareira (f) | pastruese (f) | [pastrúɛsɛ] |
| guarda (m) | roje sigurimi (m) | [rójɛ sigurími] |
| aeromoça (f) | stjuardesë (f) | [stjuardésə] |

| professor (m) | mësues (m) | [məsúɛs] |
| bibliotecário (m) | punonjës biblioteke (m) | [punóɲəs bibliotékɛ] |
| tradutor (m) | përkthyes (m) | [pərkθýɛs] |
| intérprete (m) | përkthyes (m) | [pərkθýɛs] |
| guia (m) | udhërrëfyes (m) | [uðərəfýɛs] |

| cabeleireiro (m) | parukiere (f) | [parukiérɛ] |
| carteiro (m) | postier (m) | [postiér] |
| vendedor (m) | shitës (m) | [ʃítəs] |

| jardineiro (m) | kopshtar (m) | [kopʃtár] |
| criado (m) | shërbëtor (m) | [ʃərbətór] |
| criada (f) | shërbëtore (f) | [ʃərbətórɛ] |
| empregada (f) de limpeza | pastruese (f) | [pastrúɛsɛ] |

## 107. Profissões militares e postos

| soldado (m) raso | ushtar (m) | [uʃtár] |
| sargento (m) | rreshter (m) | [rɛʃtér] |
| tenente (m) | toger (m) | [togér] |
| capitão (m) | kapiten (m) | [kapitén] |

| major (m) | major (m) | [majór] |
| coronel (m) | kolonel (m) | [kolonél] |
| general (m) | gjeneral (m) | [ɟɛnɛrál] |
| marechal (m) | marshall (m) | [marʃáɫ] |
| almirante (m) | admiral (m) | [admirál] |
| militar (m) | ushtri (f) | [uʃtrí] |
| soldado (m) | ushtar (m) | [uʃtár] |

| | | |
|---|---|---|
| oficial (m) | oficer (m) | [ofitsér] |
| comandante (m) | komandant (m) | [komandánt] |

| | | |
|---|---|---|
| guarda (m) de fronteira | roje kufiri (m) | [rójɛ kufíri] |
| operador (m) de rádio | radist (m) | [radíst] |
| explorador (m) | eksplorues (m) | [ɛksplorúɛs] |
| sapador-mineiro (m) | xhenier (m) | [dʒɛniér] |
| atirador (m) | shënjues (m) | [ʃəɲúɛs] |
| navegador (m) | navigues (m) | [navigúɛs] |

## 108. Oficiais. Padres

| | | |
|---|---|---|
| rei (m) | mbret (m) | [mbrét] |
| rainha (f) | mbretëreshë (f) | [mbrɛtəréʃə] |

| | | |
|---|---|---|
| príncipe (m) | princ (m) | [prints] |
| princesa (f) | princeshë (f) | [printséʃə] |

| | | |
|---|---|---|
| czar (m) | car (m) | [tsár] |
| czarina (f) | carina (f) | [tsarína] |

| | | |
|---|---|---|
| presidente (m) | president (m) | [prɛsidént] |
| ministro (m) | ministër (m) | [minístər] |
| primeiro-ministro (m) | kryeministër (m) | [kryɛminístər] |
| senador (m) | senator (m) | [sɛnatór] |

| | | |
|---|---|---|
| diplomata (m) | diplomat (m) | [diplomát] |
| cônsul (m) | konsull (m) | [kónsuɫ] |
| embaixador (m) | ambasador (m) | [ambasadór] |
| conselheiro (m) | këshilltar diplomatik (m) | [kəʃiɫtár diplomatík] |

| | | |
|---|---|---|
| funcionário (m) | zyrtar (m) | [zyrtár] |
| prefeito (m) | prefekt (m) | [prɛfékt] |
| Presidente (m) da Câmara | kryetar komune (m) | [kryɛtár komúnɛ] |

| | | |
|---|---|---|
| juiz (m) | gjykatës (m) | [ɟykátəs] |
| procurador (m) | prokuror (m) | [prokurór] |

| | | |
|---|---|---|
| missionário (m) | misionar (m) | [misionár] |
| monge (m) | murg (m) | [murg] |
| abade (m) | abat (m) | [abál] |
| rabino (m) | rabin (m) | [rabín] |

| | | |
|---|---|---|
| vizir (m) | vezir (m) | [vɛzír] |
| xá (m) | shah (m) | [ʃah] |
| xeique (m) | sheik (m) | [ʃéik] |

## 109. Profissões agrícolas

| | | |
|---|---|---|
| abelheiro (m) | bletar (m) | [blɛtár] |
| pastor (m) | bari (m) | [barí] |
| agrônomo (m) | agronom (m) | [agronóm] |

| | | |
|---|---|---|
| criador (m) de gado | rritës bagëtish (m) | [rítəs bagətíʃ] |
| veterinário (m) | veteriner (m) | [vɛtɛrinér] |

| | | |
|---|---|---|
| agricultor, fazendeiro (m) | fermer (m) | [fɛrmér] |
| vinicultor (m) | prodhues verërash (m) | [proðúɛs vérəraʃ] |
| zoólogo (m) | zoolog (m) | [zoológ] |
| vaqueiro (m) | lopar (m) | [lopár] |

## 110. Profissões artísticas

| | | |
|---|---|---|
| ator (m) | aktor (m) | [aktór] |
| atriz (f) | aktore (f) | [aktórɛ] |

| | | |
|---|---|---|
| cantor (m) | këngëtar (m) | [kəŋətár] |
| cantora (f) | këngëtare (f) | [kəŋətárɛ] |

| | | |
|---|---|---|
| bailarino (m) | valltar (m) | [vaɫtár] |
| bailarina (f) | valltare (f) | [vaɫtárɛ] |

| | | |
|---|---|---|
| artista (m) | artist (m) | [artíst] |
| artista (f) | artiste (f) | [artístɛ] |

| | | |
|---|---|---|
| músico (m) | muzikant (m) | [muzikánt] |
| pianista (m) | pianist (m) | [pianíst] |
| guitarrista (m) | kitarist (m) | [kitaríst] |

| | | |
|---|---|---|
| maestro (m) | dirigjent (m) | [diriɟént] |
| compositor (m) | kompozitor (m) | [kompozitór] |
| empresário (m) | organizator (m) | [organizatór] |

| | | |
|---|---|---|
| diretor (m) de cinema | regjisor (m) | [rɛɟisór] |
| produtor (m) | producent (m) | [produtsént] |
| roteirista (m) | skenarist (m) | [skɛnaríst] |
| crítico (m) | kritik (m) | [kritík] |

| | | |
|---|---|---|
| escritor (m) | shkrimtar (m) | [ʃkrimtár] |
| poeta (m) | poet (m) | [poét] |
| escultor (m) | skulptor (m) | [skulptór] |
| pintor (m) | piktor (m) | [piktór] |

| | | |
|---|---|---|
| malabarista (m) | zhongler (m) | [ʒoŋlér] |
| palhaço (m) | kloun (m) | [kloún] |
| acrobata (m) | akrobat (m) | [akrobát] |
| ilusionista (m) | magjistar (m) | [maɟistár] |

## 111. Várias profissões

| | | |
|---|---|---|
| médico (m) | mjek (m) | [mjék] |
| enfermeira (f) | infermiere (f) | [infɛrmiérɛ] |
| psiquiatra (m) | psikiatër (m) | [psikiátər] |
| dentista (m) | dentist (m) | [dɛntíst] |
| cirurgião (m) | kirurg (m) | [kirúrg] |

| astronauta (m) | astronaut (m) | [astronaút] |
| astrônomo (m) | astronom (m) | [astronóm] |
| piloto (m) | pilot (m) | [pilót] |
| | | |
| motorista (m) | shofer (m) | [ʃofér] |
| maquinista (m) | makinist (m) | [makiníst] |
| mecânico (m) | mekanik (m) | [mɛkaník] |
| | | |
| mineiro (m) | minator (m) | [minatór] |
| operário (m) | punëtor (m) | [punətór] |
| serralheiro (m) | bravandreqës (m) | [bravandrécəs] |
| marceneiro (m) | marangoz (m) | [maraŋóz] |
| torneiro (m) | tornitor (m) | [tornitór] |
| construtor (m) | punëtor ndërtimi (m) | [punətór ndərtími] |
| soldador (m) | saldator (m) | [saldatór] |
| | | |
| professor (m) | profesor (m) | [profɛsór] |
| arquiteto (m) | arkitekt (m) | [arkitékt] |
| historiador (m) | historian (m) | [historián] |
| cientista (m) | shkencëtar (m) | [ʃkɛntsətár] |
| físico (m) | fizikant (m) | [fizikánt] |
| químico (m) | kimist (m) | [kimíst] |
| | | |
| arqueólogo (m) | arkeolog (m) | [arkɛológ] |
| geólogo (m) | gjeolog (m) | [ɟɛológ] |
| pesquisador (cientista) | studiues (m) | [studiúɛs] |
| | | |
| babysitter, babá (f) | dado (f) | [dádo] |
| professor (m) | mësues (m) | [məsúɛs] |
| | | |
| redator (m) | redaktor (m) | [rɛdaktór] |
| redator-chefe (m) | kryeredaktor (m) | [kryɛrɛdaktór] |
| correspondente (m) | korrespondent (m) | [korɛspondént] |
| datilógrafa (f) | daktilografiste (f) | [daktilografístɛ] |
| | | |
| designer (m) | projektues (m) | [projɛktúɛs] |
| especialista (m) em informática | ekspert kompjuterësh (m) | [ɛkspért kompjutérəʃ] |
| programador (m) | programues (m) | [programúɛs] |
| engenheiro (m) | inxhinier (m) | [indʒiniér] |
| | | |
| marujo (m) | marinar (m) | [marinár] |
| marinheiro (m) | marinar (m) | [marinár] |
| socorrista (m) | shpëtimtar (m) | [ʃpətimtár] |
| | | |
| bombeiro (m) | zjarrfikës (m) | [zjarfíkəs] |
| polícia (m) | polic (m) | [políts] |
| guarda-noturno (m) | roje (f) | [rójɛ] |
| detetive (m) | detektiv (m) | [dɛtɛktív] |
| | | |
| funcionário (m) da alfândega | doganier (m) | [doganiér] |
| guarda-costas (m) | truprojë (f) | [truprójə] |
| guarda (m) prisional | gardian burgu (m) | [gardián búrgu] |
| inspetor (m) | inspektor (m) | [inspɛktór] |
| esportista (m) | sportist (m) | [sportíst] |
| treinador (m) | trajner (m) | [trajnér] |

101

| açougueiro (m) | kasap (m) | [kasáp] |
| sapateiro (m) | këpucëtar (m) | [kəputsətár] |
| comerciante (m) | tregtar (m) | [trɛgtár] |
| carregador (m) | ngarkues (m) | [ŋarkúɛs] |

| estilista (m) | stilist (m) | [stilíst] |
| modelo (f) | modele (f) | [modélɛ] |

## 112. Ocupações. Estatuto social

| estudante (~ de escola) | nxënës (m) | [ndzénəs] |
| estudante (~ universitária) | student (m) | [studént] |

| filósofo (m) | filozof (m) | [filozóf] |
| economista (m) | ekonomist (m) | [ɛkonomíst] |
| inventor (m) | shpikës (m) | [ʃpíkəs] |

| desempregado (m) | i papunë (m) | [i papúnə] |
| aposentado (m) | pensionist (m) | [pɛnsioníst] |
| espião (m) | spiun (m) | [spiún] |

| preso, prisioneiro (m) | i burgosur (m) | [i burgósur] |
| grevista (m) | grevist (m) | [grɛvíst] |
| burocrata (m) | burokrat (m) | [burokrát] |
| viajante (m) | udhëtar (m) | [uðətár] |

| homossexual (m) | homoseksual (m) | [homosɛksuál] |
| hacker (m) | haker (m) | [hakér] |
| hippie (m, f) | hipik (m) | [hipík] |

| bandido (m) | bandit (m) | [bandít] |
| assassino (m) | vrasës (m) | [vrásəs] |
| drogado (m) | narkoman (m) | [narkomán] |
| traficante (m) | trafikánt droge (m) | [trafikánt drógɛ] |
| prostituta (f) | prostitutë (f) | [prostitútə] |
| cafetão (m) | tutor (m) | [tutór] |

| bruxo (m) | magjistar (m) | [maɟistár] |
| bruxa (f) | shtrigë (f) | [ʃtrígə] |
| pirata (m) | pirat (m) | [pirát] |
| escravo (m) | skllav (m) | [skłav] |
| samurai (m) | samurai (m) | [samurái] |
| selvagem (m) | i egër (m) | [i égər] |

# Desportos

## 113. Tipos de desportos. Desportistas

| | | |
|---|---|---|
| esportista (m) | sportist (m) | [sportíst] |
| tipo (m) de esporte | lloj sporti (m) | [łoj spórti] |
| | | |
| basquete (m) | basketboll (m) | [baskɛtbóɫ] |
| jogador (m) de basquete | basketbollist (m) | [baskɛtbołíst] |
| | | |
| beisebol (m) | bejsboll (m) | [bɛjsbóɫ] |
| jogador (m) de beisebol | lojtar bejsbolli (m) | [lojtár bɛjsbółi] |
| | | |
| futebol (m) | futboll (m) | [futbóɫ] |
| jogador (m) de futebol | futbollist (m) | [futbołíst] |
| goleiro (m) | portier (m) | [portiér] |
| | | |
| hóquei (m) | hokej (m) | [hokéj] |
| jogador (m) de hóquei | lojtar hokeji (m) | [lojtár hokéji] |
| | | |
| vôlei (m) | volejboll (m) | [volɛjbóɫ] |
| jogador (m) de vôlei | volejbollist (m) | [volɛjbołíst] |
| | | |
| boxe (m) | boks (m) | [boks] |
| boxeador (m) | boksier (m) | [boksiér] |
| | | |
| luta (f) | mundje (f) | [múndjɛ] |
| lutador (m) | mundës (m) | [múndəs] |
| | | |
| caratê (m) | karate (f) | [karátɛ] |
| carateca (m) | karateist (m) | [karatɛíst] |
| | | |
| judô (m) | xhudo (f) | [dʒúdo] |
| judoca (m) | xhudist (m) | [dʒudíst] |
| | | |
| tênis (m) | tenis (m) | [tɛnís] |
| tenista (m) | tenist (m) | [tɛníst] |
| | | |
| natação (f) | not (m) | [not] |
| nadador (m) | notar (m) | [notár] |
| | | |
| esgrima (f) | skerma (f) | [skérma] |
| esgrimista (m) | skermist (m) | [skɛrmíst] |
| | | |
| xadrez (m) | shah (m) | [ʃah] |
| jogador (m) de xadrez | shahist (m) | [ʃahíst] |
| | | |
| alpinismo (m) | alpinizëm (m) | [alpinízəm] |
| alpinista (m) | alpinist (m) | [alpiníst] |
| corrida (f) | vrapim (m) | [vrapím] |

| corredor (m) | vrapues (m) | [vrapúɛs] |
| atletismo (m) | atletikë (f) | [atlɛtíkə] |
| atleta (m) | atlet (m) | [atlét] |

| hipismo (m) | kalërim (m) | [kalərím] |
| cavaleiro (m) | kalorës (m) | [kalórəs] |

| patinação (f) artística | patinazh (m) | [patináʒ] |
| patinador (m) | patinator (m) | [patinatór] |
| patinadora (f) | patinatore (f) | [patinatórɛ] |

| halterofilismo (m) | peshëngritje (f) | [pɛʃəŋrítjɛ] |
| halterofilista (m) | peshëngritës (m) | [pɛʃəŋrítəs] |

| corrida (f) de carros | garë me makina (f) | [gárə mɛ makína] |
| piloto (m) | shofer garash (m) | [ʃofér gáraʃ] |

| ciclismo (m) | çiklizëm (m) | [tʃiklízəm] |
| ciclista (m) | çiklist (m) | [tʃiklíst] |

| salto (m) em distância | kërcim së gjati (m) | [kərtsím sə ɟáti] |
| salto (m) com vara | kërcim së larti (m) | [kərtsím sə lárti] |
| atleta (m) de saltos | kërcyes (m) | [kərtsýɛs] |

## 114. Tipos de desportos. Diversos

| futebol (m) americano | futboll amerikan (m) | [futbóɫ amɛrikán] |
| badminton (m) | badminton (m) | [bádminton] |
| biatlo (m) | biatlon (m) | [biatlón] |
| bilhar (m) | bilardo (f) | [bilárdo] |

| bobsled (m) | bobsled (m) | [bobsléd] |
| musculação (f) | bodybuilding (m) | [bodybuildíŋ] |
| polo (m) aquático | vaterpol (m) | [vatɛrpól] |
| handebol (m) | hendboll (m) | [hɛndbóɫ] |
| golfe (m) | golf (m) | [golf] |

| remo (m) | kanotazh (m) | [kanotáʒ] |
| mergulho (m) | zhytje (f) | [ʒýtjɛ] |
| corrida (f) de esqui | skijim nordik (m) | [skijím nordík] |
| tênis (m) de mesa | ping pong (m) | [piŋ póŋ] |

| vela (f) | lundrim me vela (m) | [lundrím mɛ véla] |
| rali (m) | garë rally (f) | [gárə ráɫy] |
| rúgbi (m) | ragbi (m) | [rágbi] |
| snowboard (m) | snoubord (m) | [snoubórd] |
| arco-e-flecha (m) | gjuajtje me hark (f) | [ɟúajtjɛ mɛ hárk] |

## 115. Ginásio

| barra (f) | peshë (f) | [péʃə] |
| halteres (m pl) | gira (f) | [gíra] |

| | | |
|---|---|---|
| aparelho (m) de musculação | makinë trajnimi (f) | [makínə trajními] |
| bicicleta (f) ergométrica | biçikletë ushtrimesh (f) | [bitʃiklétə uʃtrímɛʃ] |
| esteira (f) de corrida | makinë vrapi (f) | [makínə vrápi] |

| | | |
|---|---|---|
| barra (f) fixa | tra horizontal (m) | [tra horizontál] |
| barras (f pl) paralelas | trarë paralele (pl) | [trárə paralélɛ] |
| cavalo (m) | kaluç (m) | [kalútʃ] |
| tapete (m) de ginástica | tapet gjimnastike (m) | [tapét ɟimnastíkɛ] |

| | | |
|---|---|---|
| corda (f) de saltar | litar kërcimi (m) | [litár kərtsími] |
| aeróbica (f) | aerobik (m) | [aɛrobík] |
| ioga, yoga (f) | joga (f) | [jóga] |

## 116. Desportos. Diversos

| | | |
|---|---|---|
| Jogos (m pl) Olímpicos | Lojërat Olimpike (pl) | [lójərat olimpíkɛ] |
| vencedor (m) | fitues (m) | [fitúɛs] |
| vencer (vi) | duke fituar | [dúkɛ fitúar] |
| vencer (vi, vt) | fitoj | [fitój] |

| | | |
|---|---|---|
| líder (m) | lider (m) | [lidér] |
| liderar (vt) | udhëheq | [uðəhéc] |

| | | |
|---|---|---|
| primeiro lugar (m) | vendi i parë | [véndi i párə] |
| segundo lugar (m) | vendi i dytë | [véndi i dýtə] |
| terceiro lugar (m) | vendi i tretë | [véndi i trétə] |

| | | |
|---|---|---|
| medalha (f) | medalje (f) | [mɛdáljɛ] |
| troféu (m) | trofe (f) | [trofé] |
| taça (f) | kupë (f) | [kúpə] |
| prêmio (m) | çmim (m) | [tʃmím] |
| prêmio (m) principal | çmimi i parë (m) | [tʃmími i párə] |

| | | |
|---|---|---|
| recorde (m) | rekord (m) | [rɛkórd] |
| estabelecer um recorde | vendos rekord | [vɛndós rɛkórd] |

| | | |
|---|---|---|
| final (m) | finale | [finálɛ] |
| final (adj) | finale | [finálɛ] |

| | | |
|---|---|---|
| campeão (m) | kampion (m) | [kampión] |
| campeonato (m) | kampionat (m) | [kampionál] |

| | | |
|---|---|---|
| estádio (m) | stadium (m) | [stadiúm] |
| arquibancadas (f pl) | tribunë (f) | [tribúnə] |
| fã, torcedor (m) | tifoz (m) | [tifóz] |
| adversário (m) | kundërshtar (m) | [kundərʃtár] |

| | | |
|---|---|---|
| partida (f) | start (m) | [start] |
| linha (f) de chegada | cak (m) | [tsák] |

| | | |
|---|---|---|
| derrota (f) | humbje (f) | [húmbjɛ] |
| perder (vt) | humb | [húmb] |
| árbitro, juiz (m) | arbitër (m) | [arbítər] |
| júri (m) | juri (f) | [jurí] |

| | | |
|---|---|---|
| resultado (m) | **rezultat** (m) | [rɛzultát] |
| empate (m) | **barazim** (m) | [barazím] |
| empatar (vi) | **barazoj** | [barazój] |
| ponto (m) | **pikë** (f) | [píkə] |
| resultado (m) final | **rezultat** (m) | [rɛzultát] |
| | | |
| tempo (m) | **pjesë** (f) | [pjésə] |
| intervalo (m) | **pushim** (m) | [puʃím] |
| | | |
| doping (m) | **doping** (m) | [dopíŋ] |
| penalizar (vt) | **penalizoj** | [pɛnalizój] |
| desqualificar (vt) | **diskualifikoj** | [diskualifikój] |
| | | |
| aparelho, aparato (m) | **aparat** (m) | [aparát] |
| dardo (m) | **hedhje e shtizës** (f) | [héðjɛ ɛ ʃtízəs] |
| peso (m) | **gjyle** (f) | [ɉýlɛ] |
| bola (f) | **bile** (f) | [bílɛ] |
| | | |
| alvo, objetivo (m) | **shënjestër** (f) | [ʃəɲéstər] |
| alvo (~ de papel) | **shënjestër** (f) | [ʃəɲéstər] |
| disparar, atirar (vi) | **qëlloj** | [cəłój] |
| preciso (tiro ~) | **e saktë** | [ɛ sáktə] |
| | | |
| treinador (m) | **trajner** (m) | [trajnér] |
| treinar (vt) | **stërvit** | [stərvít] |
| treinar-se (vr) | **stërvitem** | [stərvítɛm] |
| treino (m) | **trajnim** (m) | [trajním] |
| | | |
| academia (f) de ginástica | **palestër** (f) | [paléstər] |
| exercício (m) | **ushtrime** (f) | [uʃtrímɛ] |
| aquecimento (m) | **ngrohje** (f) | [ŋróhjɛ] |

# Educação

## 117. Escola

| | | |
|---|---|---|
| escola (f) | shkollë (f) | [ʃkótə] |
| diretor (m) de escola | drejtor shkolle (m) | [drɛjtór ʃkótɛ] |
| | | |
| aluno (m) | nxënës (m) | [ndzɚnəs] |
| aluna (f) | nxënëse (f) | [ndzɚnəsɛ] |
| estudante (m) | nxënës (m) | [ndzɚnəs] |
| estudante (f) | nxënëse (f) | [ndzɚnəsɛ] |
| | | |
| ensinar (vt) | jap mësim | [jap məsím] |
| aprender (vt) | mësoj | [məsój] |
| decorar (vt) | mësoj përmendësh | [məsój pərméndəʃ] |
| | | |
| estudar (vi) | mësoj | [məsój] |
| estar na escola | jam në shkollë | [jam nə ʃkótə] |
| ir à escola | shkoj në shkollë | [ʃkoj nə ʃkótə] |
| | | |
| alfabeto (m) | alfabet (m) | [alfabét] |
| disciplina (f) | lëndë (f) | [léndə] |
| | | |
| sala (f) de aula | klasë (f) | [klásə] |
| lição, aula (f) | mësim (m) | [məsím] |
| recreio (m) | pushim (m) | [puʃím] |
| toque (m) | zile e shkollës (f) | [zílɛ ɛ ʃkótəs] |
| classe (f) | bankë e shkollës (f) | [bánkə ɛ ʃkótəs] |
| quadro (m) negro | tabelë e zezë (f) | [tabélə ɛ zézə] |
| | | |
| nota (f) | notë (f) | [nótə] |
| boa nota (f) | notë e mirë (f) | [nótə ɛ mírə] |
| nota (f) baixa | notë e keqe (f) | [nótə ɛ kécɛ] |
| dar uma nota | vendos notë | [vɛndós nótə] |
| | | |
| erro (m) | gabim (m) | [gabím] |
| errar (vi) | bëj gabime | [bəj gabímɛ] |
| corrigir (~ um erro) | korrigjoj | [koriʝój] |
| cola (f) | kopje (f) | [kópjɛ] |
| | | |
| dever (m) de casa | detyrë shtëpie (f) | [dɛtýrə ʃtəpíɛ] |
| exercício (m) | ushtrim (m) | [uʃtrím] |
| | | |
| estar presente | jam prezent | [jam prɛzént] |
| estar ausente | mungoj | [muŋój] |
| faltar às aulas | mungoj në shkollë | [muŋój nə ʃkótə] |
| | | |
| punir (vt) | ndëshkoj | [ndəʃkój] |
| punição (f) | ndëshkim (m) | [ndəʃkím] |
| comportamento (m) | sjellje (f) | [sjétjɛ] |

| | | |
|---|---|---|
| boletim (m) escolar | dëftesë (f) | [dəftésə] |
| lápis (m) | laps (m) | [láps] |
| borracha (f) | gomë (f) | [gómə] |
| giz (m) | shkumës (m) | [ʃkúməs] |
| porta-lápis (m) | portofol lapsash (m) | [portofól lápsaʃ] |

| | | |
|---|---|---|
| mala, pasta, mochila (f) | çantë shkolle (f) | [tʃántə ʃkółɛ] |
| caneta (f) | stilolaps (m) | [stiloláps] |
| caderno (m) | fletore (f) | [flɛtórɛ] |
| livro (m) didático | tekst mësimor (m) | [tɛkst məsimór] |
| compasso (m) | kompas (m) | [kompás] |

| | | |
|---|---|---|
| traçar (vt) | vizatoj | [vizatój] |
| desenho (m) técnico | vizatim teknik (m) | [vizatím tɛkník] |

| | | |
|---|---|---|
| poesia (f) | poezi (f) | [poɛzí] |
| de cor | përmendësh | [pərméndəʃ] |
| decorar (vt) | mësoj përmendësh | [məsój pərméndəʃ] |

| | | |
|---|---|---|
| férias (f pl) | pushimet e shkollës (m) | [puʃímɛt ɛ ʃkółəs] |
| estar de férias | jam me pushime | [jam mɛ puʃímɛ] |
| passar as férias | kaloj pushimet | [kalój puʃímɛt] |

| | | |
|---|---|---|
| teste (m), prova (f) | test (m) | [tɛst] |
| redação (f) | ese (f) | [ɛsé] |
| ditado (m) | diktim (m) | [diktím] |
| exame (m), prova (f) | provim (m) | [provím] |
| fazer prova | kam provim | [kam provím] |
| experiência (~ química) | eksperiment (m) | [ɛkspɛrimént] |

## 118. Colégio. Universidade

| | | |
|---|---|---|
| academia (f) | akademi (f) | [akadɛmí] |
| universidade (f) | universitet (m) | [univɛrsitét] |
| faculdade (f) | fakultet (m) | [fakultét] |

| | | |
|---|---|---|
| estudante (m) | student (m) | [studént] |
| estudante (f) | studente (f) | [studéntɛ] |
| professor (m) | pedagog (m) | [pɛdagóg] |

| | | |
|---|---|---|
| auditório (m) | auditor (m) | [auditór] |
| graduado (m) | i diplomuar (m) | [i diplomúar] |

| | | |
|---|---|---|
| diploma (m) | diplomë (f) | [diplómə] |
| tese (f) | disertacion (m) | [disɛrtatsión] |

| | | |
|---|---|---|
| estudo (obra) | studim (m) | [studím] |
| laboratório (m) | laborator (m) | [laboratór] |

| | | |
|---|---|---|
| palestra (f) | leksion (m) | [lɛksión] |
| colega (m) de curso | shok kursi (m) | [ʃok kúrsi] |

| | | |
|---|---|---|
| bolsa (f) de estudos | bursë (f) | [búrsə] |
| grau (m) acadêmico | diplomë akademike (f) | [diplómə akadɛmíkɛ] |

## 119. Ciências. Disciplinas

| | | |
|---|---|---|
| matemática (f) | matematikë (f) | [matɛmatíkə] |
| álgebra (f) | algjebër (f) | [alɟébər] |
| geometria (f) | gjeometri (f) | [ɟɛomɛtrí] |
| astronomia (f) | astronomi (f) | [astronomí] |
| biologia (f) | biologji (f) | [bioloɟí] |
| geografia (f) | gjeografi (f) | [ɟɛografí] |
| geologia (f) | gjeologji (f) | [ɟɛoloɟí] |
| história (f) | histori (f) | [historí] |
| medicina (f) | mjekësi (f) | [mjɛkəsí] |
| pedagogia (f) | pedagogji (f) | [pɛdagoɟí] |
| direito (m) | drejtësi (f) | [drɛjtəsí] |
| física (f) | fizikë (f) | [fizíkə] |
| química (f) | kimi (f) | [kimí] |
| filosofia (f) | filozofi (f) | [filozofí] |
| psicologia (f) | psikologji (f) | [psikoloɟí] |

## 120. Sistema de escrita. Ortografia

| | | |
|---|---|---|
| gramática (f) | gramatikë (f) | [gramatíkə] |
| vocabulário (m) | fjalor (m) | [fjalór] |
| fonética (f) | fonetikë (f) | [fonɛtíkə] |
| substantivo (m) | emër (m) | [émər] |
| adjetivo (m) | mbiemër (m) | [mbiémər] |
| verbo (m) | folje (f) | [fóljɛ] |
| advérbio (m) | ndajfolje (f) | [ndajfóljɛ] |
| pronome (m) | përemër (m) | [pərémər] |
| interjeição (f) | pasthirrmë (f) | [pasθírrmə] |
| preposição (f) | parafjalë (f) | [parafjálə] |
| raiz (f) | rrënjë (f) | [réɲə] |
| terminação (f) | fundore (f) | [fundórɛ] |
| prefixo (m) | parashtesë (f) | [paraʃtésə] |
| sílaba (f) | rrokje (f) | [rókjɛ] |
| sufixo (m) | prapashtesë (f) | [prapaʃtésə] |
| acento (m) | theks (m) | [θɛks] |
| apóstrofo (f) | apostrof (m) | [apostróf] |
| ponto (m) | pikë (f) | [píkə] |
| vírgula (f) | presje (f) | [présjɛ] |
| ponto e vírgula (m) | pikëpresje (f) | [pikəprésjɛ] |
| dois pontos (m pl) | dy pika (f) | [dy píka] |
| reticências (f pl) | tre pika (f) | [trɛ píka] |
| ponto (m) de interrogação | pikëpyetje (f) | [pikəpýɛtjɛ] |
| ponto (m) de exclamação | pikëçuditje (f) | [pikətʃudítjɛ] |

| | | |
|---|---|---|
| aspas (f pl) | thonjëza (f) | [θóɲəza] |
| entre aspas | në thonjëza | [nə θóɲəza] |
| parênteses (m pl) | kllapa (f) | [kɫápa] |
| entre parênteses | brenda kllapave | [brénda kɫápavɛ] |
| | | |
| hífen (m) | vizë ndarëse (f) | [vízə ndárəsɛ] |
| travessão (m) | vizë (f) | [vízə] |
| espaço (m) | hapësirë (f) | [hapəsírə] |
| | | |
| letra (f) | shkronjë (f) | [ʃkróɲə] |
| letra (f) maiúscula | shkronjë e madhe (f) | [ʃkróɲə ɛ máðɛ] |
| | | |
| vogal (f) | zanore (f) | [zanórɛ] |
| consoante (f) | bashkëtingëllore (f) | [baʃkətiɲəɫórɛ] |
| | | |
| frase (f) | fjali (f) | [fjalí] |
| sujeito (m) | kryefjalë (f) | [kryɛfjálə] |
| predicado (m) | kallëzues (m) | [kaɫəzúɛs] |
| | | |
| linha (f) | rresht (m) | [réʃt] |
| em uma nova linha | rresht i ri | [réʃt i rí] |
| parágrafo (m) | paragraf (m) | [paragráf] |
| | | |
| palavra (f) | fjalë (f) | [fjálə] |
| grupo (m) de palavras | grup fjalësh (m) | [grup fjáləʃ] |
| expressão (f) | shprehje (f) | [ʃpréhjɛ] |
| sinônimo (m) | sinonim (m) | [sinoním] |
| antônimo (m) | antonim (m) | [antoním] |
| | | |
| regra (f) | rregull (m) | [réguɫ] |
| exceção (f) | përjashtim (m) | [pərjaʃtím] |
| correto (adj) | saktë | [sáktə] |
| | | |
| conjugação (f) | lakim (m) | [lakím] |
| declinação (f) | rasë | [rásə] |
| caso (m) | rasë emërore (f) | [rásə ɛmərórɛ] |
| pergunta (f) | pyetje (f) | [pýɛtjɛ] |
| sublinhar (vt) | nënvijëzoj | [nənvijəzój] |
| linha (f) pontilhada | vijë me ndërprerje (f) | [víjə mɛ ndərprérjɛ] |

## 121. Línguas estrangeiras

| | | |
|---|---|---|
| língua (f) | gjuhë (f) | [ɟúhə] |
| estrangeiro (adj) | huaj | [húaj] |
| língua (f) estrangeira | gjuhë e huaj (f) | [ɟúhə ɛ húaj] |
| estudar (vt) | studioj | [studiój] |
| aprender (vt) | mësoj | [məsój] |
| | | |
| ler (vt) | lexoj | [lɛdzój] |
| falar (vi) | flas | [flas] |
| entender (vt) | kuptoj | [kuptój] |
| escrever (vt) | shkruaj | [ʃkrúaj] |
| rapidamente | shpejt | [ʃpɛjt] |
| devagar, lentamente | ngadalë | [ŋadálə] |

| | | |
|---|---|---|
| fluentemente | rrjedhshëm | [rjéðʃəm] |
| regras (f pl) | rregullat (pl) | [réguɫat] |
| gramática (f) | gramatikë (f) | [gramatíkə] |
| vocabulário (m) | fjalor (m) | [fjalór] |
| fonética (f) | fonetikë (f) | [fonɛtíkə] |

| | | |
|---|---|---|
| livro (m) didático | tekst mësimor (m) | [tɛkst məsimór] |
| dicionário (m) | fjalor (m) | [fjalór] |
| manual (m) autodidático | libër i mësimit autodidakt (m) | [líbər i məsímit autodidákt] |
| guia (m) de conversação | libër frazeologjik (m) | [líbər frazɛoloɟík] |

| | | |
|---|---|---|
| fita (f) cassete | kasetë (f) | [kasétə] |
| videoteipe (m) | videokasetë (f) | [vidɛokasétə] |
| CD (m) | CD (f) | [tsɛdé] |
| DVD (m) | DVD (m) | [dividí] |

| | | |
|---|---|---|
| alfabeto (m) | alfabet (m) | [alfabét] |
| soletrar (vt) | gërmëzoj | [gərməzój] |
| pronúncia (f) | shqiptim (m) | [ʃciptím] |

| | | |
|---|---|---|
| sotaque (m) | aksent (m) | [aksént] |
| com sotaque | me aksent | [mɛ aksént] |
| sem sotaque | pa aksent | [pa aksént] |

| | | |
|---|---|---|
| palavra (f) | fjalë (f) | [fjálə] |
| sentido (m) | kuptim (m) | [kuptím] |

| | | |
|---|---|---|
| curso (m) | kurs (m) | [kurs] |
| inscrever-se (vr) | regjistrohem | [rɛɟistróhɛm] |
| professor (m) | mësues (m) | [məsúɛs] |

| | | |
|---|---|---|
| tradução (processo) | përkthim (m) | [pərkθím] |
| tradução (texto) | përkthim (m) | [pərkθím] |
| tradutor (m) | përkthyes (m) | [pərkθýɛs] |
| intérprete (m) | përkthyes (m) | [pərkθýɛs] |

| | | |
|---|---|---|
| poliglota (m) | poliglot (m) | [poliglót] |
| memória (f) | kujtesë (f) | [kujtésə] |

## 122. Personagens de contos de fadas

| | | |
|---|---|---|
| Papai Noel (m) | Santa Klaus (m) | [sánta kláus] |
| Cinderela (f) | Hirushja (f) | [hirúʃja] |
| sereia (f) | sirenë (f) | [sirénə] |
| Netuno (m) | Neptuni (m) | [nɛptúni] |

| | | |
|---|---|---|
| bruxo, feiticeiro (m) | magjistar (m) | [maɟistár] |
| fada (f) | zanë (f) | [zánə] |
| mágico (adj) | magjike | [maɟíkɛ] |
| varinha (f) mágica | shkop magjik (m) | [ʃkop maɟík] |

| | | |
|---|---|---|
| conto (m) de fadas | përrallë (f) | [pəráɫə] |
| milagre (m) | mrekulli (f) | [mrɛkuɫí] |

| anão (m) | xhuxh (m) | [dʒudʒ] |
| transformar-se em ... | shndërrohem ... | [ʃndəróhɛm ...] |

| fantasma (m) | fantazmë (f) | [fantázmə] |
| fantasma (m) | fantazmë (f) | [fantázmə] |
| monstro (m) | bishë (f) | [bíʃə] |
| dragão (m) | dragua (m) | [dragúa] |
| gigante (m) | gjigant (m) | [ɟigánt] |

## 123. Signos do Zodíaco

| Áries (f) | Dashi (m) | [dáʃi] |
| Touro (m) | Demi (m) | [démi] |
| Gêmeos (m pl) | Binjakët (pl) | [biɲákət] |
| Câncer (m) | Gaforrja (f) | [gafórja] |
| Leão (m) | Luani (m) | [luáni] |
| Virgem (f) | Virgjëresha (f) | [virɟəréʃa] |

| Libra (f) | Peshorja (f) | [pɛʃórja] |
| Escorpião (m) | Akrepi (m) | [akrépi] |
| Sagitário (m) | Shigjetari (m) | [ʃiɟɛtári] |
| Capricórnio (m) | Bricjapi (m) | [britsjápi] |
| Aquário (m) | Ujori (m) | [ujóri] |
| Peixes (pl) | Peshqit (pl) | [péʃcit] |

| caráter (m) | karakter (m) | [karaktér] |
| traços (m pl) do caráter | tipare të karakterit (pl) | [tipárɛ tə karaktérit] |
| comportamento (m) | sjellje (f) | [sjétjɛ] |
| prever a sorte | parashikoj fatin | [paraʃikój fátin] |
| adivinha (f) | lexuese e fatit (f) | [lɛdzúɛsɛ ɛ fátit] |
| horóscopo (m) | horoskop (m) | [horoskóp] |

# Artes

## 124. Teatro

| | | |
|---|---|---|
| teatro (m) | teatër (m) | [tɛátər] |
| ópera (f) | operë (f) | [opérə] |
| opereta (f) | operetë (f) | [opɛrétə] |
| balé (m) | balet (m) | [balét] |
| | | |
| cartaz (m) | afishe teatri (f) | [afíʃɛ tɛátri] |
| companhia (f) de teatro | trupë teatrale (f) | [trúpə tɛatrálɛ] |
| turnê (f) | turne (f) | [turné] |
| estar em turnê | jam në turne | [jam nə turné] |
| ensaiar (vt) | bëj prova | [bəj próva] |
| ensaio (m) | provë (f) | [próvə] |
| repertório (m) | repertor (m) | [rɛpɛrtór] |
| | | |
| apresentação (f) | shfaqje (f) | [ʃfácjɛ] |
| espetáculo (m) | shfaqje teatrale (f) | [ʃfácjɛ tɛatrálɛ] |
| peça (f) | dramë (f) | [drámə] |
| | | |
| entrada (m) | biletë (f) | [bilétə] |
| bilheteira (f) | zyrë e shitjeve të biletave (f) | [zýrə ɛ ʃítjɛvɛ tə bilétavɛ] |
| hall (m) | holl (m) | [hoɫ] |
| vestiário (m) | dhoma e xhaketave (f) | [ðóma ɛ dʒakétavɛ] |
| senha (f) numerada | numri i xhaketës (m) | [númri i dʒakétəs] |
| binóculo (m) | dylbi (f) | [dylbí] |
| lanterninha (m) | portier (m) | [portiér] |
| | | |
| plateia (f) | plato (f) | [plató] |
| balcão (m) | ballkon (m) | [baɫkón] |
| primeiro balcão (m) | galeria e parë (f) | [galɛría ɛ párə] |
| camarote (m) | lozhë (f) | [lóʒə] |
| fila (f) | rresht (m) | [réʃt] |
| assento (m) | karrige (f) | [karígɛ] |
| | | |
| público (m) | publiku (m) | [publíku] |
| espectador (m) | spektator (m) | [spɛktatór] |
| aplaudir (vt) | duartrokas | [duartrokás] |
| aplauso (m) | duartrokitje (f) | [duartrokítjɛ] |
| ovação (f) | brohoritje (f) | [brohorítjɛ] |
| | | |
| palco (m) | skenë (f) | [skénə] |
| cortina (f) | perde (f) | [pérdɛ] |
| cenário (m) | skenografi (f) | [skɛnografí] |
| bastidores (m pl) | prapaskenë (f) | [prapaskénə] |
| | | |
| cena (f) | skenë (f) | [skénə] |
| ato (m) | akt (m) | [ákt] |
| intervalo (m) | pushim (m) | [puʃím] |

## 125. Cinema

| | | |
|---|---|---|
| ator (m) | aktor (m) | [aktór] |
| atriz (f) | aktore (f) | [aktórɛ] |
| | | |
| cinema (m) | kinema (f) | [kinɛmá] |
| filme (m) | film (m) | [film] |
| episódio (m) | episod (m) | [ɛpisód] |
| | | |
| filme (m) policial | triller (m) | [triɬér] |
| filme (m) de ação | aksion (m) | [aksión] |
| filme (m) de aventuras | aventurë (f) | [avɛntúrə] |
| filme (m) de ficção científica | fanta-shkencë (f) | [fánta-ʃkéntsə] |
| filme (m) de horror | film horror (m) | [fílm horór] |
| | | |
| comédia (f) | komedi (f) | [komɛdí] |
| melodrama (m) | melodramë (f) | [mɛlodrámə] |
| drama (m) | dramë (f) | [drámə] |
| | | |
| filme (m) de ficção | film fiktiv (m) | [fílm fiktív] |
| documentário (m) | dokumentar (m) | [dokumɛntár] |
| desenho (m) animado | film vizatimor (m) | [fílm vizatimór] |
| cinema (m) mudo | filma pa zë (m) | [fílma pa zə] |
| | | |
| papel (m) | rol (m) | [rol] |
| papel (m) principal | rol kryesor (m) | [rol kryɛsór] |
| representar (vt) | luaj | [lúaj] |
| | | |
| estrela (f) de cinema | yll kinemaje (m) | [yɬ kinɛmájɛ] |
| conhecido (adj) | i njohur | [i ɲóhur] |
| famoso (adj) | i famshëm | [i fámʃəm] |
| popular (adj) | popullor | [popuɬór] |
| | | |
| roteiro (m) | skenar (m) | [skɛnár] |
| roteirista (m) | skenarist (m) | [skɛnaríst] |
| diretor (m) de cinema | regjisor (m) | [rɛɟisór] |
| produtor (m) | producent (m) | [produtsént] |
| assistente (m) | ndihmës (m) | [ndíhməs] |
| diretor (m) de fotografia | kameraman (m) | [kamɛramán] |
| dublê (m) | dubla (f) | [dúbla] |
| dublê (m) de corpo | dubla (f) | [dúbla] |
| | | |
| filmar (vt) | xhiroj film | [dʒirój film] |
| audição (f) | provë (f) | [próvə] |
| filmagem (f) | xhirim (m) | [dʒirím] |
| equipe (f) de filmagem | ekip kinematografik (m) | [ɛkíp kinɛmatografík] |
| set (m) de filmagem | set kinematografik (m) | [sɛt kinɛmatografík] |
| câmera (f) | kamerë (f) | [kamérə] |
| | | |
| cinema (m) | kinema (f) | [kinɛmá] |
| tela (f) | ekran (m) | [ɛkrán] |
| exibir um filme | shfaq film | [ʃfac film] |
| | | |
| trilha (f) sonora | muzikë e filmit (f) | [muzíkə ɛ filmit] |
| efeitos (m pl) especiais | efekte speciale (pl) | [ɛféktɛ spɛtsiálɛ] |

| legendas (f pl) | titra (pl) | [títra] |
| crédito (m) | lista e pjesëmarrësve (f) | [lísta ɛ pjɛsəmárəsvɛ] |
| tradução (f) | përkthim (m) | [pərkθím] |

## 126. Pintura

| arte (f) | art (m) | [art] |
| belas-artes (f pl) | artet e bukura (pl) | [ártɛt ɛ búkura] |
| galeria (f) de arte | galeri arti (f) | [galɛrí árti] |
| exibição (f) de arte | ekspozitë (f) | [ɛkspozítə] |

| pintura (f) | pikturë (f) | [piktúrə] |
| arte (f) gráfica | art grafik (m) | [árt grafík] |
| arte (f) abstrata | art abstrakt (m) | [árt abstrákt] |
| impressionismo (m) | impresionizëm (m) | [imprɛsionízəm] |

| pintura (f), quadro (m) | pikturë (f) | [piktúrə] |
| desenho (m) | vizatim (m) | [vizatím] |
| cartaz, pôster (m) | poster (m) | [postér] |

| ilustração (f) | ilustrim (m) | [ilustrím] |
| miniatura (f) | miniaturë (f) | [miniatúrə] |
| cópia (f) | kopje (f) | [kópjɛ] |
| reprodução (f) | riprodhim (m) | [riproðím] |

| mosaico (m) | mozaik (m) | [mozaík] |
| vitral (m) | pikturë në dritare (f) | [piktúrə nə dritárɛ] |
| afresco (m) | afresk (m) | [afrésk] |
| gravura (f) | gravurë (f) | [gravúrə] |

| busto (m) | bust (m) | [búst] |
| escultura (f) | skulpturë (f) | [skulptúrə] |
| estátua (f) | statujë (f) | [statújə] |
| gesso (m) | allçi (f) | [aɫtʃí] |
| em gesso (adj) | me allçi | [mɛ aɫtʃí] |

| retrato (m) | portret (m) | [portrét] |
| autorretrato (m) | autoportret (m) | [autoportrét] |
| paisagem (f) | peizazh (m) | [pɛizáʒ] |
| natureza (f) morta | natyrë e qetë (f) | [natýrə ɛ cétə] |
| caricatura (f) | karikaturë (f) | [karikatúrə] |
| esboço (m) | skicë (f) | [skítsə] |

| tinta (f) | bojë (f) | [bójə] |
| aquarela (f) | bojë uji (f) | [bójə úji] |
| tinta (f) a óleo | bojë vaji (f) | [bójə váji] |
| lápis (m) | laps (m) | [láps] |
| tinta (f) nanquim | bojë stilografi (f) | [bójə stilográfi] |
| carvão (m) | karbon (m) | [karbón] |

| desenhar (vt) | vizatoj | [vizatój] |
| pintar (vt) | pikturoj | [pikturój] |
| posar (vi) | pozoj | [pozój] |
| modelo (m) | model (m) | [modél] |

| | | |
|---|---|---|
| modelo (f) | **modele** (f) | [modélɛ] |
| pintor (m) | **piktor** (m) | [piktór] |
| obra (f) | **vepër arti** (f) | [vépər árti] |
| obra-prima (f) | **kryevepër** (f) | [kryɛvépər] |
| estúdio (m) | **studio** (f) | [stúdio] |
| | | |
| tela (f) | **kanavacë** (f) | [kanavátsə] |
| cavalete (m) | **këmbalec** (m) | [kəmbaléts] |
| paleta (f) | **paletë** (f) | [palétə] |
| | | |
| moldura (f) | **kornizë** (f) | [korn[izə] |
| restauração (f) | **restaurim** (m) | [rɛstaurím] |
| restaurar (vt) | **restauroj** | [rɛstaurój] |

## 127. Literatura & Poesia

| | | |
|---|---|---|
| literatura (f) | **letërsi** (f) | [lɛtərsí] |
| autor (m) | **autor** (m) | [autór] |
| pseudônimo (m) | **pseudonim** (m) | [psɛudoním] |
| | | |
| livro (m) | **libër** (m) | [líbər] |
| volume (m) | **vëllim** (m) | [vəłím] |
| índice (m) | **tabela e përmbajtjes** (f) | [tabéla ɛ pərmbájtjɛs] |
| página (f) | **faqe** (f) | [fácɛ] |
| protagonista (m) | **personazhi kryesor** (m) | [pɛrsonáʒi kryɛsór] |
| autógrafo (m) | **autograf** (m) | [autográf] |
| | | |
| conto (m) | **tregim i shkurtër** (m) | [trɛgím i ʃkúrtər] |
| novela (f) | **novelë** (f) | [novélə] |
| romance (m) | **roman** (m) | [román] |
| obra (f) | **vepër** (m) | [vépər] |
| fábula (m) | **fabula** (f) | [fábula] |
| romance (m) policial | **roman policesk** (m) | [román politsésk] |
| | | |
| verso (m) | **vjershë** (f) | [vjérʃə] |
| poesia (f) | **poezi** (f) | [poɛzí] |
| poema (m) | **poemë** (f) | [poémə] |
| poeta (m) | **poet** (m) | [poét] |
| | | |
| ficção (f) | **trillim** (m) | [triłím] |
| ficção (f) científica | **fanta-shkencë** (f) | [fánta-ʃkéntsə] |
| aventuras (f pl) | **aventurë** (f) | [avɛntúrə] |
| literatura (f) didática | **letërsi edukative** (f) | [lɛtərsí ɛdukatívɛ] |
| literatura (f) infantil | **letërsi për fëmijë** (f) | [lɛtərsí pər fəmíjə] |

## 128. Circo

| | | |
|---|---|---|
| circo (m) | **cirk** (m) | [tsírk] |
| circo (m) ambulante | **cirk udhëtues** (m) | [tsírk uðətúɛs] |
| programa (m) | **program** (m) | [prográm] |
| apresentação (f) | **shfaqje** (f) | [ʃfácjɛ] |
| número (m) | **akt** (m) | [ákt] |

| | | |
|---|---|---|
| picadeiro (f) | arenë cirku (f) | [aréne tsírku] |
| pantomima (f) | pantomimë (f) | [pantomíme] |
| palhaço (m) | kloun (m) | [kloún] |

| | | |
|---|---|---|
| acrobata (m) | akrobat (m) | [akrobát] |
| acrobacia (f) | akrobaci (f) | [akrobatsí] |
| ginasta (m) | gjimnast (m) | [ɟimnást] |
| ginástica (f) | gjimnastikë (f) | [ɟimnastíke] |
| salto (m) mortal | salto (f) | [sálto] |

| | | |
|---|---|---|
| homem (m) forte | atlet (m) | [atlét] |
| domador (m) | zbutës (m) | [zbútes] |
| cavaleiro (m) equilibrista | kalorës (m) | [kalóres] |
| assistente (m) | ndihmës (m) | [ndíhmes] |

| | | |
|---|---|---|
| truque (m) | akrobaci (f) | [akrobatsí] |
| truque (m) de mágica | truk magjik (m) | [truk maɟík] |
| ilusionista (m) | magjistar (m) | [maɟistár] |

| | | |
|---|---|---|
| malabarista (m) | zhongler (m) | [ʒoŋlér] |
| fazer malabarismos | luaj | [lúaj] |
| adestrador (m) | zbutës kafshësh (m) | [zbútes káfʃeʃ] |
| adestramento (m) | zbutje kafshësh (f) | [zbútjɛ káfʃeʃ] |
| adestrar (vt) | stërvit | [stervít] |

## 129. Música. Música popular

| | | |
|---|---|---|
| música (f) | muzikë (f) | [muzíke] |
| músico (m) | muzikant (m) | [muzikánt] |
| instrumento (m) musical | instrument muzikor (m) | [instrumént muzikór] |
| tocar ... | i bie ... | [i bíɛ ...] |

| | | |
|---|---|---|
| guitarra (f) | kitarë (f) | [kitáre] |
| violino (m) | violinë (f) | [violíne] |
| violoncelo (m) | violonçel (m) | [violontʃél] |
| contrabaixo (m) | kontrabas (m) | [kontrabás] |
| harpa (f) | lira (f) | [líra] |

| | | |
|---|---|---|
| piano (m) | piano (f) | [piáno] |
| piano (m) de cauda | pianoforte (f) | [pianofórtɛ] |
| órgão (m) | organo (f) | [orgáno] |

| | | |
|---|---|---|
| instrumentos (m pl) de sopro | instrumente frymore (pl) | [instruméntɛ frymórɛ] |
| oboé (m) | oboe (f) | [obóɛ] |
| saxofone (m) | saksofon (m) | [saksofón] |
| clarinete (m) | klarinetë (f) | [klarinéte] |
| flauta (f) | flaut (m) | [flaút] |
| trompete (m) | trombë (f) | [trómbe] |

| | | |
|---|---|---|
| acordeão (m) | fizarmonikë (f) | [fizarmoníke] |
| tambor (m) | daulle (f) | [daúłɛ] |

| | | |
|---|---|---|
| dueto (m) | duet (m) | [duét] |
| trio (m) | trio (f) | [trío] |

| | | |
|---|---|---|
| quarteto (m) | kuartet (m) | [kuartét] |
| coro (m) | kor (m) | [kor] |
| orquestra (f) | orkestër (f) | [orkéstər] |
| | | |
| música (f) pop | muzikë pop (f) | [muzíkə pop] |
| música (f) rock | muzikë rok (m) | [muzíkə rok] |
| grupo (m) de rock | grup rok (m) | [grup rók] |
| jazz (m) | xhaz (m) | [dʒaz] |
| | | |
| ídolo (m) | idhull (m) | [íðuɫ] |
| fã, admirador (m) | admirues (m) | [admirúɛs] |
| | | |
| concerto (m) | koncert (m) | [kontsért] |
| sinfonia (f) | simfoni (f) | [simfoní] |
| composição (f) | kompozicion (m) | [kompozitsión] |
| compor (vt) | kompozoj | [kompozój] |
| | | |
| canto (m) | këndim (m) | [kəndím] |
| canção (f) | këngë (f) | [kéŋə] |
| melodia (f) | melodi (f) | [mɛlodí] |
| ritmo (m) | ritëm (m) | [rítəm] |
| blues (m) | bluz (m) | [blúz] |
| | | |
| notas (f pl) | partiturë (f) | [partitúrə] |
| batuta (f) | shkopi i dirigjimit (m) | [ʃkopi i diriɟímit] |
| arco (m) | hark (m) | [hárk] |
| corda (f) | tel (m) | [tɛl] |
| estojo (m) | kuti (f) | [kutí] |

# Descanso. Entretenimento. Viagens

## 130. Viagens

| | | |
|---|---|---|
| turismo (m) | turizëm (m) | [turízəm] |
| turista (m) | turist (m) | [turíst] |
| viagem (f) | udhëtim (m) | [uðətím] |
| aventura (f) | aventurë (f) | [avɛntúrə] |
| percurso (curta viagem) | udhëtim (m) | [uðətím] |
| | | |
| férias (f pl) | pushim (m) | [puʃím] |
| estar de férias | jam me pushime | [jam mɛ puʃímɛ] |
| descanso (m) | pushim (m) | [puʃím] |
| | | |
| trem (m) | tren (m) | [trɛn] |
| de trem (chegar ~) | me tren | [mɛ trén] |
| avião (m) | avion (m) | [avión] |
| de avião | me avion | [mɛ avión] |
| de carro | me makinë | [mɛ makínə] |
| de navio | me anije | [mɛ aníjɛ] |
| | | |
| bagagem (f) | bagazh (m) | [bagáʒ] |
| mala (f) | valixhe (f) | [valídʒɛ] |
| carrinho (m) | karrocë bagazhesh (f) | [karótsə bagáʒɛʃ] |
| | | |
| passaporte (m) | pasaportë (f) | [pasapórtə] |
| visto (m) | vizë (f) | [vízə] |
| passagem (f) | biletë (f) | [bilétə] |
| passagem (f) aérea | biletë avioni (f) | [bilétə avióni] |
| | | |
| guia (m) de viagem | guidë turistike (f) | [guídə turistíkɛ] |
| mapa (m) | hartë (f) | [hártə] |
| área (f) | zonë (f) | [zónə] |
| lugar (m) | vend (m) | [vɛnd] |
| | | |
| exotismo (m) | ekzotikë (f) | [ɛkzotíkə] |
| exótico (adj) | ekzotik | [ɛkzotík] |
| surpreendente (adj) | mahnitëse | [mahnítəsɛ] |
| | | |
| grupo (m) | grup (m) | [grup] |
| excursão (f) | ekskursion (m) | [ɛkskursión] |
| guia (m) | udhërrëfyes (m) | [uðərəfýɛs] |

## 131. Hotel

| | | |
|---|---|---|
| hotel (m), hospedaria (f) | hotel (m) | [hotél] |
| motel (m) | motel (m) | [motél] |
| três estrelas | me tre yje | [mɛ trɛ ýjɛ] |

| | | |
|---|---|---|
| cinco estrelas | me pesë yje | [mɛ pésə ýjɛ] |
| ficar (vi, vt) | qëndroj | [cəndrój] |

| | | |
|---|---|---|
| quarto (m) | dhomë (f) | [ðómə] |
| quarto (m) individual | dhomë teke (f) | [ðómə tékɛ] |
| quarto (m) duplo | dhomë dyshe (f) | [ðómə dýʃɛ] |
| reservar um quarto | rezervoj një dhomë | [rɛzɛrvój ɲə ðómə] |

| | | |
|---|---|---|
| meia pensão (f) | gjysmë-pension (m) | [ɟýsmə-pɛnsión] |
| pensão (f) completa | pension i plotë (m) | [pɛnsión i plótə] |

| | | |
|---|---|---|
| com banheira | me banjo | [mɛ báɲo] |
| com chuveiro | me dush | [mɛ dúʃ] |
| televisão (m) por satélite | televizor satelitor (m) | [tɛlɛvizór satɛlitór] |
| ar (m) condicionado | kondicioner (m) | [konditsionér] |
| toalha (f) | peshqir (m) | [pɛʃcír] |
| chave (f) | çelës (m) | [tʃéləs] |

| | | |
|---|---|---|
| administrador (m) | administrator (m) | [administratór] |
| camareira (f) | pastruese (f) | [pastrúɛsɛ] |
| bagageiro (m) | portier (m) | [portiér] |
| porteiro (m) | portier (m) | [portiér] |

| | | |
|---|---|---|
| restaurante (m) | restorant (m) | [rɛstoránt] |
| bar (m) | pab (m), pijetore (f) | [pab], [pijɛtórɛ] |
| café (m) da manhã | mëngjes (m) | [mənɟés] |
| jantar (m) | darkë (f) | [dárkə] |
| bufê (m) | bufe (f) | [bufé] |

| | | |
|---|---|---|
| saguão (m) | holl (m) | [hoɫ] |
| elevador (m) | ashensor (m) | [aʃɛnsór] |

| | | |
|---|---|---|
| NÃO PERTURBE | MOS SHQETËSONI | [mos ʃcɛtəsóni] |
| PROIBIDO FUMAR! | NDALOHET DUHANI | [ndalóhɛt duháni] |

## 132. Livros. Leitura

| | | |
|---|---|---|
| livro (m) | libër (m) | [líbər] |
| autor (m) | autor (m) | [autór] |
| escritor (m) | shkrimtar (m) | [ʃkrimtár] |
| escrever (~ um livro) | shkruaj | [ʃkrúaj] |

| | | |
|---|---|---|
| leitor (m) | lexues (m) | [lɛdzúɛs] |
| ler (vt) | lexoj | [lɛdzój] |
| leitura (f) | lexim (m) | [lɛdzím] |

| | | |
|---|---|---|
| para si | pa zë | [pa zə] |
| em voz alta | me zë | [mɛ zə] |

| | | |
|---|---|---|
| publicar (vt) | botoj | [botój] |
| publicação (f) | botim (m) | [botím] |
| editor (m) | botues (m) | [botúɛs] |
| editora (f) | shtëpi botuese (f) | [ʃtəpí botúɛsɛ] |
| sair (vi) | botohet | [botóhɛt] |

| lançamento (m) | botim (m) | [botím] |
| tiragem (f) | edicion (m) | [ɛditsión] |

| livraria (f) | librari (f) | [librarí] |
| biblioteca (f) | bibliotekë (f) | [bibliotékə] |

| novela (f) | novelë (f) | [novélə] |
| conto (m) | tregim i shkurtër (m) | [trɛgím i ʃkúrtər] |
| romance (m) | roman (m) | [román] |
| romance (m) policial | roman policesk (m) | [román politsésk] |

| memórias (f pl) | kujtime (pl) | [kujtímɛ] |
| lenda (f) | legjendë (f) | [lɛɟéndə] |
| mito (m) | mit (m) | [mit] |

| poesia (f) | poezi (f) | [poɛzí] |
| autobiografia (f) | autobiografi (f) | [autobiografí] |
| obras (f pl) escolhidas | vepra të zgjedhura (f) | [vépra tə zɟéðura] |
| ficção (f) científica | fanta-shkencë (f) | [fánta-ʃkéntsə] |

| título (m) | titull (m) | [títuɫ] |
| introdução (f) | hyrje (f) | [hýrjɛ] |
| folha (f) de rosto | faqe e titullit (f) | [fácɛ ɛ títuɫit] |

| capítulo (m) | kreu (m) | [kréu] |
| excerto (m) | ekstrakt (m) | [ɛkstrákt] |
| episódio (m) | episod (m) | [ɛpisód] |

| enredo (m) | fabul (f) | [fábul] |
| conteúdo (m) | përmbajtje (f) | [pərmbájtjɛ] |
| índice (m) | tabela e përmbajtjes (f) | [tabéla ɛ pərmbájtjɛs] |
| protagonista (m) | personazhi kryesor (m) | [pɛrsonáʒi kryɛsór] |

| volume (m) | vëllim (m) | [vəɫím] |
| capa (f) | kopertinë (f) | [kopɛrtínə] |
| encadernação (f) | libërlidhje (f) | [libərlíðjɛ] |
| marcador (m) de página | shënjim (m) | [ʃəním] |

| página (f) | faqe (f) | [fácɛ] |
| folhear (vt) | kaloj faqet | [kalój fácɛt] |
| margem (f) | margjinat (pl) | [marɟínat] |
| anotação (f) | shënim (m) | [ʃəním] |
| nota (f) de rodapé | fusnotë (f) | [fusnótə] |

| texto (m) | tekst (m) | [tɛkst] |
| fonte (f) | lloji i shkrimit (m) | [ɫóji i ʃkrímit] |
| falha (f) de impressão | gabim ortografik (m) | [gabím ortografík] |

| tradução (f) | përkthim (m) | [pərkθím] |
| traduzir (vt) | përkthej | [pərkθéj] |
| original (m) | origjinal (m) | [oriɟinál] |

| famoso (adj) | i famshëm | [i fámʃəm] |
| desconhecido (adj) | i panjohur | [i paɲóhur] |
| interessante (adj) | interesant | [intɛrɛsánt] |
| best-seller (m) | libër më i shitur (m) | [líbər mə i ʃítur] |

| | | |
|---|---|---|
| dicionário (m) | fjalor (m) | [fjalór] |
| livro (m) didático | tekst mësimor (m) | [tɛkst məsimór] |
| enciclopédia (f) | enciklopedi (f) | [ɛntsiklopɛdí] |

## 133. Caça. Pesca

| | | |
|---|---|---|
| caça (f) | gjueti (f) | [ɟuɛtí] |
| caçar (vi) | dal për gjah | [dál pər ɟáh] |
| caçador (m) | gjahtar (m) | [ɟahtár] |
| disparar, atirar (vi) | qëlloj | [cəɫój] |
| rifle (m) | pushkë (f) | [púʃkə] |
| cartucho (m) | fishek (m) | [fiʃék] |
| chumbo (m) de caça | plumb (m) | [plúmb] |
| armadilha (f) | grackë (f) | [grátskə] |
| armadilha (com corda) | kurth (m) | [kurθ] |
| cair na armadilha | bie në grackë | [bíɛ nə grátskə] |
| pôr a armadilha | ngre grackë | [ŋɾé grátskə] |
| caçador (m) furtivo | gjahtar i jashtëligjshëm (m) | [ɟahtár i jaʃtəlíɟʃəm] |
| caça (animais) | gjah (m) | [ɟáh] |
| cão (m) de caça | zagar (m) | [zagár] |
| safári (m) | safari (m) | [safári] |
| animal (m) empalhado | kafshë e balsamosur (f) | [káfʃə ɛ balsamósur] |
| pescador (m) | peshkatar (m) | [pɛʃkatár] |
| pesca (f) | peshkim (m) | [pɛʃkím] |
| pescar (vt) | peshkoj | [pɛʃkój] |
| vara (f) de pesca | kallam peshkimi (m) | [kaɫám pɛʃkími] |
| linha (f) de pesca | tojë peshkimi (f) | [tójə pɛʃkími] |
| anzol (m) | grep (m) | [grép] |
| boia (f), flutuador (m) | tapë (f) | [tápə] |
| isca (f) | karrem (m) | [karém] |
| lançar a linha | hedh grepin | [hɛð grépin] |
| morder (peixe) | bie në grep | [bíɛ nə grép] |
| pesca (f) | kapje peshku (f) | [kápjɛ péʃku] |
| buraco (m) no gelo | vrimë në akull (f) | [vrímə nə ákuɫ] |
| rede (f) | rrjetë peshkimi (f) | [rjétə pɛʃkími] |
| barco (m) | varkë (f) | [várkə] |
| pescar com rede | peshkoj me rrjeta | [pɛʃkój mɛ rjéta] |
| lançar a rede | hedh rrjetat | [hɛð rjétat] |
| puxar a rede | tërheq rrjetat | [tərhéc rjétat] |
| cair na rede | bie në rrjetë | [bíɛ nə rjétə] |
| baleeiro (m) | gjuetar balenash (m) | [ɟuɛtár balénaʃ] |
| baleeira (f) | balenagjuajtëse (f) | [balɛnaɟúajtəsɛ] |
| arpão (m) | fuzhnjë (f) | [fúʒɲə] |

## 134. Jogos. Bilhar

| | | |
|---|---|---|
| bilhar (m) | bilardo (f) | [bilárdo] |
| sala (f) de bilhar | sallë bilardosh (f) | [sátə bilárdoʃ] |
| bola (f) de bilhar | bile (f) | [bílɛ] |
| | | |
| embolsar uma bola | fus në vrimë | [fús nə vrímə] |
| taco (m) | stekë (f) | [stékə] |
| caçapa (f) | xhep (m), vrimë (f) | [dʒɛp], [vrímə] |

## 135. Jogos. Jogar cartas

| | | |
|---|---|---|
| ouros (m pl) | karo (f) | [káro] |
| espadas (f pl) | maç (m) | [matʃ] |
| copas (f pl) | kupë (f) | [kúpə] |
| paus (m pl) | spathi (m) | [spáθi] |
| | | |
| ás (m) | as (m) | [ás] |
| rei (m) | mbret (m) | [mbrét] |
| dama (f), rainha (f) | mbretëreshë (f) | [mbrɛtəréʃə] |
| valete (m) | fant (m) | [fant] |
| | | |
| carta (f) de jogar | letër (f) | [létər] |
| cartas (f pl) | letrat (pl) | [létrat] |
| trunfo (m) | letër e fortë (f) | [létər ɛ fórtə] |
| baralho (m) | set letrash (m) | [sɛt létraʃ] |
| | | |
| ponto (m) | pikë (f) | [píkə] |
| dar, distribuir (vt) | ndaj | [ndáj] |
| embaralhar (vt) | përziej | [pərzíɛj] |
| vez, jogada (f) | radha (f) | [ráða] |
| trapaceiro (m) | mashtrues (m) | [maʃtrúɛs] |

## 136. Descanso. Jogos. Diversos

| | | |
|---|---|---|
| passear (vi) | shëtitem | [ʃətítɛm] |
| passeio (m) | shëtitje (f) | [ʃətítjɛ] |
| viagem (f) de carro | xhiro me makinë (f) | [dʒíro mɛ makínə] |
| aventura (f) | aventurë (f) | [avɛntúrə] |
| piquenique (m) | piknik (m) | [pikník] |
| | | |
| jogo (m) | lojë (f) | [lójə] |
| jogador (m) | lojtar (m) | [lojtár] |
| partida (f) | një lojë (f) | [ɲə lójə] |
| | | |
| colecionador (m) | koleksionist (m) | [kolɛksioníst] |
| colecionar (vt) | koleksionoj | [kolɛksionój] |
| coleção (f) | koleksion (m) | [kolɛksión] |
| | | |
| palavras (f pl) cruzadas | fjalëkryq (m) | [fjaləkrýc] |
| hipódromo (m) | hipodrom (m) | [hipodróm] |

| | | |
|---|---|---|
| discoteca (f) | disko (f) | [dísko] |
| sauna (f) | sauna (f) | [saúna] |
| loteria (f) | lotari (f) | [lotarí] |

| | | |
|---|---|---|
| campismo (m) | kamping (m) | [kampíŋ] |
| acampamento (m) | kamp (m) | [kamp] |
| barraca (f) | çadër kampingu (f) | [tʃádər kampíŋu] |
| bússola (f) | kompas (m) | [kompás] |
| campista (m) | kampinist (m) | [kampiníst] |

| | | |
|---|---|---|
| ver (vt), assistir à ... | shikoj | [ʃikój] |
| telespectador (m) | teleshikues (m) | [tɛlɛʃikúɛs] |
| programa (m) de TV | program televiziv (m) | [prográm tɛlɛvizív] |

## 137. Fotografia

| | | |
|---|---|---|
| máquina (f) fotográfica | aparat fotografik (m) | [aparát fotografík] |
| foto, fotografia (f) | foto (f) | [fóto] |

| | | |
|---|---|---|
| fotógrafo (m) | fotograf (m) | [fotográf] |
| estúdio (m) fotográfico | studio fotografike (f) | [stúdio fotografíkɛ] |
| álbum (m) de fotografias | album fotografik (m) | [albúm fotografík] |

| | | |
|---|---|---|
| lente (f) fotográfica | objektiv (m) | [objɛktív] |
| lente (f) teleobjetiva | teleobjektiv (m) | [tɛlɛobjɛktív] |
| filtro (m) | filtër (m) | [fíltər] |
| lente (f) | lente (f) | [léntɛ] |

| | | |
|---|---|---|
| ótica (f) | optikë (f) | [optíkə] |
| abertura (f) | diafragma (f) | [diafrágma] |
| exposição (f) | koha e ekspozimit (f) | [kóha ɛ ɛkspozímit] |
| visor (m) | tregues i kuadrit (m) | [trɛgúɛs i kuádrit] |

| | | |
|---|---|---|
| câmera (f) digital | kamerë digjitale (f) | [kamérə diɟitálɛ] |
| tripé (m) | tripod (m) | [tripód] |
| flash (m) | blic (m) | [blits] |

| | | |
|---|---|---|
| fotografar (vt) | fotografoj | [fotografój] |
| tirar fotos | bëj foto | [bəj fóto] |
| fotografar-se (vr) | bëj fotografi | [bəj fotografí] |

| | | |
|---|---|---|
| foco (m) | fokus (m) | [fokús] |
| focar (vt) | fokusoj | [fokusój] |
| nítido (adj) | i qartë | [i cártə] |
| nitidez (f) | qartësi (f) | [cartəsí] |

| | | |
|---|---|---|
| contraste (m) | kontrast (m) | [kontrást] |
| contrastante (adj) | me kontrast | [mɛ kontrást] |

| | | |
|---|---|---|
| retrato (m) | foto (f) | [fóto] |
| negativo (m) | negativ (m) | [nɛgatív] |
| filme (m) | film negativash (m) | [fílm nɛgatívaʃ] |
| fotograma (m) | imazh (m) | [imáʒ] |
| imprimir (vt) | printoj | [printój] |

## 138. Praia. Natação

| praia (f) | plazh (m) | [plaʒ] |
| areia (f) | rërë (f) | [rérə] |
| deserto (adj) | plazh i shkretë | [plaʒ i ʃkrétə] |

| bronzeado (m) | nxirje nga dielli (f) | [ndzírjɛ ŋa díɛɫi] |
| bronzear-se (vr) | nxihem | [ndzíhɛm] |
| bronzeado (adj) | i nxirë | [i ndzírə] |
| protetor (m) solar | krem dielli (f) | [krɛm díɛɫi] |

| biquíni (m) | bikini (m) | [bikíni] |
| maiô (m) | rrobë banje (f) | [róbə báɲɛ] |
| calção (m) de banho | mbathje banjo (f) | [mbáθjɛ báɲo] |

| piscina (f) | pishinë (f) | [piʃínə] |
| nadar (vi) | notoj | [notój] |
| chuveiro (m), ducha (f) | dush (m) | [duʃ] |
| mudar, trocar (vt) | ndërroj | [ndərój] |
| toalha (f) | peshqir (m) | [pɛʃcír] |

| barco (m) | varkë (f) | [várkə] |
| lancha (f) | skaf (m) | [skaf] |
| esqui (m) aquático | ski ujor (m) | [ski ujór] |
| barco (m) de pedais | varkë me pedale (f) | [várkə mɛ pɛdálɛ] |
| surf, surfe (m) | surf (m) | [surf] |
| surfista (m) | surfist (m) | [surfíst] |

| equipamento (m) de mergulho | komplet për skuba (f) | [komplét pər skúba] |
| pé (m pl) de pato | këmbale noti (pl) | [kəmbálɛ nóti] |
| máscara (f) | maskë (f) | [máskə] |
| mergulhador (m) | zhytës (m) | [ʒýtəs] |
| mergulhar (vi) | zhytem | [ʒýtɛm] |
| debaixo d'água | nën ujë | [nən újə] |

| guarda-sol (m) | çadër plazhi (f) | [tʃádər pláʒi] |
| espreguiçadeira (f) | shezlong (m) | [ʃɛzlóŋ] |
| óculos (m pl) de sol | syze dielli (f) | [sýzɛ diéɫi] |
| colchão (m) de ar | dyshek me ajër (m) | [dyʃék mɛ ájər] |

| brincar (vi) | loz | [loz] |
| ir nadar | notoj | [notój] |

| bola (f) de praia | top plazhi (m) | [top pláʒi] |
| encher (vt) | fryj | [fryj] |
| inflável (adj) | që fryhet | [cə frýhɛt] |

| onda (f) | dallgë (f) | [dáɫgə] |
| boia (f) | tapë (f) | [tápə] |
| afogar-se (vr) | mbytem | [mbýtɛm] |

| salvar (vt) | shpëtoj | [ʃpətój] |
| colete (m) salva-vidas | jelek shpëtimi (m) | [jɛlék ʃpətími] |
| observar (vt) | vëzhgoj | [vəʒgój] |
| salva-vidas (pessoa) | rojë bregdetare (m) | [rójə brɛgdɛtárɛ] |

# EQUIPAMENTO TÉCNICO. TRANSPORTES

## Equipamento técnico. Transportes

### 139. Computador

| | | |
|---|---|---|
| computador (m) | kompjuter (m) | [kompjutér] |
| computador (m) portátil | laptop (m) | [laptóp] |
| | | |
| ligar (vt) | ndez | [ndɛz] |
| desligar (vt) | fik | [fik] |
| | | |
| teclado (m) | tastiera (f) | [tastiéra] |
| tecla (f) | çelës (m) | [tʃéləs] |
| mouse (m) | maus (m) | [máus] |
| tapete (m) para mouse | shtroje e mausit (f) | [ʃtrójɛ ɛ máusit] |
| | | |
| botão (m) | buton (m) | [butón] |
| cursor (m) | kursor (m) | [kursór] |
| | | |
| monitor (m) | monitor (m) | [monitór] |
| tela (f) | ekran (m) | [ɛkrán] |
| | | |
| disco (m) rígido | hard disk (m) | [hárd dísk] |
| capacidade (f) do disco rígido | kapaciteti i hard diskut (m) | [kapatsitéti i hárd dískut] |
| memória (f) | memorie (f) | [mɛmóriɛ] |
| memória RAM (f) | memorie operative (f) | [mɛmóriɛ opɛratívɛ] |
| | | |
| arquivo (m) | skedë (f) | [skédə] |
| pasta (f) | dosje (f) | [dósjɛ] |
| abrir (vt) | hap | [hap] |
| fechar (vt) | mbyll | [mbyɫ] |
| | | |
| salvar (vt) | ruaj | [rúaj] |
| deletar (vt) | fshij | [fʃíj] |
| copiar (vt) | kopjoj | [kopjój] |
| ordenar (vt) | sistemoj | [sistɛmój] |
| copiar (vt) | transferoj | [transfɛrój] |
| | | |
| programa (m) | program (m) | [prográm] |
| software (m) | softuer (f) | [softuér] |
| programador (m) | programues (m) | [programúɛs] |
| programar (vt) | programoj | [programój] |
| | | |
| hacker (m) | haker (m) | [hakér] |
| senha (f) | fjalëkalim (m) | [fjaləkalím] |
| vírus (m) | virus (m) | [virús] |
| detectar (vt) | zbuloj | [zbulój] |
| byte (m) | bajt (m) | [bájt] |

| megabyte (m) | megabajt (m) | [mɛgabájt] |
| dados (m pl) | të dhënat (pl) | [tə ðénat] |
| base (f) de dados | databazë (f) | [databázə] |

| cabo (m) | kabllo (f) | [kábło] |
| desconectar (vt) | shkëpus | [ʃkəpús] |
| conectar (vt) | lidh | [lið] |

## 140. Internet. E-mail

| internet (f) | internet (m) | [intɛrnét] |
| browser (m) | shfletues (m) | [ʃflɛtúɛs] |
| motor (m) de busca | makineri kërkimi (f) | [makinɛrí kərkími] |
| provedor (m) | ofrues (m) | [ofrúɛs] |

| webmaster (m) | uebmaster (m) | [uɛbmástɛr] |
| website (m) | ueb-faqe (f) | [uéb-fácɛ] |
| web page (f) | ueb-faqe (f) | [uéb-fácɛ] |

| endereço (m) | adresë (f) | [adrésə] |
| livro (m) de endereços | libërth adresash (m) | [líbərθ adrésaʃ] |

| caixa (f) de correio | kuti postare (f) | [kutí postárɛ] |
| correio (m) | postë (f) | [póstə] |
| cheia (caixa de correio) | i mbushur | [i mbúʃur] |

| mensagem (f) | mesazh (m) | [mɛsáʒ] |
| mensagens (f pl) recebidas | mesazhe të ardhura (pl) | [mɛsáʒɛ tə árðura] |
| mensagens (f pl) enviadas | mesazhe të dërguara (pl) | [mɛsáʒɛ tə dərgúara] |

| remetente (m) | dërguesi (m) | [dərgúɛsi] |
| enviar (vt) | dërgoj | [dərgój] |
| envio (m) | dërgesë (f) | [dərgésə] |

| destinatário (m) | pranues (m) | [pranúɛs] |
| receber (vt) | pranoj | [pranój] |

| correspondência (f) | korrespondencë (f) | [korɛspondéntsə] |
| corresponder-se (vr) | komunikim | [komunikím] |

| arquivo (m) | skedë (f) | [skédə] |
| fazer download, baixar (vt) | shkarkoj | [ʃkarkój] |
| criar (vt) | krijoj | [krijój] |
| deletar (vt) | fshij | [fʃíj] |
| deletado (adj) | e fshirë | [ɛ fʃírə] |

| conexão (f) | lidhje (f) | [líðjɛ] |
| velocidade (f) | shpejtësi (f) | [ʃpɛjtəsí] |
| modem (m) | modem (m) | [modém] |
| acesso (m) | hyrje (f) | [hýrjɛ] |
| porta (f) | port (m) | [port] |

| conexão (f) | lidhje (f) | [líðjɛ] |
| conectar (vi) | lidhem me ... | [líðɛm mɛ ...] |

127

| escolher (vt) | përzgjedh | [pərzʲéð] |
| buscar (vt) | kërkoj ... | [kərkój ...] |

# Transportes

## 141. Avião

| | | |
|---|---|---|
| avião (m) | avion (m) | [avión] |
| passagem (f) aérea | biletë avioni (f) | [biléte avióni] |
| companhia (f) aérea | kompani ajrore (f) | [kompaní ajrórɛ] |
| aeroporto (m) | aeroport (m) | [aɛropórt] |
| supersônico (adj) | supersonik | [supɛrsoník] |

| | | |
|---|---|---|
| comandante (m) do avião | kapiten (m) | [kapitén] |
| tripulação (f) | ekip (m) | [ɛkíp] |
| piloto (m) | pilot (m) | [pilót] |
| aeromoça (f) | stjuardesë (f) | [stjuardése] |
| copiloto (m) | navigues (m) | [navigúɛs] |

| | | |
|---|---|---|
| asas (f pl) | krahë (pl) | [kráhe] |
| cauda (f) | bisht (m) | [biʃt] |
| cabine (f) | kabinë (f) | [kabíne] |
| motor (m) | motor (m) | [motór] |
| trem (m) de pouso | karrel (m) | [karél] |
| turbina (f) | turbinë (f) | [turbíne] |

| | | |
|---|---|---|
| hélice (f) | helikë (f) | [hɛlíke] |
| caixa-preta (f) | kuti e zezë (f) | [kutí ɛ zéze] |
| coluna (f) de controle | timon (m) | [timón] |
| combustível (m) | karburant (m) | [karburánt] |

| | | |
|---|---|---|
| instruções (f pl) de segurança | udhëzime sigurie (pl) | [uðezímɛ siguríɛ] |
| máscara (f) de oxigênio | maskë oksigjeni (f) | [máske oksiɟéni] |
| uniforme (m) | uniformë (f) | [unifórme] |

| | | |
|---|---|---|
| colete (m) salva-vidas | jelek shpëtimi (m) | [jɛlék ʃpetími] |
| paraquedas (m) | parashutë (f) | [paraʃúte] |

| | | |
|---|---|---|
| decolagem (f) | ngritje (f) | [ŋrítjɛ] |
| descolar (vi) | fluturon | [fluturón] |
| pista (f) de decolagem | pista e fluturimlt (f) | [písta ɛ fluturímit] |

| | | |
|---|---|---|
| visibilidade (f) | shikueshmëri (f) | [ʃikuɛʃmerí] |
| voo (m) | fluturim (m) | [fluturím] |

| | | |
|---|---|---|
| altura (f) | lartësi (f) | [lartesí] |
| poço (m) de ar | xhep ajri (m) | [dʒɛp ájri] |

| | | |
|---|---|---|
| assento (m) | karrige (f) | [karígɛ] |
| fone (m) de ouvido | kufje (f) | [kúfjɛ] |
| mesa (f) retrátil | tabaka (f) | [tabaká] |
| janela (f) | dritare avioni (f) | [dritárɛ avióni] |
| corredor (m) | korridor (m) | [koridór] |

## 142. Comboio

| | | |
|---|---|---|
| trem (m) | tren (m) | [trɛn] |
| trem (m) elétrico | tren elektrik (m) | [trɛn ɛlɛktrík] |
| trem (m) | tren ekspres (m) | [trɛn ɛksprés] |
| locomotiva (f) diesel | lokomotivë me naftë (f) | [lokomótivə mɛ náftə] |
| locomotiva (f) a vapor | lokomotivë me avull (f) | [lokomótivə mɛ ávuɬ] |
| | | |
| vagão (f) de passageiros | vagon (m) | [vagón] |
| vagão-restaurante (m) | vagon restorant (m) | [vagón rɛstoránt] |
| | | |
| carris (m pl) | shina (pl) | [ʃína] |
| estrada (f) de ferro | hekurudhë (f) | [hɛkurúðə] |
| travessa (f) | traversë (f) | [travérsə] |
| | | |
| plataforma (f) | platformë (f) | [platfórmə] |
| linha (f) | binar (m) | [binár] |
| semáforo (m) | semafor (m) | [sɛmafór] |
| estação (f) | stacion (m) | [statsión] |
| | | |
| maquinista (m) | makinist (m) | [makiníst] |
| bagageiro (m) | portier (m) | [portiér] |
| hospedeiro, -a (m, f) | konduktor (m) | [konduktór] |
| passageiro (m) | pasagjer (m) | [pasaɟér] |
| revisor (m) | konduktor (m) | [konduktór] |
| | | |
| corredor (m) | korridor (m) | [koridór] |
| freio (m) de emergência | frena urgjence (f) | [fréna urɟéntsɛ] |
| | | |
| compartimento (m) | ndarje (f) | [ndárjɛ] |
| cama (f) | kat (m) | [kat] |
| cama (f) de cima | kati i sipërm (m) | [káti i sípərm] |
| cama (f) de baixo | kati i poshtëm (m) | [káti i póʃtəm] |
| roupa (f) de cama | shtroje shtrati (pl) | [ʃtrójɛ ʃtráti] |
| | | |
| passagem (f) | biletë (f) | [bilétə] |
| horário (m) | orar (m) | [orár] |
| painel (m) de informação | tabelë e informatave (f) | [tabélə ɛ informátavɛ] |
| | | |
| partir (vt) | niset | [nísɛt] |
| partida (f) | nisje (f) | [nísjɛ] |
| chegar (vi) | arrij | [aríj] |
| chegada (f) | arritje (f) | [arítjɛ] |
| | | |
| chegar de trem | arrij me tren | [aríj mɛ trɛn] |
| pegar o trem | hip në tren | [hip nə trén] |
| descer de trem | zbres nga treni | [zbrɛs ŋa tréni] |
| | | |
| acidente (m) ferroviário | aksident hekurudhor (m) | [aksidént hɛkuruðór] |
| descarrilar (vi) | del nga shinat | [dɛl ŋa ʃínat] |
| | | |
| locomotiva (f) a vapor | lokomotivë me avull (f) | [lokomótivə mɛ ávuɬ] |
| foguista (m) | mbikëqyrës i zjarrit (m) | [mbikəcýrəs i zjárit] |
| fornalha (f) | furrë (f) | [fúrə] |
| carvão (m) | qymyr (m) | [cymýr] |

## 143. Barco

| navio (m) | anije (f) | [aníjɛ] |
| embarcação (f) | mjet lundrues (m) | [mjét lundrúɛs] |

| barco (m) a vapor | anije me avull (f) | [aníjɛ mɛ ávuɫ] |
| barco (m) fluvial | anije lumi (f) | [aníjɛ lúmi] |
| transatlântico (m) | krocierë (f) | [krotsiérə] |
| cruzeiro (m) | anije luftarake (f) | [aníjɛ luftarákɛ] |

| iate (m) | jaht (m) | [jáht] |
| rebocador (m) | anije rimorkiuese (f) | [aníjɛ rimorkiúɛsɛ] |
| barcaça (f) | anije transportuese (f) | [aníjɛ transportúɛsɛ] |
| ferry (m) | traget (m) | [tragét] |

| veleiro (m) | anije me vela (f) | [aníjɛ mɛ véla] |
| bergantim (m) | brigantinë (f) | [brigantínə] |

| quebra-gelo (m) | akullthyese (f) | [akuɫθýɛsɛ] |
| submarino (m) | nëndetëse (f) | [nəndétəsɛ] |

| bote, barco (m) | barkë (f) | [bárkə] |
| baleeira (bote salva-vidas) | gomone (f) | [gomónɛ] |
| bote (m) salva-vidas | varkë shpëtimi (f) | [várkə ʃpətími] |
| lancha (f) | skaf (m) | [skaf] |

| capitão (m) | kapiten (m) | [kapitén] |
| marinheiro (m) | marinar (m) | [marinár] |
| marujo (m) | marinar (m) | [marinár] |
| tripulação (f) | ekip (m) | [ɛkíp] |

| contramestre (m) | kryemarinar (m) | [kryɛmarinár] |
| grumete (m) | djali i anijes (m) | [djáli i aníjɛs] |
| cozinheiro (m) de bordo | kuzhinier (m) | [kuʒiniér] |
| médico (m) de bordo | doktori i anijes (m) | [doktóri i aníjɛs] |

| convés (m) | kuverta (f) | [kuvérta] |
| mastro (m) | direk (m) | [dirék] |
| vela (f) | vela (f) | [véla] |

| porão (m) | bagazh (m) | [bagáʒ] |
| proa (f) | harku sipëror (m) | [háɾku sɪpərór] |
| popa (f) | pjesa e pasme (f) | [pjésa ɛ pásmɛ] |
| remo (m) | rrem (m) | [rɛm] |
| hélice (f) | helikë (f) | [hɛlíkə] |

| cabine (m) | kabinë (f) | [kabínə] |
| sala (f) dos oficiais | zyrë e oficerëve (m) | [zýrə ɛ ofitsérəvɛ] |
| sala (f) das máquinas | salla e motorit (m) | [sáɫa ɛ motórit] |
| ponte (m) de comando | urë komanduese (f) | [úrə komandúɛsɛ] |
| sala (f) de comunicações | kabina radiotelegrafike (f) | [kabína radiotɛlɛgrafíkɛ] |
| onda (f) | valë (f) | [válə] |
| diário (m) de bordo | libri i shënimeve (m) | [líbri i ʃənímɛvɛ] |
| luneta (f) | dylbi (f) | [dylbí] |
| sino (m) | këmbanë (f) | [kəmbánə] |

| | | |
|---|---|---|
| bandeira (f) | flamur (m) | [flamúr] |
| cabo (m) | pallamar (m) | [pałamár] |
| nó (m) | nyjë (f) | [nýjə] |

| | | |
|---|---|---|
| corrimão (m) | parmakë (pl) | [parmákə] |
| prancha (f) de embarque | shkallë (f) | [ʃkáłə] |

| | | |
|---|---|---|
| âncora (f) | spirancë (f) | [spirántsə] |
| recolher a âncora | ngre spirancën | [ŋré spirántsən] |
| jogar a âncora | hedh spirancën | [hɛð spirántsən] |
| amarra (corrente de âncora) | zinxhir i spirancës (m) | [zindʒír i spirántsəs] |

| | | |
|---|---|---|
| porto (m) | port (m) | [port] |
| cais, amarradouro (m) | skelë (f) | [skéłə] |
| atracar (vi) | ankoroj | [ankorój] |
| desatracar (vi) | niset | [nísɛt] |

| | | |
|---|---|---|
| viagem (f) | udhëtim (m) | [uðətím] |
| cruzeiro (m) | udhëtim me krocierë (f) | [uðətím mɛ krotsiérə] |
| rumo (m) | kursi i udhëtimit (m) | [kúrsi i uðətímit] |
| itinerário (m) | itinerar (m) | [itinɛrár] |

| | | |
|---|---|---|
| canal (m) de navegação | ujëra të lundrueshme (f) | [újəra tə lundrúɛʃmɛ] |
| banco (m) de areia | cekëtinë (f) | [tsɛkətínə] |
| encalhar (vt) | bllokohet në rërë | [błokóhɛt nə rərə] |

| | | |
|---|---|---|
| tempestade (f) | stuhi (f) | [stuhí] |
| sinal (m) | sinjal (m) | [siɲál] |
| afundar-se (vr) | fundoset | [fundósɛt] |
| Homem ao mar! | Njeri në det! | [ɲɛrí nə dɛt!] |
| SOS | SOS (m) | [sos] |
| boia (f) salva-vidas | bovë shpëtuese (f) | [bóvə ʃpətúɛsɛ] |

## 144. Aeroporto

| | | |
|---|---|---|
| aeroporto (m) | aeroport (m) | [aɛropórt] |
| avião (m) | avion (m) | [avión] |
| companhia (f) aérea | kompani ajrore (f) | [kompaní ajrórɛ] |
| controlador (m) de tráfego aéreo | kontroll i trafikut ajror (m) | [kontrół i trafíkut ajrór] |

| | | |
|---|---|---|
| partida (f) | nisje (f) | [nísjɛ] |
| chegada (f) | arritje (f) | [arítjɛ] |
| chegar (vi) | arrij me avion | [aríj mɛ avión] |

| | | |
|---|---|---|
| hora (f) de partida | nisja (f) | [nísja] |
| hora (f) de chegada | arritja (f) | [arítja] |

| | | |
|---|---|---|
| estar atrasado | vonesë | [vonésə] |
| atraso (m) de voo | vonesë avioni (f) | [vonésə avióni] |

| | | |
|---|---|---|
| painel (m) de informação | ekrani i informacioneve (m) | [ɛkráni i informatsiónɛvɛ] |
| informação (f) | informacion (m) | [informatsión] |
| anunciar (vt) | njoftoj | [ɲoftój] |

| voo (m) | fluturim (m) | [fluturím] |
| alfândega (f) | doganë (f) | [dogánə] |
| funcionário (m) da alfândega | doganier (m) | [doganiér] |

| declaração (f) alfandegária | deklarim doganor (m) | [dɛklarím doganór] |
| preencher (vt) | plotësoj | [plotəsój] |
| preencher a declaração | plotësoj deklaratën | [plotəsój dɛklarátən] |
| controle (m) de passaporte | kontroll pasaportash (m) | [kontrół pasapórtaʃ] |

| bagagem (f) | bagazh (m) | [bagáʒ] |
| bagagem (f) de mão | bagazh dore (m) | [bagáʒ dórɛ] |
| carrinho (m) | karrocë bagazhesh (f) | [karótsə bagáʒɛʃ] |

| pouso (m) | aterrim (m) | [atɛrím] |
| pista (f) de pouso | pistë aterrimi (f) | [pístə atɛrími] |
| aterrissar (vi) | aterroj | [atɛrój] |
| escada (f) de avião | shkallë avioni (f) | [ʃkáłə avióni] |

| check-in (m) | regjistrim (m) | [rɛɟistrím] |
| balcão (m) do check-in | sportel regjistrimi (m) | [sportél rɛɟistrími] |
| fazer o check-in | regjistrohem | [rɛɟistróhɛm] |
| cartão (m) de embarque | biletë e hyrjes (f) | [bilétə ɛ hýrjɛs] |
| portão (m) de embarque | porta e nisjes (f) | [pórta ɛ nísjɛs] |

| trânsito (m) | transit (m) | [transít] |
| esperar (vi, vt) | pres | [prɛs] |
| sala (f) de espera | salla e nisjes (f) | [sáła ɛ nísjɛs] |
| despedir-se (acompanhar) | përcjell | [pərtsjéł] |
| despedir-se (dizer adeus) | përshëndetem | [pərʃəndétɛm] |

## 145. Bicicleta. Motocicleta

| bicicleta (f) | biçikletë (f) | [bitʃiklétə] |
| lambreta (f) | skuter (m) | [skutér] |
| moto (f) | motoçikletë (f) | [mototʃiklétə] |

| ir de bicicleta | shkoj me biçikletë | [ʃkoj mɛ bitʃiklétə] |
| guidão (m) | timon (m) | [timón] |
| pedal (m) | pedale (f) | [pɛdálɛ] |
| freios (m pl) | frenat (pl) | [frénat] |
| banco, selim (m) | shalë (f) | [ʃálə] |

| bomba (f) | pompë (f) | [pómpə] |
| bagageiro (m) de teto | mbajtëse (f) | [mbájtəsɛ] |
| lanterna (f) | drita e përparme (f) | [dríta ɛ pərpármɛ] |
| capacete (m) | helmetë (f) | [hɛlmétə] |

| roda (f) | rrotë (f) | [rótə] |
| para-choque (m) | parafango (f) | [parafáɲo] |
| aro (m) | rreth i jashtëm i rrotës (m) | [rɛθ i jáʃtəm i rótəs] |
| raio (m) | telat e diskut (m) | [télat ɛ dískut] |

# Carros

## 146. Tipos de carros

| | | |
|---|---|---|
| carro, automóvel (m) | makinë (f) | [makínə] |
| carro (m) esportivo | makinë sportive (f) | [makínə sportívɛ] |
| | | |
| limusine (f) | limuzinë (f) | [limuzínə] |
| todo o terreno (m) | fuoristradë (f) | [fuoristrádə] |
| conversível (m) | kabriolet (m) | [kabriolét] |
| minibus (m) | furgon (m) | [furgón] |
| | | |
| ambulância (f) | ambulancë (f) | [ambulántsə] |
| limpa-neve (m) | borëpastruese (f) | [borəpastrúɛsɛ] |
| | | |
| caminhão (m) | kamion (m) | [kamión] |
| caminhão-tanque (m) | autocisternë (f) | [autotsistérnə] |
| perua, van (f) | furgon mallrash (m) | [furgón máɫraʃ] |
| caminhão-trator (m) | kamionçinë (f) | [kamiontʃínə] |
| reboque (m) | rimorkio (f) | [rimórkio] |
| | | |
| confortável (adj) | i rehatshëm | [i rɛhátʃəm] |
| usado (adj) | i përdorur | [i pərdórur] |

## 147. Carros. Carroçaria

| | | |
|---|---|---|
| capô (m) | kofano (f) | [kófano] |
| para-choque (m) | parafango (f) | [parafáŋo] |
| teto (m) | çati (f) | [tʃatí] |
| | | |
| para-brisa (m) | xham i përparmë (m) | [dʒam i pərpármə] |
| retrovisor (m) | pasqyrë për prapa (f) | [pascýrə pər prápa] |
| esguicho (m) | larëse xhami (f) | [lárəsɛ dʒámi] |
| limpadores (m) de para-brisas | fshirëse xhami (f) | [fʃírəsɛ dʒámi] |
| | | |
| vidro (m) lateral | xham anësor (m) | [dʒam anəsór] |
| elevador (m) do vidro | levë xhami (f) | [lévə dʒámi] |
| antena (f) | antenë (f) | [anténə] |
| teto (m) solar | çati diellore (f) | [tʃatí diɛɫórɛ] |
| | | |
| para-choque (m) | parakolp (m) | [parakólp] |
| porta-malas (f) | bagazh (m) | [bagáʒ] |
| bagageira (f) | bagazh mbi çati (m) | [bagáʒ mbi tʃatí] |
| porta (f) | derë (f) | [dérə] |
| maçaneta (f) | doreza e derës (m) | [doréza ɛ dérəs] |
| fechadura (f) | kyç (m) | [kytʃ] |
| placa (f) | targë makine (f) | [tárgə makínɛ] |
| silenciador (m) | silenciator (m) | [silɛntsiatór] |

| | | |
|---|---|---|
| tanque (m) de gasolina | serbator (m) | [sɛrbatór] |
| tubo (m) de exaustão | tub shkarkimi (m) | [tub ʃkarkími] |

| | | |
|---|---|---|
| acelerador (m) | gaz (m) | [gaz] |
| pedal (m) | këmbëz (f) | [kémbəz] |
| pedal (m) do acelerador | pedal i gazit (m) | [pɛdál i gázit] |

| | | |
|---|---|---|
| freio (m) | freni (m) | [fréni] |
| pedal (m) do freio | pedal i frenave (m) | [pɛdál i frénavɛ] |
| frear (vt) | frenoj | [frɛnój] |
| freio (m) de mão | freni i dorës (m) | [fréni i dórəs] |

| | | |
|---|---|---|
| embreagem (f) | friksion (m) | [friksión] |
| pedal (m) da embreagem | pedal i friksionit (m) | [pɛdál i friksiónit] |
| disco (m) de embreagem | disk i friksionit (m) | [dísk i friksiónit] |
| amortecedor (m) | amortizator (m) | [amortizatór] |

| | | |
|---|---|---|
| roda (f) | rrotë (f) | [rótə] |
| pneu (m) estepe | gomë rezervë (f) | [gómə rɛzérvə] |
| pneu (m) | gomë (f) | [gómə] |
| calota (f) | mbulesë gome (f) | [mbulésə gómɛ] |

| | | |
|---|---|---|
| rodas (f pl) motrizes | rrota makine (f) | [róta makínɛ] |
| de tração dianteira | me rrotat e përparme | [mɛ rotat ɛ pərpármɛ] |
| de tração traseira | me rrotat e pasme | [mɛ rótat ɛ pásmɛ] |
| de tração às 4 rodas | me të gjitha rrotat | [mɛ tə ɟíθa rótat] |

| | | |
|---|---|---|
| caixa (f) de mudanças | kutia e marsheve (f) | [kutía ɛ márʃɛvɛ] |
| automático (adj) | automatik | [automatík] |
| mecânico (adj) | mekanik | [mɛkaník] |
| alavanca (f) de câmbio | levë e marshit (f) | [lévə ɛ márʃit] |

| | | |
|---|---|---|
| farol (m) | dritë e përparme (f) | [drítə ɛ pərpármɛ] |
| faróis (m pl) | dritat e përparme (pl) | [drítat ɛ pərpármɛ] |

| | | |
|---|---|---|
| farol (m) baixo | dritat e shkurtra (pl) | [drítat ɛ ʃkúrtra] |
| farol (m) alto | dritat e gjata (pl) | [drítat ɛ ɟáta] |
| luzes (f pl) de parada | dritat e frenave (pl) | [drítat ɛ frénavɛ] |

| | | |
|---|---|---|
| luzes (f pl) de posição | dritat për parkim (pl) | [drítat pər parkím] |
| luzes (f pl) de emergência | sinjal për urgjencë (m) | [siɲál pər urɟéntsə] |
| faróis (m pl) de neblina | drita mjegulle (pl) | [dríta mjéguɫɛ] |
| pisca-pisca (m) | sinjali i kthesës (m) | [siɲáli i kθésəs] |
| luz (f) de marcha ré | dritat e prapme (pl) | [drítat ɛ prápmɛ] |

## 148. Carros. Habitáculo

| | | |
|---|---|---|
| interior (do carro) | interier (m) | [intɛriér] |
| de couro | prej lëkure | [prɛj ləkúrɛ] |
| de veludo | kadife | [kadífɛ] |
| estofamento (m) | veshje (f) | [véʃɛ] |

| | | |
|---|---|---|
| indicador (m) | instrument (m) | [instrumént] |
| painel (m) | panel instrumentesh (m) | [panél instruméntɛʃ] |

| velocímetro (m) | matës i shpejtësisë (m) | [mátəs i ʃpɛjtəsísə] |
| ponteiro (m) | shigjetë (f) | [ʃi̯étə] |

| hodômetro, odômetro (m) | kilometrazh (m) | [kilomɛtráʒ] |
| indicador (m) | indikator (m) | [indikatór] |
| nível (m) | nivel (m) | [nivél] |
| luz (f) de aviso | dritë paralajmëruese (f) | [drítə paralajmərúɛsɛ] |

| volante (m) | timon (m) | [timón] |
| buzina (f) | bori (f) | [borí] |
| botão (m) | buton (m) | [bután] |
| interruptor (m) | çelës drite (m) | [tʃéləs drítɛ] |

| assento (m) | karrige (f) | [karígɛ] |
| costas (f pl) do assento | shpinore (f) | [ʃpinórɛ] |
| cabeceira (f) | mbështetësja e kokës (m) | [mbəʃtétəsja ɛ kókəs] |
| cinto (m) de segurança | rrip i sigurimit (m) | [rip i sigurímit] |
| apertar o cinto | lidh rripin e sigurimit | [lið rípin ɛ sigurímit] |
| ajuste (m) | rregulloj (m) | [rɛguɫój] |

| airbag (m) | jastëk ajri (m) | [jastək ájri] |
| ar (m) condicionado | kondicioner (m) | [konditsionér] |

| rádio (m) | radio (f) | [rádio] |
| leitor (m) de CD | disk CD (m) | [dísk tsɛdé] |
| ligar (vt) | ndez | [ndɛz] |
| antena (f) | antenë (f) | [anténə] |
| porta-luvas (m) | kroskot (m) | [kroskót] |
| cinzeiro (m) | taketuke (f) | [takɛtúkɛ] |

## 149. Carros. Motor

| motor (m) | motor (m) | [motór] |
| a diesel | me naftë | [mɛ náftə] |
| a gasolina | me benzinë | [mɛ bɛnzínə] |

| cilindrada (f) | vëllim i motorit (m) | [vəɫím i motórit] |
| potência (f) | fuqi (f) | [fucí] |
| cavalo (m) de potência | kuaj-fuqi (f) | [kúaj-fucí] |
| pistão (m) | piston (m) | [pistón] |
| cilindro (m) | cilindër (m) | [tsilíndər] |
| válvula (f) | valvulë (f) | [valvúlə] |

| injetor (m) | injektor (m) | [iɲɛktór] |
| gerador (m) | gjenerator (m) | [ɟɛnɛratór] |
| carburador (m) | karburator (m) | [karburatór] |
| óleo (m) de motor | vaj i motorit (m) | [vaj i motórit] |

| radiador (m) | radiator (m) | [radiatór] |
| líquido (m) de arrefecimento | antifriz (m) | [antifríz] |
| ventilador (m) | ventilator (m) | [vɛntilatór] |

| bateria (f) | bateri (f) | [batɛrí] |
| dispositivo (m) de arranque | motorino (f) | [motoríno] |

| | | |
|---|---|---|
| ignição (f) | kuadër ndezës (m) | [kuádər ndézəs] |
| vela (f) de ignição | kandelë (f) | [kandélə] |
| terminal (m) | morseta e baterisë (f) | [morséta ɛ batɛrísə] |
| terminal (m) positivo | kahu pozitiv (m) | [káhu pózitiv] |
| terminal (m) negativo | kahu negativ (m) | [káhu négativ] |
| fusível (m) | siguresë (f) | [sigurésə] |
| filtro (m) de ar | filtri i ajrit (m) | [fíltri i ájrit] |
| filtro (m) de óleo | filtri i vajit (m) | [fíltri i vájit] |
| filtro (m) de combustível | filtri i karburantit (m) | [fíltri i karburántit] |

## 150. Carros. Batidas. Reparação

| | | |
|---|---|---|
| acidente (m) de carro | aksident (m) | [aksidént] |
| acidente (m) rodoviário | aksident rrugor (m) | [aksidént rúgor] |
| bater (~ num muro) | përplasem në mur | [pərplásɛm nə mur] |
| sofrer um acidente | aksident i rëndë | [aksidént i rəndə] |
| dano (m) | dëm (m) | [dəm] |
| intato | pa dëmtime | [pa dəmtímɛ] |
| pane (f) | avari (f) | [avarí] |
| avariar (vi) | prishet | [príʃɛt] |
| cabo (m) de reboque | kabllo rimorkimi (f) | [kábɫo rimorkími] |
| furo (m) | shpim (m) | [ʃpim] |
| estar furado | shpohet | [ʃpóhɛt] |
| encher (vt) | fryj | [fryj] |
| pressão (f) | presion (m) | [prɛsión] |
| verificar (vt) | kontrolloj | [kontroɫój] |
| reparo (m) | riparim (m) | [riparím] |
| oficina (f) automotiva | auto servis (m) | [áuto sɛrvís] |
| peça (f) de reposição | pjesë këmbimi (f) | [pjésə kəmbími] |
| peça (f) | pjesë (f) | [pjésə] |
| parafuso (com porca) | bulona (f) | [bulóna] |
| parafuso (m) | vida (f) | [vída] |
| porca (f) | dado (f) | [dádo] |
| arruela (f) | rondelë (f) | [rondélə] |
| rolamento (m) | kushineta (f) | [kuʃinéta] |
| tubo (m) | tub (m) | [tub] |
| junta, gaxeta (f) | rondelë (f) | [rondélə] |
| fio, cabo (m) | kabllo (f) | [kábɫo] |
| macaco (m) | krik (m) | [krik] |
| chave (f) de boca | çelës (m) | [tʃéləs] |
| martelo (m) | çekiç (m) | [tʃɛkítʃ] |
| bomba (f) | pompë (f) | [pómpə] |
| chave (f) de fenda | kaçavidë (f) | [katʃavídə] |
| extintor (m) | bombolë kundër zjarrit (f) | [bombólə kúndər zjárit] |
| triângulo (m) de emergência | trekëndësh paralajmërues (m) | [trékəndəʃ paralajmərúɛs] |

137

| morrer (motor) | fiket | [fíkɛt] |
| paragem, "morte" (f) | fikje (f) | [fíkjɛ] |
| estar quebrado | prishet | [príʃet] |

| superaquecer-se (vr) | nxehet | [ndzéhɛt] |
| entupir-se (vr) | bllokohet | [błokóhɛt] |
| congelar-se (vr) | ngrihet | [ŋríhɛt] |
| rebentar (vi) | plas tubi | [plas túbi] |

| pressão (f) | presion (m) | [prɛsión] |
| nível (m) | nivel (m) | [nivél] |
| frouxo (adj) | i lirshëm | [i lírʃəm] |

| batida (f) | shtypje (f) | [ʃtýpjɛ] |
| ruído (m) | zhurmë motori (f) | [ʒúrmə motóri] |
| fissura (f) | çarje (f) | [tʃárjɛ] |
| arranhão (m) | gërvishtje (f) | [gərvíʃtjɛ] |

## 151. Carros. Estrada

| estrada (f) | rrugë (f) | [rúgə] |
| autoestrada (f) | autostradë (f) | [autostrádə] |
| rodovia (f) | autostradë (f) | [autostrádə] |
| direção (f) | drejtim (m) | [drɛjtím] |
| distância (f) | largësi (f) | [largəsí] |

| ponte (f) | urë (f) | [úrə] |
| parque (m) de estacionamento | parking (m) | [parkíŋ] |
| praça (f) | shesh (m) | [ʃɛʃ] |
| nó (m) rodoviário | kryqëzim rrugësh (m) | [krycəzím rúgəʃ] |
| túnel (m) | tunel (m) | [tunél] |

| posto (m) de gasolina | pikë karburanti (f) | [píkə karburánti] |
| parque (m) de estacionamento | parking (m) | [parkíŋ] |
| bomba (f) de gasolina | pompë karburanti (f) | [pómpə karburánti] |
| oficina (f) automotiva | auto servis (m) | [áuto sɛrvís] |
| abastecer (vt) | furnizohem me gaz | [furnizóhɛm mɛ gáz] |
| combustível (m) | karburant (m) | [karburánt] |
| galão (m) de gasolina | bidon (m) | [bidón] |

| asfalto (m) | asfalt (m) | [asfált] |
| marcação (f) de estradas | vijëzime të rrugës (pl) | [vijəzíme tə rúgəs] |
| meio-fio (m) | bordurë (f) | [bordúrə] |
| guard-rail (m) | parmakë të sigurisë (pl) | [parmáke tə sigurísə] |
| valeta (f) | kanal (m) | [kanál] |
| acostamento (m) | shpatull rrugore (f) | [ʃpátuł rugórɛ] |
| poste (m) de luz | shtyllë dritash (f) | [ʃtýłə drítaʃ] |

| dirigir (vt) | ngas | [ŋas] |
| virar (~ para a direita) | kthej | [kθɛj] |
| dar retorno | marr kthesë U | [mar kθésə u] |
| ré (f) | marsh prapa (m) | [marʃ prápa] |
| buzinar (vi) | i bie borisë | [i bíɛ borísə] |
| buzina (f) | tyt (m) | [tyt] |

| | | |
|---|---|---|
| atolar-se (vr) | **ngec në baltë** | [ŋɛts nə báltə] |
| patinar (na lama) | **xhiroj gomat** | [dʒirój gómat] |
| desligar (vt) | **fik** | [fik] |
| | | |
| velocidade (f) | **shpejtësi** (f) | [ʃpɛjtəsí] |
| exceder a velocidade | **kaloj minimumin e shpejtësisë** | [kalój minimúmin ɛ ʃpɛjtəsísə] |
| multar (vt) | **vë gjobë** | [və ɟóbə] |
| semáforo (m) | **semafor** (m) | [sɛmafór] |
| carteira (f) de motorista | **patentë shoferi** (f) | [paténtə ʃoféri] |
| | | |
| passagem (f) de nível | **kalim hekurudhor** (m) | [kalím hɛkuruðór] |
| cruzamento (m) | **kryqëzim** (m) | [krycəzím] |
| faixa (f) | **kalim për këmbësorë** (m) | [kalím pər kəmbəsórə] |
| curva (f) | **kthesë** (f) | [kθésə] |
| zona (f) de pedestres | **zonë këmbësorësh** (f) | [zónə kəmbəsórəʃ] |

# PESSOAS. EVENTOS

## Eventos

### 152. Férias. Evento

| | | |
|---|---|---|
| festa (f) | festë (f) | [féstə] |
| feriado (m) nacional | festë kombëtare (f) | [féstə kombətárɛ] |
| feriado (m) | festë publike (f) | [féstə publíkɛ] |
| festejar (vt) | festoj | [fɛstój] |
| | | |
| evento (festa, etc.) | ceremoni (f) | [tsɛrɛmoní] |
| evento (banquete, etc.) | eveniment (m) | [ɛvɛnimént] |
| banquete (m) | banket (m) | [bankét] |
| recepção (f) | pritje (f) | [prítjɛ] |
| festim (m) | aheng (m) | [ahéŋ] |
| | | |
| aniversário (m) | përvjetor (m) | [pərvjɛtór] |
| jubileu (m) | jubile (m) | [jubilé] |
| celebrar (vt) | festoj | [fɛstój] |
| | | |
| Ano (m) Novo | Viti i Ri (m) | [víti i rí] |
| Feliz Ano Novo! | Gëzuar Vitin e Ri! | [gəzúar vítin ɛ rí!] |
| Papai Noel (m) | Santa Klaus (m) | [sánta kláus] |
| | | |
| Natal (m) | Krishtlindje (f) | [kriʃtlíndjɛ] |
| Feliz Natal! | Gëzuar Krishtlindjen! | [gəzúar kriʃtlíndjɛn!] |
| árvore (f) de Natal | péma e Krishtlindjes (f) | [péma ɛ kriʃtlíndjɛs] |
| fogos (m pl) de artifício | fishekzjarrë (m) | [fiʃɛkzjárə] |
| | | |
| casamento (m) | dasmë (f) | [dásmə] |
| noivo (m) | dhëndër (m) | [ðéndər] |
| noiva (f) | nuse (f) | [núsɛ] |
| | | |
| convidar (vt) | ftoj | [ftoj] |
| convite (m) | ftesë (f) | [ftésə] |
| | | |
| convidado (m) | mysafir (m) | [mysafír] |
| visitar (vt) | vizitoj | [vizitój] |
| receber os convidados | takoj të ftuarit | [takój tə ftúarit] |
| | | |
| presente (m) | dhuratë (f) | [ðurátə] |
| oferecer, dar (vt) | dhuroj | [ðurój] |
| receber presentes | marr dhurata | [mar ðuráta] |
| buquê (m) de flores | buqetë (f) | [bucétə] |
| | | |
| felicitações (f pl) | urime (f) | [urímɛ] |
| felicitar (vt) | përgëzoj | [pərgəzój] |
| cartão (m) de parabéns | kartolinë (f) | [kartolínə] |

| enviar um cartão postal | dërgoj kartolinë | [dərgój kartolínə] |
|---|---|---|
| receber um cartão postal | marr kartolinë | [mar kartolínə] |

| brinde (m) | dolli (f) | [doɫí] |
| oferecer (vt) | qeras | [cɛrás] |
| champanhe (m) | shampanjë (f) | [ʃampáɲə] |

| divertir-se (vr) | kënaqem | [kənácɛm] |
| diversão (f) | gëzim (m) | [gəzím] |
| alegria (f) | gëzim (m) | [gəzím] |

| dança (f) | vallëzim (m) | [vaɫəzím] |
| dançar (vi) | vallëzoj | [vaɫəzój] |

| valsa (f) | vals (m) | [vals] |
| tango (m) | tango (f) | [táŋo] |

## 153. Funerais. Enterro

| cemitério (m) | varreza (f) | [varéza] |
|---|---|---|
| sepultura (f), túmulo (m) | varr (m) | [var] |
| cruz (f) | kryq (m) | [kryc] |
| lápide (f) | gur varri (m) | [gur vári] |
| cerca (f) | gardh (m) | [garð] |
| capela (f) | kishëz (m) | [kíʃəz] |

| morte (f) | vdekje (f) | [vdékjɛ] |
| morrer (vi) | vdes | [vdɛs] |
| defunto (m) | i vdekuri (m) | [i vdékuri] |
| luto (m) | zi (f) | [zi] |

| enterrar, sepultar (vt) | varros | [varós] |
| funerária (f) | agjenci funeralesh (f) | [aɟɛntsí funɛrálɛʃ] |
| funeral (m) | funeral (m) | [funɛrál] |

| coroa (f) de flores | kurorë (f) | [kurórə] |
| caixão (m) | arkivol (m) | [arkivól] |
| carro (m) funerário | makinë funebre (f) | [makínə funébrɛ] |
| mortalha (f) | qefin (m) | [cɛfín] |

| procissão (f) funerária | kortezh (m) | [kortéʒ] |
| urna (f) funerária | urnë (f) | [úrnə] |
| crematório (m) | kremator (m) | [krɛmatór] |

| obituário (m), necrologia (f) | përkujtim (m) | [pərkujtím] |
| chorar (vi) | qaj | [caj] |
| soluçar (vi) | qaj me dënesë | [caj mɛ dənésə] |

## 154. Guerra. Soldados

| pelotão (m) | togë (f) | [tógə] |
| companhia (f) | kompani (f) | [kompaní] |

141

| | | |
|---|---|---|
| regimento (m) | regjiment (m) | [rɛɟimént] |
| exército (m) | ushtri (f) | [uʃtrí] |
| divisão (f) | divizion (m) | [divizión] |

| | | |
|---|---|---|
| esquadrão (m) | skuadër (f) | [skuádər] |
| hoste (f) | armatë (f) | [armátə] |

| | | |
|---|---|---|
| soldado (m) | ushtar (m) | [uʃtár] |
| oficial (m) | oficer (m) | [ofitsér] |

| | | |
|---|---|---|
| soldado (m) raso | ushtar (m) | [uʃtár] |
| sargento (m) | rreshter (m) | [rɛʃtér] |
| tenente (m) | toger (m) | [togér] |
| capitão (m) | kapiten (m) | [kapitén] |
| major (m) | major (m) | [majór] |
| coronel (m) | kolonel (m) | [kolonél] |
| general (m) | gjeneral (m) | [ɟɛnɛrál] |

| | | |
|---|---|---|
| marujo (m) | marinar (m) | [marinár] |
| capitão (m) | kapiten (m) | [kapitén] |
| contramestre (m) | kryemarinar (m) | [kryɛmarinár] |

| | | |
|---|---|---|
| artilheiro (m) | artiljer (m) | [artiljér] |
| soldado (m) paraquedista | parashutist (m) | [paraʃutíst] |
| piloto (m) | pilot (m) | [pilót] |
| navegador (m) | navigues (m) | [navigúɛs] |
| mecânico (m) | mekanik (m) | [mɛkaník] |

| | | |
|---|---|---|
| sapador-mineiro (m) | xhenier (m) | [dʒɛniér] |
| paraquedista (m) | parashutist (m) | [paraʃutíst] |
| explorador (m) | agjent zbulimi (m) | [aɟént zbulími] |
| atirador (m) de tocaia | snajper (m) | [snajpér] |

| | | |
|---|---|---|
| patrulha (f) | patrullë (f) | [patrúɫə] |
| patrulhar (vt) | patrulloj | [patruɫój] |
| sentinela (f) | rojë (f) | [rójə] |

| | | |
|---|---|---|
| guerreiro (m) | luftëtar (m) | [luftətár] |
| patriota (m) | patriot (m) | [patriót] |

| | | |
|---|---|---|
| herói (m) | hero (m) | [hɛró] |
| heroína (f) | heroinë (f) | [hɛroínə] |

| | | |
|---|---|---|
| traidor (m) | tradhtar (m) | [traðtár] |
| trair (vt) | tradhtoj | [traðtój] |

| | | |
|---|---|---|
| desertor (m) | dezertues (m) | [dɛzɛrtúɛs] |
| desertar (vt) | dezertoj | [dɛzɛrtój] |

| | | |
|---|---|---|
| mercenário (m) | mercenar (m) | [mɛrtsɛnár] |
| recruta (m) | rekrut (m) | [rɛkrút] |
| voluntário (m) | vullnetar (m) | [vuɫnɛtár] |

| | | |
|---|---|---|
| morto (m) | vdekur (m) | [vdékur] |
| ferido (m) | i plagosur (m) | [i plagósur] |
| prisioneiro (m) de guerra | rob lufte (m) | [rob lúftɛ] |

## 155. Guerra. Ações militares. Parte 1

| | | |
|---|---|---|
| guerra (f) | luftë (f) | [lúftə] |
| guerrear (vt) | në luftë | [nə lúftə] |
| guerra (f) civil | luftë civile (f) | [lúftə tsivílɛ] |
| | | |
| perfidamente | pabesisht | [pabɛsíʃt] |
| declaração (f) de guerra | shpallje lufte (f) | [ʃpáʧɛ lúftɛ] |
| declarar guerra | shpall | [ʃpaɫ] |
| agressão (f) | agresion (m) | [agrɛsión] |
| atacar (vt) | sulmoj | [sulmój] |
| | | |
| invadir (vt) | pushtoj | [puʃtój] |
| invasor (m) | pushtues (m) | [puʃtúɛs] |
| conquistador (m) | pushtues (m) | [puʃtúɛs] |
| | | |
| defesa (f) | mbrojtje (f) | [mbrójtjɛ] |
| defender (vt) | mbroj | [mbrój] |
| defender-se (vr) | mbrohem | [mbróhɛm] |
| | | |
| inimigo (m) | armik (m) | [armík] |
| adversário (m) | kundërshtar (m) | [kundərʃtár] |
| inimigo (adj) | armike | [armíkɛ] |
| | | |
| estratégia (f) | strategji (f) | [stratɛɟí] |
| tática (f) | taktikë (f) | [taktíkə] |
| | | |
| ordem (f) | urdhër (m) | [úrðər] |
| comando (m) | komandë (f) | [komándə] |
| ordenar (vt) | urdhëroj | [urðərój] |
| missão (f) | mision (m) | [misión] |
| secreto (adj) | sekret | [sɛkrét] |
| | | |
| batalha (f) | betejë (f) | [bɛtéjə] |
| combate (m) | luftim (m) | [luftím] |
| | | |
| ataque (m) | sulm (m) | [sulm] |
| assalto (m) | sulm (m) | [sulm] |
| assaltar (vt) | sulmoj | [sulmój] |
| assédio, sítio (m) | nën rrethim (m) | [nən rɛθím] |
| | | |
| ofensiva (f) | sulm (m) | [ɛulm] |
| tomar à ofensiva | kaloj në sulm | [kalój nə súlm] |
| | | |
| retirada (f) | tërheqje (f) | [tərhécjɛ] |
| retirar-se (vr) | tërhiqem | [tərhícɛm] |
| | | |
| cerco (m) | rrethim (m) | [rɛθím] |
| cercar (vt) | rrethoj | [rɛθój] |
| | | |
| bombardeio (m) | bombardim (m) | [bombardím] |
| lançar uma bomba | hedh bombë | [hɛð bómbə] |
| bombardear (vt) | bombardoj | [bombardój] |
| explosão (f) | shpërthim (m) | [ʃpərθím] |
| tiro (m) | e shtënë (f) | [ɛ ʃténə] |

| dar um tiro | qëlloj | [cəłój] |
| tiroteio (m) | të shtëna (pl) | [tə ʃténa] |

| apontar para ... | vë në shënjestër | [və nə ʃəɲéstər] |
| apontar (vt) | drejtoj armën | [drɛjtój ármən] |
| acertar (vt) | qëlloj | [cəłój] |

| afundar (~ um navio, etc.) | fundos | [fundós] |
| brecha (f) | vrimë (f) | [vrímə] |
| afundar-se (vr) | fundoset | [fundósɛt] |

| frente (m) | front (m) | [front] |
| evacuação (f) | evakuim (m) | [ɛvakuím] |
| evacuar (vt) | evakuoj | [ɛvakuój] |

| trincheira (f) | llogore (f) | [łogórɛ] |
| arame (m) enfarpado | tel me gjemba (m) | [tɛl mɛ ɟémba] |
| barreira (f) anti-tanque | pengesë (f) | [pɛɲésə] |
| torre (f) de vigia | kullë vrojtuese (f) | [kúłə vrojtúɛsɛ] |

| hospital (m) militar | spital ushtarak (m) | [spitál uʃtarák] |
| ferir (vt) | plagos | [plagós] |
| ferida (f) | plagë (f) | [plágə] |
| ferido (m) | i plagosur (m) | [i plagósur] |
| ficar ferido | jam i plagosur | [jam i plagósur] |
| grave (ferida ~) | rëndë | [rə́ndə] |

## 156. Armas

| arma (f) | armë (f) | [ármə] |
| arma (f) de fogo | armë zjarri (f) | [ármə zjári] |
| arma (f) branca | armë të ftohta (pl) | [ármə tə ftóhta] |

| arma (f) química | armë kimike (f) | [ármə kimíkɛ] |
| nuclear (adj) | nukleare | [nuklɛárɛ] |
| arma (f) nuclear | armë nukleare (f) | [ármə nuklɛárɛ] |

| bomba (f) | bombë (f) | [bómbə] |
| bomba (f) atômica | bombë atomike (f) | [bómbə atomíkɛ] |

| pistola (f) | pistoletë (f) | [pistolétə] |
| rifle (m) | pushkë (f) | [púʃkə] |
| semi-automática (f) | mitraloz (m) | [mitralóz] |
| metralhadora (f) | mitraloz (m) | [mitralóz] |

| boca (f) | grykë (f) | [grýkə] |
| cano (m) | tytë pushke (f) | [týtə púʃkɛ] |
| calibre (m) | kalibër (m) | [kalíbər] |

| gatilho (m) | këmbëz (f) | [kə́mbəz] |
| mira (f) | shënjestër (f) | [ʃəɲéstər] |
| carregador (m) | karikator (m) | [karikatór] |
| coronha (f) | qytë (f) | [cýtə] |
| granada (f) de mão | bombë dore (f) | [bómbə dórɛ] |

| | | |
|---|---|---|
| explosivo (m) | eksploziv (m) | [ɛksplozív] |
| bala (f) | plumb (m) | [plúmb] |
| cartucho (m) | fishek (m) | [fiʃék] |
| carga (f) | karikim (m) | [karikím] |
| munições (f pl) | municion (m) | [munitsión] |

| | | |
|---|---|---|
| bombardeiro (m) | avion bombardues (m) | [avión bombardúɛs] |
| avião (m) de caça | avion luftarak (m) | [avión luftarák] |
| helicóptero (m) | helikopter (m) | [hɛlikoptér] |

| | | |
|---|---|---|
| canhão (m) antiaéreo | armë anti-ajrore (f) | [ármə ánti-ajrórɛ] |
| tanque (m) | tank (m) | [tank] |
| canhão (de um tanque) | top tanku (m) | [top tánku] |

| | | |
|---|---|---|
| artilharia (f) | artileri (f) | [artilɛrí] |
| canhão (m) | top (m) | [top] |
| fazer a pontaria | vë në shënjestër | [və nə ʃəɲéstər] |

| | | |
|---|---|---|
| projétil (m) | mortajë (f) | [mortájə] |
| granada (f) de morteiro | bombë mortaje (f) | [bómbə mortájɛ] |
| morteiro (m) | mortajë (f) | [mortájə] |
| estilhaço (m) | copëz mortaje (f) | [tsópəz mortájɛ] |

| | | |
|---|---|---|
| submarino (m) | nëndetëse (f) | [nəndétəsɛ] |
| torpedo (m) | silurë (f) | [silúrə] |
| míssil (m) | raketë (f) | [rakétə] |

| | | |
|---|---|---|
| carregar (uma arma) | mbush | [mbúʃ] |
| disparar, atirar (vi) | qëlloj | [cəɫój] |
| apontar para ... | drejtoj | [drɛjtój] |
| baioneta (f) | bajonetë (f) | [bajonétə] |

| | | |
|---|---|---|
| espada (f) | shpatë (f) | [ʃpátə] |
| sabre (m) | shpatë (f) | [ʃpátə] |
| lança (f) | shtizë (f) | [ʃtízə] |
| arco (m) | hark (m) | [hárk] |
| flecha (f) | shigjetë (f) | [ʃiɟétə] |
| mosquete (m) | musketë (f) | [muskétə] |
| besta (f) | pushkë-shigjetë (f) | [púʃkə-ʃiɟétə] |

## 157. Povos da antiguidade

| | | |
|---|---|---|
| primitivo (adj) | prehistorik | [prɛhistorík] |
| pré-histórico (adj) | prehistorike | [prɛhistoríkɛ] |
| antigo (adj) | i lashtë | [i láʃtə] |

| | | |
|---|---|---|
| Idade (f) da Pedra | Epoka e Gurit (f) | [ɛpóka ɛ gúrit] |
| Idade (f) do Bronze | Epoka e Bronzit (f) | [ɛpóka ɛ brónzit] |
| Era (f) do Gelo | Epoka e akullit (f) | [ɛpóka ɛ ákuɫit] |

| | | |
|---|---|---|
| tribo (f) | klan (m) | [klan] |
| canibal (m) | kanibal (m) | [kanibál] |
| caçador (m) | gjahtar (m) | [ɟahtár] |
| caçar (vi) | dal për gjah | [dál pər ɟáh] |

| mamute (m) | mamut (m) | [mamút] |
| caverna (f) | shpellë (f) | [ʃpéɫə] |
| fogo (m) | zjarr (m) | [zjar] |
| fogueira (f) | zjarr kampingu (m) | [zjar kampíŋu] |
| pintura (f) rupestre | vizatim në shpella (m) | [vizatím nə ʃpéɫa] |

| ferramenta (f) | vegël (f) | [végəl] |
| lança (f) | shtizë (f) | [ʃtízə] |
| machado (m) de pedra | sëpatë guri (f) | [səpátə gúri] |
| guerrear (vt) | në luftë | [nə lúftə] |
| domesticar (vt) | zbus | [zbus] |

| ídolo (m) | idhull (m) | [íðuɫ] |
| adorar, venerar (vt) | adhuroj | [aðurój] |
| superstição (f) | besëtytni (f) | [bɛsətytní] |
| ritual (m) | rit (m) | [rit] |

| evolução (f) | evolucion (m) | [ɛvolutsión] |
| desenvolvimento (m) | zhvillim (m) | [ʒviɫím] |
| extinção (f) | zhdukje (f) | [ʒdúkjɛ] |
| adaptar-se (vr) | përshtatem | [pərʃtátɛm] |

| arqueologia (f) | arkeologji (f) | [arkɛoloɟí] |
| arqueólogo (m) | arkeolog (m) | [arkɛológ] |
| arqueológico (adj) | arkeologjike | [arkɛoloɟíkɛ] |

| escavação (sítio) | vendi i gërmimeve (m) | [véndi i gərmímɛvɛ] |
| escavações (f pl) | gërmime (pl) | [gərmímɛ] |
| achado (m) | zbulim (m) | [zbulím] |
| fragmento (m) | fragment (m) | [fragmént] |

## 158. Idade média

| povo (m) | popull (f) | [pópuɫ] |
| povos (m pl) | popuj (pl) | [pópuj] |
| tribo (f) | klan (m) | [klan] |
| tribos (f pl) | klane (pl) | [klánɛ] |

| bárbaros (pl) | barbarë (pl) | [barbárə] |
| galeses (pl) | Galët (pl) | [gálət] |
| godos (pl) | Gotët (pl) | [gótət] |
| eslavos (pl) | Sllavët (pl) | [sɫávət] |
| viquingues (pl) | Vikingët (pl) | [vikíŋət] |

| romanos (pl) | Romakët (pl) | [romákət] |
| romano (adj) | romak | [romák] |

| bizantinos (pl) | Bizantinët (pl) | [bizantínət] |
| Bizâncio | Bizanti (m) | [bizánti] |
| bizantino (adj) | bizantine | [bizantínɛ] |

| imperador (m) | perandor (m) | [pɛrandór] |
| líder (m) | prijës (m) | [príjəs] |
| poderoso (adj) | i fuqishëm | [i fucíʃəm] |

| | | |
|---|---|---|
| rei (m) | mbret (m) | [mbrét] |
| governante (m) | sundimtar (m) | [sundimtár] |
| | | |
| cavaleiro (m) | kalorës (m) | [kalórəs] |
| senhor feudal (m) | lord feudal (m) | [lórd fɛudál] |
| feudal (adj) | feudal | [fɛudál] |
| vassalo (m) | vasal (m) | [vasál] |
| | | |
| duque (m) | dukë (f) | [dúkə] |
| conde (m) | kont (m) | [kont] |
| barão (m) | baron (m) | [barón] |
| bispo (m) | peshkop (m) | [pɛʃkóp] |
| | | |
| armadura (f) | parzmore (f) | [parzmórɛ] |
| escudo (m) | mburojë (f) | [mburójə] |
| espada (f) | shpatë (f) | [ʃpátə] |
| viseira (f) | ballnik (m) | [baɬník] |
| cota (f) de malha | thurak (m) | [θurák] |
| | | |
| cruzada (f) | Kryqëzata (f) | [krycəzáta] |
| cruzado (m) | kryqtar (m) | [kryctár] |
| | | |
| território (m) | territor (m) | [tɛritór] |
| atacar (vt) | sulmoj | [sulmój] |
| | | |
| conquistar (vt) | mposht | [mpóʃt] |
| ocupar, invadir (vt) | pushtoj | [puʃtój] |
| | | |
| assédio, sítio (m) | nën rrethim (m) | [nən rɛθím] |
| sitiado (adj) | i rrethuar | [i rɛθúar] |
| assediar, sitiar (vt) | rrethoj | [rɛθój] |
| | | |
| inquisição (f) | inkuizicion (m) | [inkuizitsión] |
| inquisidor (m) | inkuizitor (m) | [inkuizitór] |
| tortura (f) | torturë (f) | [tortúrə] |
| cruel (adj) | mizor | [mizór] |
| | | |
| herege (m) | heretik (m) | [hɛrɛtík] |
| heresia (f) | herezi (f) | [hɛrɛzí] |
| | | |
| navegação (f) marítima | lundrim (m) | [lundrím] |
| pirata (m) | pirat (m) | [pirát] |
| pirataria (f) | pirateri (f) | [piratɛrí] |
| abordagem (f) | sulm me anije (m) | [sulm mɛ aníjɛ] |
| | | |
| presa (f), butim (m) | plaçkë (f) | [plátʃkə] |
| tesouros (m pl) | thesare (pl) | [θɛsárɛ] |
| | | |
| descobrimento (m) | zbulim (m) | [zbulím] |
| descobrir (novas terras) | zbuloj | [zbulój] |
| expedição (f) | ekspeditë (f) | [ɛkspɛdítə] |
| | | |
| mosqueteiro (m) | musketar (m) | [muskɛtár] |
| cardeal (m) | kardinal (m) | [kardinál] |
| heráldica (f) | heraldikë (f) | [hɛraldíkə] |
| heráldico (adj) | heraldik | [hɛraldík] |

## 159. Líder. Chefe. Autoridades

| | | |
|---|---|---|
| rei (m) | mbret (m) | [mbrét] |
| rainha (f) | mbretëreshë (f) | [mbrɛtəréʃə] |
| real (adj) | mbretërore | [mbrɛtərórɛ] |
| reino (m) | mbretëri (f) | [mbrɛtərí] |
| | | |
| príncipe (m) | princ (m) | [prints] |
| princesa (f) | princeshë (f) | [printséʃə] |
| | | |
| presidente (m) | president (m) | [prɛsidént] |
| vice-presidente (m) | zëvendës president (m) | [zəvéndəs prɛsidént] |
| senador (m) | senator (m) | [sɛnatór] |
| | | |
| monarca (m) | monark (m) | [monárk] |
| governante (m) | sundimtar (m) | [sundimtár] |
| ditador (m) | diktator (m) | [diktatór] |
| tirano (m) | tiran (m) | [tirán] |
| magnata (m) | manjat (m) | [maɲát] |
| | | |
| diretor (m) | drejtor (m) | [drɛjtór] |
| chefe (m) | udhëheqës (m) | [uðəhécəs] |
| gerente (m) | drejtor (m) | [drɛjtór] |
| patrão (m) | bos (m) | [bos] |
| dono (m) | pronar (m) | [pronár] |
| | | |
| líder (m) | lider (m) | [lidér] |
| chefe (m) | kryetar (m) | [kryɛtár] |
| autoridades (f pl) | autoritetet (pl) | [autoritétɛt] |
| superiores (m pl) | eprorët (pl) | [ɛprórət] |
| | | |
| governador (m) | guvernator (m) | [guvɛrnatór] |
| cônsul (m) | konsull (m) | [kónsuɫ] |
| diplomata (m) | diplomat (m) | [diplomát] |
| Presidente (m) da Câmara | kryetar komune (m) | [kryɛtár komúnɛ] |
| xerife (m) | sherif (m) | [ʃɛríf] |
| | | |
| imperador (m) | perandor (m) | [pɛrandór] |
| czar (m) | car (m) | [tsár] |
| faraó (m) | faraon (m) | [faraón] |
| cã, khan (m) | khan (m) | [khán] |

## 160. Violação da lei. Criminosos. Parte 1

| | | |
|---|---|---|
| bandido (m) | bandit (m) | [bandít] |
| crime (m) | krim (m) | [krim] |
| criminoso (m) | kriminel (m) | [kriminél] |
| | | |
| ladrão (m) | hajdut (m) | [hajdút] |
| roubar (vt) | vjedh | [vjɛð] |
| furto, roubo (m) | vjedhje (f) | [vjéðjɛ] |
| raptar, sequestrar (vt) | rrëmbej | [rəmbéj] |
| sequestro (m) | rrëmbim (m) | [rəmbím] |

| | | |
|---|---|---|
| sequestrador (m) | rrëmbyes (m) | [rəmbýɛs] |
| resgate (m) | shpërblesë (f) | [ʃpərblésə] |
| pedir resgate | kërkoj shpërblesë | [kərkój ʃpərblésə] |

| | | |
|---|---|---|
| roubar (vt) | grabis | [grabís] |
| assalto, roubo (m) | grabitje (f) | [grabítjɛ] |
| assaltante (m) | grabitës (m) | [grabítəs] |

| | | |
|---|---|---|
| extorquir (vt) | zhvat | [ʒvat] |
| extorsionário (m) | zhvatës (m) | [ʒvátəs] |
| extorsão (f) | zhvatje (f) | [ʒvátjɛ] |

| | | |
|---|---|---|
| matar, assassinar (vt) | vras | [vras] |
| homicídio (m) | vrasje (f) | [vrásjɛ] |
| homicida, assassino (m) | vrasës (m) | [vrásəs] |

| | | |
|---|---|---|
| tiro (m) | e shtënë (f) | [ɛ ʃténə] |
| dar um tiro | qëlloj | [cəɫój] |
| matar a tiro | qëlloj për vdekje | [cəɫój pər vdékjɛ] |
| disparar, atirar (vi) | qëlloj | [cəɫój] |
| tiroteio (m) | të shtëna (pl) | [tə ʃténa] |
| incidente (m) | incident (m) | [intsidént] |
| briga (~ de rua) | përleshje (f) | [pərléʃjɛ] |
| Socorro! | Ndihmë! | [ndíhmə!] |
| vítima (f) | viktimë (f) | [viktímə] |

| | | |
|---|---|---|
| danificar (vt) | dëmtoj | [dəmtój] |
| dano (m) | dëm (m) | [dəm] |
| cadáver (m) | kufomë (f) | [kufómə] |
| grave (adj) | i rëndë | [i rǝ́ndə] |

| | | |
|---|---|---|
| atacar (vt) | sulmoj | [sulmój] |
| bater (espancar) | rrah | [rah] |
| espancar (vt) | sakatoj | [sakatój] |
| tirar, roubar (dinheiro) | rrëmbej | [rəmbéj] |
| esfaquear (vt) | ther për vdekje | [θɛr pər vdékjɛ] |
| mutilar (vt) | gjymtoj | [ɟymtój] |
| ferir (vt) | plagos | [plagós] |

| | | |
|---|---|---|
| chantagem (f) | shantazh (m) | [ʃantáʒ] |
| chantagear (vt) | bëj shantazh | [bəj ʃantáʒ] |
| chantagista (m) | shantazhist (m) | [ʃantaʒíst] |

| | | |
|---|---|---|
| extorsão (f) | rrjet mashtrimi (m) | [rjét maʃtrími] |
| extorsionário (m) | mashtrues (m) | [maʃtrúɛs] |
| gângster (m) | gangster (m) | [gaŋstér] |
| máfia (f) | mafia (f) | [máfia] |

| | | |
|---|---|---|
| punguista (m) | vjedhës xhepash (m) | [vjéðəs dʒépaʃ] |
| assaltante, ladrão (m) | hajdut (m) | [hajdút] |
| contrabando (m) | trafikim (m) | [trafikím] |
| contrabandista (m) | trafikues (m) | [trafikúɛs] |

| | | |
|---|---|---|
| falsificação (f) | falsifikim (m) | [falsifikím] |
| falsificar (vt) | falsifikoj | [falsifikój] |
| falsificado (adj) | fals | [fáls] |

149

## 161. Violação da lei. Criminosos. Parte 2

| estupro (m) | përdhunim (m) | [pərðuním] |
| estuprar (vt) | përdhunoj | [pərðunój] |
| estuprador (m) | përdhunues (m) | [pərðunúɛs] |
| maníaco (m) | maniak (m) | [maniák] |

| prostituta (f) | prostitutë (f) | [prostitútə] |
| prostituição (f) | prostitucion (m) | [prostitutsión] |
| cafetão (m) | tutor (m) | [tutór] |

| drogado (m) | narkoman (m) | [narkomán] |
| traficante (m) | trafikant droge (m) | [trafikánt drógɛ] |

| explodir (vt) | shpërthej | [ʃpərθéj] |
| explosão (f) | shpërthim (m) | [ʃpərθím] |
| incendiar (vt) | vë flakën | [və flákən] |
| incendiário (m) | zjarrvënës (m) | [zjarvénəs] |

| terrorismo (m) | terrorizëm (m) | [tɛrorízəm] |
| terrorista (m) | terrorist (m) | [tɛroríst] |
| refém (m) | peng (m) | [pɛŋ] |

| enganar (vt) | mashtroj | [maʃtrój] |
| engano (m) | mashtrim (m) | [maʃtrím] |
| vigarista (m) | mashtrues (m) | [maʃtrúɛs] |

| subornar (vt) | jap ryshfet | [jap ryʃfét] |
| suborno (atividade) | ryshfet (m) | [ryʃfét] |
| suborno (dinheiro) | ryshfet (m) | [ryʃfét] |

| veneno (m) | helm (m) | [hɛlm] |
| envenenar (vt) | helmoj | [hɛlmój] |
| envenenar-se (vr) | helmohem | [hɛlmóhɛm] |

| suicídio (m) | vetëvrasje (f) | [vɛtəvrásjɛ] |
| suicida (m) | vetëvrasës (m) | [vɛtəvrásəs] |

| ameaçar (vt) | kërcënoj | [kərtsənój] |
| ameaça (f) | kërcënim (m) | [kərtsəním] |
| atentar contra a vida de … | tentoj | [tɛntój] |
| atentado (m) | atentat (m) | [atɛntát] |

| roubar (um carro) | vjedh | [vjɛð] |
| sequestrar (um avião) | rrëmbej | [rəmbéj] |

| vingança (f) | hakmarrje (f) | [hakmárjɛ] |
| vingar (vt) | hakmerrem | [hakmérɛm] |

| torturar (vt) | torturoj | [torturój] |
| tortura (f) | torturë (f) | [tortúrə] |
| atormentar (vt) | torturoj | [torturój] |

| pirata (m) | pirat (m) | [pirát] |
| desordeiro (m) | huligan (m) | [huligán] |

| armado (adj) | i armatosur | [i armatósur] |
| violência (f) | dhunë (f) | [ðúnə] |
| ilegal (adj) | ilegal | [ilεgál] |

| espionagem (f) | spiunazh (m) | [spiunáʒ] |
| espionar (vi) | spiunoj | [spiunój] |

## 162. Polícia. Lei. Parte 1

| justiça (sistema de ≈) | drejtësi (f) | [drεjtəsĺ] |
| tribunal (m) | gjykatë (f) | [ɟykátə] |

| juiz (m) | gjykatës (m) | [ɟykátəs] |
| jurados (m pl) | anëtar jurie (m) | [anətár juríε] |
| tribunal (m) do júri | gjyq me juri (m) | [ɟýc mε jurĺ] |
| julgar (vt) | gjykoj | [ɟykój] |

| advogado (m) | avokat (m) | [avokát] |
| réu (m) | pandehur (m) | [pandéhur] |
| banco (m) dos réus | bankë e të pandehurit (f) | [bánkə ε tə pandéhurit] |

| acusação (f) | akuzë (f) | [akúzə] |
| acusado (m) | i akuzuar (m) | [i akuzúar] |

| sentença (f) | vendim (m) | [vεndím] |
| sentenciar (vt) | dënoj | [dənój] |

| culpado (m) | fajtor (m) | [fajtór] |
| punir (vt) | ndëshkoj | [ndəʃkój] |
| punição (f) | ndëshkim (m) | [ndəʃkím] |

| multa (f) | gjobë (f) | [ɟóbə] |
| prisão (f) perpétua | burgim i përjetshëm (m) | [burgím i pərjétʃəm] |
| pena (f) de morte | dënim me vdekje (m) | [dəním mε vdékjε] |
| cadeira (f) elétrica | karrige elektrike (f) | [karígε εlεktríkε] |
| forca (f) | varje (f) | [várjε] |

| executar (vt) | ekzekutoj | [εkzεkutój] |
| execução (f) | ekzekutim (m) | [εkzεkutím] |

| prisão (f) | burg (m) | [búrg] |
| cela (f) de prisão | qeli (f) | [cεlĺ] |

| escolta (f) | eskortë (f) | [εskórtə] |
| guarda (m) prisional | gardian burgu (m) | [gardián búrgu] |
| preso, prisioneiro (m) | i burgosur (m) | [i burgósur] |

| algemas (f pl) | pranga (f) | [práŋa] |
| algemar (vt) | vë prangat | [və práŋat] |

| fuga, evasão (f) | arratisje nga burgu (f) | [aratísjε ŋa búrgu] |
| fugir (vi) | arratisem | [aratísεm] |
| desaparecer (vi) | zhduk | [ʒduk] |
| soltar, libertar (vt) | dal nga burgu | [dál ŋa búrgu] |

| anistia (f) | amnisti (f) | [amnistí] |
| polícia (instituição) | polici (f) | [politsí] |
| polícia (m) | polic (m) | [políts] |
| delegacia (f) de polícia | komisariat (m) | [komisariát] |
| cassetete (m) | shkop gome (m) | [ʃkop gómɛ] |
| megafone (m) | altoparlant (m) | [altoparlánt] |

| carro (m) de patrulha | makinë patrullimi (f) | [makínə patruɫími] |
| sirene (f) | alarm (m) | [alárm] |
| ligar a sirene | ndez sirenën | [ndɛz sirénən] |
| toque (m) da sirene | zhurmë alarmi (f) | [ʒúrmə alármi] |

| cena (f) do crime | skenë krimi (f) | [skénə krími] |
| testemunha (f) | dëshmitar (m) | [dəʃmitár] |
| liberdade (f) | liri (f) | [lirí] |
| cúmplice (m) | bashkëpunëtor (m) | [baʃkəpunətór] |
| escapar (vi) | zhdukem | [ʒdúkɛm] |
| traço (não deixar ~s) | gjurmë (f) | [ɟúrmə] |

## 163. Polícia. Lei. Parte 2

| procura (f) | kërkim (m) | [kərkím] |
| procurar (vt) | kërkoj … | [kərkój …] |
| suspeita (f) | dyshim (m) | [dyʃím] |
| suspeito (adj) | i dyshuar | [i dyʃúar] |
| parar (veículo, etc.) | ndaloj | [ndalój] |
| deter (fazer parar) | mbaj të ndaluar | [mbáj tə ndalúar] |

| caso (~ criminal) | padi (f) | [padí] |
| investigação (f) | hetim (m) | [hɛtím] |
| detetive (m) | detektiv (m) | [dɛtɛktív] |
| investigador (m) | hetues (m) | [hɛtúɛs] |
| versão (f) | hipotezë (f) | [hipotézə] |

| motivo (m) | motiv (m) | [motív] |
| interrogatório (m) | marrje në pyetje (f) | [márjɛ nə pýɛtjɛ] |
| interrogar (vt) | marr në pyetje | [mar nə pýɛtjɛ] |
| questionar (vt) | pyes | [pýɛs] |
| verificação (f) | verifikim (m) | [vɛrifikím] |

| batida (f) policial | kontroll në grup (m) | [kontróɫ nə grúp] |
| busca (f) | bastisje (f) | [bastísjɛ] |
| perseguição (f) | ndjekje (f) | [ndjékjɛ] |
| perseguir (vt) | ndjek | [ndjék] |
| seguir, rastrear (vt) | ndjek | [ndjék] |

| prisão (f) | arrestim (m) | [arɛstím] |
| prender (vt) | arrestoj | [arɛstój] |
| pegar, capturar (vt) | kap | [kap] |
| captura (f) | kapje (f) | [kápjɛ] |

| documento (m) | dokument (m) | [dokumént] |
| prova (f) | provë (f) | [próvə] |
| provar (vt) | dëshmoj | [dəʃmój] |

| pegada (f) | gjurmë (f) | [ɟúrmə] |
| impressões (f pl) digitais | shenja gishtash (pl) | [ʃéɲa gíʃtaʃ] |
| prova (f) | provë (f) | [próvə] |

| álibi (m) | alibi (f) | [alibí] |
| inocente (adj) | i pafajshëm | [i pafájʃəm] |
| injustiça (f) | padrejtësi (f) | [padrɛjtəsí] |
| injusto (adj) | i padrejtë | [i padréjtə] |

| criminal (adj) | kriminale | [kriminálɛ] |
| confiscar (vt) | konfiskoj | [konfiskój] |
| droga (f) | drogë (f) | [drógə] |
| arma (f) | armë (f) | [ármə] |
| desarmar (vt) | çarmatos | [tʃarmatós] |
| ordenar (vt) | urdhëroj | [urðərój] |
| desaparecer (vi) | zhduk | [ʒduk] |

| lei (f) | ligj (m) | [liɟ] |
| legal (adj) | ligjor | [liɟór] |
| ilegal (adj) | i paligjshëm | [i palíɟʃəm] |

| responsabilidade (f) | përgjegjësi (f) | [pərɟɛɟəsí] |
| responsável (adj) | përgjegjës | [pərɟéɟəs] |

# NATUREZA

# A Terra. Parte 1

## 164. Espaço sideral

| | | |
|---|---|---|
| espaço, cosmo (m) | hapësirë (f) | [hapəsírə] |
| espacial, cósmico (adj) | hapësinor | [hapəsinór] |
| espaço (m) cósmico | kozmos (m) | [kozmós] |
| | | |
| mundo (m) | botë (f) | [bótə] |
| universo (m) | univers | [univérs] |
| galáxia (f) | galaksi (f) | [galaksí] |
| | | |
| estrela (f) | yll (m) | [yɫ] |
| constelação (f) | yllësi (f) | [yɫəsí] |
| planeta (m) | planet (m) | [planét] |
| satélite (m) | satelit (m) | [satɛlít] |
| | | |
| meteorito (m) | meteor (m) | [mɛtɛór] |
| cometa (m) | kometë (f) | [kométə] |
| asteroide (m) | asteroid (m) | [astɛroíd] |
| | | |
| órbita (f) | orbitë (f) | [orbítə] |
| girar (vi) | rrotullohet | [rotuɫóhɛt] |
| atmosfera (f) | atmosferë (f) | [atmosférə] |
| | | |
| Sol (m) | Dielli (m) | [diéɫi] |
| Sistema (m) Solar | sistemi diellor (m) | [sistémi diɛɫór] |
| eclipse (m) solar | eklips diellor (m) | [ɛklíps diɛɫór] |
| | | |
| Terra (f) | Toka (f) | [tóka] |
| Lua (f) | Hëna (f) | [hə́na] |
| | | |
| Marte (m) | Marsi (m) | [mársi] |
| Vênus (f) | Venera (f) | [vɛnéra] |
| Júpiter (m) | Jupiteri (m) | [jupitéri] |
| Saturno (m) | Saturni (m) | [satúrni] |
| | | |
| Mercúrio (m) | Merkuri (m) | [mɛrkúri] |
| Urano (m) | Urani (m) | [uráni] |
| Netuno (m) | Neptuni (m) | [nɛptúni] |
| Plutão (m) | Pluto (f) | [plúto] |
| | | |
| Via Láctea (f) | Rruga e Qumështit (f) | [rúga ɛ cúməʃtit] |
| Ursa Maior (f) | Arusha e Madhe (f) | [arúʃa ɛ máðɛ] |
| Estrela Polar (f) | ylli i Veriut (m) | [ýɫi i vériut] |
| marciano (m) | Marsian (m) | [marsián] |
| extraterrestre (m) | jashtëtokësor (m) | [jaʃtətokəsór] |

| | | |
|---|---|---|
| alienígena (m) | alien (m) | [alién] |
| disco (m) voador | disk fluturues (m) | [dísk fluturúɛs] |
| | | |
| espaçonave (f) | anije kozmike (f) | [aníjɛ kozmíkɛ] |
| estação (f) orbital | stacion kozmik (m) | [statsión kozmík] |
| lançamento (m) | ngritje (f) | [ŋrítjɛ] |
| | | |
| motor (m) | motor (m) | [motór] |
| bocal (m) | dizë (f) | [dízə] |
| combustível (m) | karburant (m) | [karburánt] |
| | | |
| cabine (f) | kabinë pilotimi (f) | [kabínə pilotími] |
| antena (f) | antenë (f) | [anténə] |
| vigia (f) | dritare anësore (f) | [dritárɛ anəsórɛ] |
| bateria (f) solar | panel solar (m) | [panél solár] |
| traje (m) espacial | veshje astronauti (f) | [véʃjɛ astronáuti] |
| | | |
| imponderabilidade (f) | mungesë graviteti (f) | [muŋésə gravitéti] |
| oxigênio (m) | oksigjen (m) | [oksiɟén] |
| | | |
| acoplagem (f) | ndërlidhje në hapësirë (f) | [ndərlíðjɛ nə hapəsírə] |
| fazer uma acoplagem | stacionohem | [statsionóhɛm] |
| | | |
| observatório (m) | observator (m) | [obsɛrvatór] |
| telescópio (m) | teleskop (m) | [tɛlɛskóp] |
| observar (vt) | vëzhgoj | [vəʒgój] |
| explorar (vt) | eksploroj | [ɛksplorój] |

## 165. A Terra

| | | |
|---|---|---|
| Terra (f) | Toka (f) | [tóka] |
| globo terrestre (Terra) | globi (f) | [glóbi] |
| planeta (m) | planet (m) | [planét] |
| | | |
| atmosfera (f) | atmosferë (f) | [atmosférə] |
| geografia (f) | gjeografi (f) | [ɟɛografí] |
| natureza (f) | natyrë (f) | [natýrə] |
| | | |
| globo (mapa esférico) | glob (m) | [glob] |
| mapa (m) | hartë (f) | [hártə] |
| atlas (m) | atlas (m) | [atlás] |
| | | |
| Europa (f) | Evropa (f) | [ɛvrópa] |
| Ásia (f) | Azia (f) | [azía] |
| | | |
| África (f) | Afrika (f) | [afríka] |
| Austrália (f) | Australia (f) | [australía] |
| | | |
| América (f) | Amerika (f) | [amɛríka] |
| América (f) do Norte | Amerika Veriore (f) | [amɛríka vɛriórɛ] |
| América (f) do Sul | Amerika Jugore (f) | [amɛríka jugórɛ] |
| | | |
| Antártida (f) | Antarktika (f) | [antarktíka] |
| Ártico (m) | Arktiku (m) | [arktíku] |

## 166. Pontos cardeais

| | | |
|---|---|---|
| norte (m) | veri (m) | [vɛrí] |
| para norte | drejt veriut | [dréjt vériut] |
| no norte | në veri | [nə vɛrí] |
| do norte (adj) | verior | [vɛriór] |
| | | |
| sul (m) | jug (m) | [jug] |
| para sul | drejt jugut | [dréjt júgut] |
| no sul | në jug | [nə jug] |
| do sul (adj) | jugor | [jugór] |
| | | |
| oeste, ocidente (m) | perëndim (m) | [pɛrəndím] |
| para oeste | drejt perëndimit | [dréjt pɛrəndímit] |
| no oeste | në perëndim | [nə pɛrəndím] |
| ocidental (adj) | perëndimor | [pɛrəndimór] |
| | | |
| leste, oriente (m) | lindje (f) | [líndjɛ] |
| para leste | drejt lindjes | [dréjt líndjɛs] |
| no leste | në lindje | [nə líndjɛ] |
| oriental (adj) | lindor | [lindór] |

## 167. Mar. Oceano

| | | |
|---|---|---|
| mar (m) | det (m) | [dét] |
| oceano (m) | oqean (m) | [ocɛán] |
| golfo (m) | gji (m) | [ɟi] |
| estreito (m) | ngushticë (f) | [ŋuʃtítsə] |
| | | |
| terra (f) firme | tokë (f) | [tókə] |
| continente (m) | kontinent (m) | [kontinént] |
| | | |
| ilha (f) | ishull (m) | [íʃuɫ] |
| península (f) | gadishull (m) | [gadíʃuɫ] |
| arquipélago (m) | arkipelag (m) | [arkipɛlág] |
| | | |
| baía (f) | gji (m) | [ɟi] |
| porto (m) | port (m) | [port] |
| lagoa (f) | lagunë (f) | [lagúnə] |
| cabo (m) | kep (m) | [kɛp] |
| | | |
| atol (m) | atol (m) | [atól] |
| recife (m) | shkëmb nënujor (m) | [ʃkəmb nənujór] |
| coral (m) | koral (m) | [korál] |
| recife (m) de coral | korale nënujorë (f) | [korálɛ nənujórə] |
| | | |
| profundo (adj) | i thellë | [i θétə] |
| profundidade (f) | thellësi (f) | [θɛtəsí] |
| abismo (m) | humnerë (f) | [humnérə] |
| fossa (f) oceânica | hendek (m) | [hɛndék] |
| | | |
| corrente (f) | rrymë (f) | [rýmə] |
| banhar (vt) | rrethohet | [rɛθóhɛt] |

| | | |
|---|---|---|
| litoral (m) | breg (m) | [brɛg] |
| costa (f) | bregdet (m) | [brɛgdét] |
| maré (f) alta | batica (f) | [batítsa] |
| refluxo (m) | zbaticë (f) | [zbatítsə] |
| restinga (f) | cekëtinë (f) | [tsɛkətínə] |
| fundo (m) | fund i detit (m) | [fúnd i détit] |
| onda (f) | dallgë (f) | [dáɫgə] |
| crista (f) da onda | kreshtë (f) | [kréʃtə] |
| espuma (f) | shkumë (f) | [ʃkúmə] |
| tempestade (f) | stuhi (f) | [stuhí] |
| furacão (m) | uragan (m) | [uragán] |
| tsunami (m) | cunam (m) | [tsunám] |
| calmaria (f) | qetësi (f) | [cɛtəsí] |
| calmo (adj) | i qetë | [i cétə] |
| polo (m) | pol (m) | [pol] |
| polar (adj) | polar | [polár] |
| latitude (f) | gjerësi (f) | [ɟɛrəsí] |
| longitude (f) | gjatësi (f) | [ɟatəsí] |
| paralela (f) | paralele (f) | [paralélɛ] |
| equador (m) | ekuator (m) | [ɛkuatór] |
| céu (m) | qiell (m) | [cíɛɫ] |
| horizonte (m) | horizont (m) | [horizónt] |
| ar (m) | ajër (m) | [ájər] |
| farol (m) | fanar (m) | [fanár] |
| mergulhar (vi) | zhytem | [ʒýtɛm] |
| afundar-se (vr) | fundosje | [fundósjɛ] |
| tesouros (m pl) | thesare (pl) | [θɛsárɛ] |

## 168. Montanhas

| | | |
|---|---|---|
| montanha (f) | mal (m) | [mal] |
| cordilheira (f) | vargmal (m) | [vargmál] |
| serra (f) | kresht malor (m) | [kréʃt malór] |
| cume (m) | majë (f) | [májə] |
| pico (m) | maja më e lartë (f) | [mája mə ɛ lártə] |
| pé (m) | rrëza e malit (f) | [rəza ɛ málit] |
| declive (m) | shpat (m) | [ʃpat] |
| vulcão (m) | vullkan (m) | [vuɫkán] |
| vulcão (m) ativo | vullkan aktiv (m) | [vuɫkán aktív] |
| vulcão (m) extinto | vullkan i fjetur (m) | [vuɫkán i fjétur] |
| erupção (f) | shpërthim (m) | [ʃpərθím] |
| cratera (f) | krater (m) | [kratér] |
| magma (m) | magmë (f) | [mágmə] |
| lava (f) | llavë (f) | [ɫávə] |

| fundido (lava ~a) | i shkrirë | [i ʃkrírə] |
| cânion, desfiladeiro (m) | kanion (m) | [kanión] |
| garganta (f) | grykë (f) | [grýkə] |
| fenda (f) | çarje (f) | [tʃárjɛ] |
| precipício (m) | humnerë (f) | [humnérə] |

| passo, colo (m) | kalim (m) | [kalím] |
| planalto (m) | pllajë (f) | [pɫájə] |
| falésia (f) | shkëmb (m) | [ʃkəmb] |
| colina (f) | kodër (f) | [kódər] |

| geleira (f) | akullnajë (f) | [akuɫnájə] |
| cachoeira (f) | ujëvarë (f) | [ujəvárə] |
| gêiser (m) | gejzer (m) | [gɛjzér] |
| lago (m) | liqen (m) | [licén] |

| planície (f) | fushë (f) | [fúʃə] |
| paisagem (f) | peizazh (m) | [pɛizáʒ] |
| eco (m) | jehonë (f) | [jɛhónə] |

| alpinista (m) | alpinist (m) | [alpiníst] |
| escalador (m) | alpinist shkëmbßinjsh (m) | [alpiníst ʃkəmbiɲʃ] |
| conquistar (vt) | pushtoj majën | [puʃtój májən] |
| subida, escalada (f) | ngjitje (f) | [nɟítjɛ] |

## 169. Rios

| rio (m) | lum (m) | [lum] |
| fonte, nascente (f) | burim (m) | [burím] |
| leito (m) de rio | shtrat lumi (m) | [ʃtrat lúmi] |
| bacia (f) | basen (m) | [basén] |
| desaguar no ... | rrjedh ... | [rjéð ...] |

| afluente (m) | derdhje (f) | [dérðjɛ] |
| margem (do rio) | breg (m) | [brɛg] |

| corrente (f) | rrymë (f) | [rýmə] |
| rio abaixo | rrjedhje e poshtme | [rjéðjɛ ɛ póʃtmɛ] |
| rio acima | rrjedhje e sipërme | [rjéðjɛ ɛ sípərmɛ] |

| inundação (f) | vërshim (m) | [vərʃím] |
| cheia (f) | përmbytje (f) | [pərmbýtjɛ] |
| transbordar (vi) | vërshon | [vərʃón] |
| inundar (vt) | përmbytet | [pərmbýtɛt] |

| banco (m) de areia | cekëtinë (f) | [tsɛkətínə] |
| corredeira (f) | rrjedhë (f) | [rjéðə] |

| barragem (f) | digë (f) | [dígə] |
| canal (m) | kanal (m) | [kanál] |
| reservatório (m) de água | rezervuar (m) | [rɛzɛrvuár] |
| eclusa (f) | pendë ujore (f) | [péndə ujórɛ] |
| corpo (m) de água | plan hidrik (m) | [plan hidrík] |
| pântano (m) | kënetë (f) | [kənétə] |

| | | |
|---|---|---|
| lamaçal (m) | **moçal** (m) | [motʃ ál] |
| redemoinho (m) | **vorbull** (f) | [vórbuɫ] |
| | | |
| riacho (m) | **përrua** (f) | [pərúa] |
| potável (adj) | **i pijshëm** | [i píjʃəm] |
| doce (água) | **i freskët** | [i fréskət] |
| | | |
| gelo (m) | **akull** (m) | [ákuɫ] |
| congelar-se (vr) | **ngrihet** | [ŋríhɛt] |

## 170. Floresta

| | | |
|---|---|---|
| floresta (f), bosque (m) | **pyll** (m) | [pyɫ] |
| florestal (adj) | **pyjor** | [pyjór] |
| | | |
| mata (f) fechada | **pyll i ngjeshur** (m) | [pyɫ i ɲjéʃur] |
| arvoredo (m) | **zabel** (m) | [zabél] |
| clareira (f) | **lëndinë** (f) | [ləndínə] |
| | | |
| matagal (m) | **pyllëz** (m) | [pýɫəz] |
| mato (m), caatinga (f) | **shkurre** (f) | [ʃkúrɛ] |
| | | |
| pequena trilha (f) | **shteg** (m) | [ʃtɛg] |
| ravina (f) | **hon** (m) | [hon] |
| | | |
| árvore (f) | **pemë** (f) | [pémə] |
| folha (f) | **gjeth** (m) | [ɟɛθ] |
| folhagem (f) | **gjethe** (pl) | [ɟéθɛ] |
| | | |
| queda (f) das folhas | **rënie e gjetheve** (f) | [rəníɛ ɛ ɟéθɛvɛ] |
| cair (vi) | **bien** | [bíɛn] |
| topo (m) | **maje** (f) | [májɛ] |
| | | |
| ramo (m) | **degë** (f) | [dégə] |
| galho (m) | **degë** (f) | [dégə] |
| botão (m) | **syth** (m) | [syθ] |
| agulha (f) | **shtiza pishe** (f) | [ʃtíza píʃɛ] |
| pinha (f) | **lule pishe** (f) | [lúlɛ píʃɛ] |
| | | |
| buraco (m) de árvore | **zgavër** (f) | [zgávər] |
| ninho (m) | **fole** (f) | [folé] |
| toca (f) | **strofull** (f) | [strófuɫ] |
| | | |
| tronco (m) | **trung** (m) | [truŋ] |
| raiz (f) | **rrënjë** (f) | [réɲə] |
| casca (f) de árvore | **lëvore** (f) | [ləvórɛ] |
| musgo (m) | **myshk** (m) | [myʃk] |
| | | |
| arrancar pela raiz | **shkul** | [ʃkul] |
| cortar (vt) | **pres** | [prɛs] |
| desflorestar (vt) | **shpyllëzoj** | [ʃpyɫəzój] |
| toco, cepo (m) | **cung** (m) | [tsúŋ] |
| fogueira (f) | **zjarr kampingu** (m) | [zjar kampíŋu] |
| incêndio (m) florestal | **zjarr në pyll** (m) | [zjar nə pyɫ] |

| | | |
|---|---|---|
| apagar (vt) | shuaj | [ʃúaj] |
| guarda-parque (m) | roje pyjore (f) | [rójɛ pyjórɛ] |
| proteção (f) | mbrojtje (f) | [mbrójtjɛ] |
| proteger (a natureza) | mbroj | [mbrój] |
| caçador (m) furtivo | gjahtar i jashtëligjshëm (m) | [ɟahtár i jaʃtəlíɟʃəm] |
| armadilha (f) | grackë (f) | [grátskə] |

| | | |
|---|---|---|
| colher (cogumelos, bagas) | mbledh | [mbléð] |
| perder-se (vr) | humb rrugën | [húmb rúgən] |

## 171. Recursos naturais

| | | |
|---|---|---|
| recursos (m pl) naturais | burime natyrore (pl) | [burímɛ natyrórɛ] |
| minerais (m pl) | minerale (pl) | [minɛrálɛ] |
| depósitos (m pl) | depozita (pl) | [dɛpozíta] |
| jazida (f) | fushë (f) | [fúʃə] |

| | | |
|---|---|---|
| extrair (vt) | nxjerr | [ndzjér] |
| extração (f) | nxjerrje mineralesh (f) | [ndzjérjɛ minɛrálɛʃ] |
| minério (m) | xehe (f) | [dzéhɛ] |
| mina (f) | minierë (f) | [miniérə] |
| poço (m) de mina | nivel (m) | [nivél] |
| mineiro (m) | minator (m) | [minatór] |

| | | |
|---|---|---|
| gás (m) | gaz (m) | [gaz] |
| gasoduto (m) | gazsjellës (m) | [gazsjéɫəs] |

| | | |
|---|---|---|
| petróleo (m) | naftë (f) | [náftə] |
| oleoduto (m) | naftësjellës (f) | [naftəsjéɫəs] |
| poço (m) de petróleo | pus nafte (m) | [pus náftɛ] |
| torre (f) petrolífera | burim nafte (m) | [burím náftɛ] |
| petroleiro (m) | anije-cisternë (f) | [aníjɛ-tsistérnə] |
| areia (f) | rërë (f) | [rérə] |
| calcário (m) | gur gëlqeror (m) | [gur gəlcɛrór] |
| cascalho (m) | zhavorr (m) | [ʒavór] |
| turfa (f) | torfë (f) | [tórfə] |
| argila (f) | argjilë (f) | [aɉílə] |
| carvão (m) | qymyr (m) | [cymýr] |

| | | |
|---|---|---|
| ferro (m) | hekur (m) | [hékur] |
| ouro (m) | ar (m) | [ár] |
| prata (f) | argjend (m) | [aɉénd] |
| níquel (m) | nikel (m) | [nikél] |
| cobre (m) | bakër (m) | [bákər] |

| | | |
|---|---|---|
| zinco (m) | zink (m) | [zink] |
| manganês (m) | mangan (m) | [maŋán] |
| mercúrio (m) | merkur (m) | [mɛrkúr] |
| chumbo (m) | plumb (m) | [plúmb] |

| | | |
|---|---|---|
| mineral (m) | mineral (m) | [minɛrál] |
| cristal (m) | kristal (m) | [kristál] |
| mármore (m) | mermer (m) | [mɛrmér] |
| urânio (m) | uranium (m) | [uraniúm] |

# A Terra. Parte 2

## 172. Tempo

| | | |
|---|---|---|
| tempo (m) | moti (m) | [móti] |
| previsão (f) do tempo | parashikimi i motit (m) | [paraʃikími i mótit] |
| temperatura (f) | temperaturë (f) | [tɛmpɛratúrə] |
| termômetro (m) | termometër (m) | [tɛrmométər] |
| barômetro (m) | barometër (m) | [barométər] |
| | | |
| úmido (adj) | i lagësht | [i lágəʃt] |
| umidade (f) | lagështi (f) | [lagəʃtí] |
| | | |
| calor (m) | vapë (f) | [vápə] |
| tórrido (adj) | shumë nxehtë | [ʃúmə ndzéhtə] |
| está muito calor | është nxehtë | [éʃtə ndzéhtə] |
| | | |
| está calor | është ngrohtë | [éʃtə ŋróhtə] |
| quente (morno) | ngrohtë | [ŋróhtə] |
| | | |
| está frio | bën ftohtë | [bən ftóhtə] |
| frio (adj) | i ftohtë | [i ftóhtə] |
| | | |
| sol (m) | diell (m) | [díɛɫ] |
| brilhar (vi) | ndriçon | [ndritʃón] |
| de sol, ensolarado | me diell | [mɛ díɛɫ] |
| nascer (vi) | agon | [agón] |
| pôr-se (vr) | perëndon | [pɛrəndón] |
| | | |
| nuvem (f) | re (f) | [rɛ] |
| nublado (adj) | vranët | [vránət] |
| nuvem (f) preta | re shiu (f) | [rɛ ʃíu] |
| escuro, cinzento (adj) | vranët | [vránət] |
| | | |
| chuva (f) | shi (m) | [ʃi] |
| está a chover | bie shi | [bíɛ ʃi] |
| chuvoso (adj) | me shi | [mɛ ʃi] |
| chuviscar (vi) | shi i imët | [ʃi i ímət] |
| | | |
| chuva (f) torrencial | shi litar (m) | [ʃi litár] |
| aguaceiro (m) | stuhi shiu (f) | [stuhí ʃíu] |
| forte (chuva, etc.) | i fortë | [i fórtə] |
| | | |
| poça (f) | brakë (f) | [brákə] |
| molhar-se (vr) | lagem | [lágɛm] |
| | | |
| nevoeiro (m) | mjegull (f) | [mjéguɫ] |
| de nevoeiro | e mjegullt | [ɛ mjéguɫt] |
| neve (f) | borë (f) | [bórə] |
| está nevando | bie borë | [bíɛ bórə] |

## 173. Tempo extremo. Catástrofes naturais

| | | |
|---|---|---|
| trovoada (f) | stuhi (f) | [stuhí] |
| relâmpago (m) | vetëtimë (f) | [vɛtətímə] |
| relampejar (vi) | vetëton | [vɛtətón] |
| | | |
| trovão (m) | bubullimë (f) | [bubułímə] |
| trovejar (vi) | bubullon | [bubułón] |
| está trovejando | bubullon | [bubułón] |
| | | |
| granizo (m) | breshër (m) | [bréʃər] |
| está caindo granizo | po bie breshër | [po biɛ bréʃər] |
| | | |
| inundar (vt) | përmbytet | [pərmbýtɛt] |
| inundação (f) | përmbytje (f) | [pərmbýtjɛ] |
| | | |
| terremoto (m) | tërmet (m) | [tərmét] |
| abalo, tremor (m) | lëkundje (f) | [ləkúndjɛ] |
| epicentro (m) | epiqendër (f) | [ɛpicéndər] |
| | | |
| erupção (f) | shpërthim (m) | [ʃpərθím] |
| lava (f) | llavë (f) | [łávə] |
| | | |
| tornado (m) | vorbull (f) | [vórbuł] |
| tornado (m) | tornado (f) | [tornádo] |
| tufão (m) | tajfun (m) | [tajfún] |
| | | |
| furacão (m) | uragan (m) | [uragán] |
| tempestade (f) | stuhi (f) | [stuhí] |
| tsunami (m) | cunam (m) | [tsunám] |
| | | |
| ciclone (m) | ciklon (m) | [tsiklón] |
| mau tempo (m) | mot i keq (m) | [mot i kɛc] |
| incêndio (m) | zjarr (m) | [zjar] |
| catástrofe (f) | fatkeqësi (f) | [fatkɛcəsí] |
| meteorito (m) | meteor (m) | [mɛtɛór] |
| | | |
| avalanche (f) | ortek (m) | [orték] |
| deslizamento (m) de neve | rrëshqitje bore (f) | [rəʃcítjɛ bórɛ] |
| nevasca (f) | stuhi bore (f) | [stuhí bórɛ] |
| tempestade (f) de neve | stuhi bore (f) | [stuhí bórɛ] |

# Fauna

## 174. Mamíferos. Predadores

| | | |
|---|---|---|
| predador (m) | grabitqar (m) | [grabìtcár] |
| tigre (m) | tigër (m) | [tígər] |
| leão (m) | luan (m) | [luán] |
| lobo (m) | ujk (m) | [ujk] |
| raposa (f) | dhelpër (f) | [ðélpər] |
| jaguar (m) | jaguar (m) | [jaguár] |
| leopardo (m) | leopard (m) | [lɛopárd] |
| chita (f) | gepard (m) | [gɛpárd] |
| pantera (f) | panterë e zezë (f) | [pantérə ɛ zézə] |
| puma (m) | puma (f) | [púma] |
| leopardo-das-neves (m) | leopard i borës (m) | [lɛopárd i bórəs] |
| lince (m) | rrëqebull (m) | [rəcébuɫ] |
| coiote (m) | kojotë (f) | [kojótə] |
| chacal (m) | çakall (m) | [tʃakáɫ] |
| hiena (f) | hienë (f) | [hiénə] |

## 175. Animais selvagens

| | | |
|---|---|---|
| animal (m) | kafshë (f) | [káfʃə] |
| besta (f) | bishë (f) | [bíʃə] |
| esquilo (m) | ketër (m) | [kétər] |
| ouriço (m) | iriq (m) | [iríc] |
| lebre (f) | lepur i egër (m) | [lépur i égər] |
| coelho (m) | lepur (m) | [lépur] |
| texugo (m) | vjedull (f) | [vjéduɫ] |
| guaxinim (m) | rakun (m) | [rakún] |
| hamster (m) | hamster (m) | [hamstér] |
| marmota (f) | marmot (m) | [marmót] |
| toupeira (f) | urith (m) | [uríθ] |
| rato (m) | mi (m) | [mi] |
| ratazana (f) | mi (m) | [mi] |
| morcego (m) | lakuriq (m) | [lakuríc] |
| arminho (m) | herminë (f) | [hɛrmínə] |
| zibelina (f) | kunadhe (f) | [kunáðɛ] |
| marta (f) | shqarth (m) | [ʃcarθ] |
| doninha (f) | nuselalë (f) | [nusɛlálə] |
| visom (m) | vizon (m) | [vizón] |

| | | |
|---|---|---|
| castor (m) | kastor (m) | [kastór] |
| lontra (f) | vidër (f) | [vídər] |
| cavalo (m) | kali (m) | [káli] |
| alce (m) | dre brilopatë (m) | [drɛ brilopátə] |
| veado (m) | dre (f) | [drɛ] |
| camelo (m) | deve (f) | [dévɛ] |
| bisão (m) | bizon (m) | [bizón] |
| auroque (m) | bizon evropian (m) | [bizón ɛvropián] |
| búfalo (m) | buall (m) | [búaɫ] |
| zebra (f) | zebër (f) | [zébər] |
| antílope (m) | antilopë (f) | [antilópə] |
| corça (f) | dre (f) | [drɛ] |
| gamo (m) | dre ugar (m) | [drɛ ugár] |
| camurça (f) | kamosh (m) | [kamóʃ] |
| javali (m) | derr i egër (m) | [dér i égər] |
| baleia (f) | balenë (f) | [balénə] |
| foca (f) | fokë (f) | [fókə] |
| morsa (f) | lopë deti (f) | [lópə déti] |
| urso-marinho (m) | fokë (f) | [fókə] |
| golfinho (m) | delfin (m) | [dɛlfín] |
| urso (m) | ari (m) | [arí] |
| urso (m) polar | ari polar (m) | [arí polár] |
| panda (m) | panda (f) | [pánda] |
| macaco (m) | majmun (m) | [majmún] |
| chimpanzé (m) | shimpanze (f) | [ʃimpánzɛ] |
| orangotango (m) | orangutan (m) | [oraŋután] |
| gorila (m) | gorillë (f) | [goríɫə] |
| macaco (m) | majmun makao (m) | [majmún makáo] |
| gibão (m) | gibon (m) | [gibón] |
| elefante (m) | elefant (m) | [ɛlɛfánt] |
| rinoceronte (m) | rinoqeront (m) | [rinoɛerónt] |
| girafa (f) | gjirafë (f) | [ɟiráfə] |
| hipopótamo (m) | hipopotam (m) | [hipopotám] |
| canguru (m) | kangur (m) | [kaŋúr] |
| coala (m) | koala (f) | [koála] |
| mangusto (m) | mangustë (f) | [maŋústə] |
| chinchila (f) | çinçila (f) | [tʃintʃíla] |
| cangambá (f) | qelbës (m) | [célbəs] |
| porco-espinho (m) | ferrëgjatë (m) | [fɛrəɟátə] |

## 176. Animais domésticos

| | | |
|---|---|---|
| gata (f) | mace (f) | [mátsɛ] |
| gato (m) macho | maçok (m) | [matʃók] |
| cão (m) | qen (m) | [cɛn] |

| | | |
|---|---|---|
| cavalo (m) | **kali** (m) | [káli] |
| garanhão (m) | **hamshor** (m) | [hamʃór] |
| égua (f) | **pelë** (f) | [pélə] |

| | | |
|---|---|---|
| vaca (f) | **lopë** (f) | [lópə] |
| touro (m) | **dem** (m) | [dém] |
| boi (m) | **ka** (m) | [ka] |

| | | |
|---|---|---|
| ovelha (f) | **dele** (f) | [délɛ] |
| carneiro (m) | **dash** (m) | [daʃ] |
| cabra (f) | **dhi** (f) | [ði] |
| bode (m) | **cjap** (m) | [tsjáp] |

| | | |
|---|---|---|
| burro (m) | **gomar** (m) | [gomár] |
| mula (f) | **mushkë** (f) | [múʃkə] |

| | | |
|---|---|---|
| porco (m) | **derr** (m) | [dɛr] |
| leitão (m) | **derrkuc** (m) | [dɛrkúts] |
| coelho (m) | **lepur** (m) | [lépur] |

| | | |
|---|---|---|
| galinha (f) | **pulë** (f) | [púlə] |
| galo (m) | **gjel** (m) | [ʝél] |

| | | |
|---|---|---|
| pata (f), pato (m) | **rosë** (f) | [rósə] |
| pato (m) | **rosak** (m) | [rosák] |
| ganso (m) | **patë** (f) | [pátə] |

| | | |
|---|---|---|
| peru (m) | **gjel deti i egër** (m) | [ʝél déti i égər] |
| perua (f) | **gjel deti** (m) | [ʝél déti] |

| | | |
|---|---|---|
| animais (m pl) domésticos | **kafshë shtëpiake** (f) | [káfʃə ʃtəpiákɛ] |
| domesticado (adj) | **i zbutur** | [i zbútur] |
| domesticar (vt) | **zbus** | [zbus] |
| criar (vt) | **rrit** | [rit] |

| | | |
|---|---|---|
| fazenda (f) | **fermë** (f) | [férmə] |
| aves (f pl) domésticas | **pulari** (f) | [pularí] |
| gado (m) | **bagëti** (f) | [bagətí] |
| rebanho (m), manada (f) | **kope** (f) | [kopé] |

| | | |
|---|---|---|
| estábulo (m) | **stallë** (f) | [stáɫə] |
| chiqueiro (m) | **stallë e derrave** (f) | [stáɫə ɛ déravɛ] |
| estábulo (m) | **stallë e lopëve** (f) | [stáɫə ɛ lópəvɛ] |
| coelheira (f) | **kolibe lepujsh** (f) | [kolíbʊ lépujʃ] |
| galinheiro (m) | **kotec** (m) | [kotéts] |

## 177. Cães. Raças de cães

| | | |
|---|---|---|
| cão (m) | **qen** (m) | [cɛn] |
| cão pastor (m) | **qen dhensh** (m) | [cɛn ðɛnʃ] |
| pastor-alemão (m) | **pastor gjerman** (m) | [pastór ɟɛrmán] |
| poodle (m) | **pudël** (f) | [púdəl] |
| linguicinha (m) | **dakshund** (m) | [dákshund] |
| buldogue (m) | **bulldog** (m) | [buɫdóg] |

| | | |
|---|---|---|
| boxer (m) | **bokser** (m) | [boksér] |
| mastim (m) | **mastif** (m) | [mastíf] |
| rottweiler (m) | **rotvailer** (m) | [rotvailér] |
| dóberman (m) | **doberman** (m) | [dobɛrmán] |

| | | |
|---|---|---|
| basset (m) | **baset** (m) | [basét] |
| pastor inglês (m) | **bishtshkurtër** (m) | [biʃtʃkúrtər] |
| dálmata (m) | **dalmat** (m) | [dalmát] |
| cocker spaniel (m) | **koker spaniel** (m) | [kokér spaniél] |

| | | |
|---|---|---|
| terra-nova (m) | **terranova** (f) | [tɛranóva] |
| são-bernardo (m) | **Seint-Bernard** (m) | [séint-bɛrnárd] |

| | | |
|---|---|---|
| husky (m) siberiano | **haski** (m) | [háski] |
| Chow-chow (m) | **çau çau** (m) | [tʃáu tʃáu] |
| spitz alemão (m) | **dhelpërush** (m) | [ðɛlpərúʃ] |
| pug (m) | **karlino** (m) | [karlíno] |

## 178. Sons produzidos pelos animais

| | | |
|---|---|---|
| latido (m) | **lehje** (f) | [léhjɛ] |
| latir (vi) | **leh** | [lɛh] |
| miar (vi) | **mjaullin** | [mjauɫín] |
| ronronar (vi) | **gërhimë** | [gərhímə] |

| | | |
|---|---|---|
| mugir (vaca) | **bën mu** | [bən mú] |
| bramir (touro) | **pëllet** | [pəɫét] |
| rosnar (vi) | **hungërin** | [huŋərín] |

| | | |
|---|---|---|
| uivo (m) | **hungërimë** (f) | [huŋərímə] |
| uivar (vi) | **hungëroj** | [huŋərój] |
| ganir (vi) | **angullin** | [aŋuɫín] |

| | | |
|---|---|---|
| balir (vi) | **blegërin** | [blɛgərín] |
| grunhir (vi) | **hungërin** | [huŋərín] |
| guinchar (vi) | **klith** | [kliθ] |

| | | |
|---|---|---|
| coaxar (sapo) | **bën kuak** | [bən kuák] |
| zumbir (inseto) | **zukat** | [zukát] |
| ziziar (vi) | **gumëzhin** | [guməʒín] |

## 179. Pássaros

| | | |
|---|---|---|
| pássaro (m), ave (f) | **zog** (m) | [zog] |
| pombo (m) | **pëllumb** (m) | [pəɫúmb] |
| pardal (m) | **harabel** (m) | [harabél] |
| chapim-real (m) | **xhixhimës** (m) | [dʒidʒimés] |
| pega-rabuda (f) | **laraskë** (f) | [laráskə] |

| | | |
|---|---|---|
| corvo (m) | **korb** (m) | [korb] |
| gralha-cinzenta (f) | **sorrë** (f) | [sórə] |
| gralha-de-nuca-cinzenta (f) | **galë** (f) | [gálə] |

| | | |
|---|---|---|
| gralha-calva (f) | sorrë (f) | [sórə] |
| pato (m) | rosë (f) | [rósə] |
| ganso (m) | patë (f) | [pátə] |
| faisão (m) | fazan (m) | [fazán] |
| águia (f) | shqiponjë (f) | [ʃcipóɲə] |
| açor (m) | gjeraqinë (f) | [ɟɛracínə] |
| falcão (m) | fajkua (f) | [fajkúa] |
| abutre (m) | hutë (f) | [hútə] |
| condor (m) | kondor (m) | [kondór] |
| cisne (m) | mjellmë (f) | [mjéɫmə] |
| grou (m) | lejlek (m) | [lɛjlék] |
| cegonha (f) | lejlek (m) | [lɛjlék] |
| papagaio (m) | papagall (m) | [papagáɫ] |
| beija-flor (m) | kolibri (m) | [kolíbri] |
| pavão (m) | pallua (m) | [paɫúa] |
| avestruz (m) | struc (m) | [struts] |
| garça (f) | çafkë (f) | [tʃáfkə] |
| flamingo (m) | flamingo (m) | [flamíŋo] |
| pelicano (m) | pelikan (m) | [pɛlikán] |
| rouxinol (m) | bilbil (m) | [bilbíl] |
| andorinha (f) | dallëndyshe (f) | [daɫəndýʃɛ] |
| tordo-zornal (m) | mëllenjë (f) | [məɫéɲə] |
| tordo-músico (m) | grifsha (f) | [grífʃa] |
| melro-preto (m) | mëllenjë (f) | [məɫéɲə] |
| andorinhão (m) | dallëndyshe (f) | [daɫəndýʃɛ] |
| cotovia (f) | thëllëzë (f) | [θəɫézə] |
| codorna (f) | trumcak (m) | [trumtsák] |
| pica-pau (m) | qukapik (m) | [cukapík] |
| cuco (m) | kukuvajkë (f) | [kukuvájkə] |
| coruja (f) | buf (m) | [buf] |
| bufo-real (m) | buf mbretëror (m) | [buf mbrɛtərór] |
| tetraz-grande (m) | fazan i pyllit (m) | [fazán i pýɫit] |
| tetraz-lira (m) | fazan i zi (m) | [fazán i zí] |
| perdiz-cinzenta (f) | thëllëzë (f) | [θəɫézə] |
| estorninho (m) | gargull (m) | [gárguɫ] |
| canário (m) | kanarinë (f) | [kanarínə] |
| galinha-do-mato (f) | fazan mali (m) | [fazán máli] |
| tentilhão (m) | trishtil (m) | [triʃtíl] |
| dom-fafe (m) | trishtil dimri (m) | [triʃtíl dímri] |
| gaivota (f) | pulëbardhë (f) | [puləbárðə] |
| albatroz (m) | albatros (m) | [albatrós] |
| pinguim (m) | penguin (m) | [pɛŋuín] |

## 180. Pássaros. Canto e sons

| | | |
|---|---|---|
| cantar (vi) | këndoj | [kəndój] |
| gritar, chamar (vi) | thërras | [θərás] |
| cantar (o galo) | kakaris | [kakarís] |
| cocorocó (m) | kikiriku | [kikiríku] |
| cacarejar (vi) | kakaris | [kakarís] |
| crocitar (vi) | krokas | [krokás] |
| grasnar (vi) | bën kuak kuak | [bən kuák kuák] |
| piar (vi) | pisket | [piskét] |
| chilrear, gorjear (vi) | cicëroj | [tsitsərój] |

## 181. Peixes. Animais marinhos

| | | |
|---|---|---|
| brema (f) | krapuliq (m) | [krapulíc] |
| carpa (f) | krap (m) | [krap] |
| perca (f) | perç (m) | [pɛrtʃ] |
| siluro (m) | mustak (m) | [musták] |
| lúcio (m) | mlysh (m) | [mlýʃ] |
| salmão (m) | salmon (m) | [salmón] |
| esturjão (m) | bli (m) | [blí] |
| arenque (m) | harengë (f) | [haréŋə] |
| salmão (m) do Atlântico | salmon Atlantiku (m) | [salmón atlantíku] |
| cavala, sarda (f) | skumbri (m) | [skúmbri] |
| solha (f), linguado (m) | shojzë (f) | [ʃójzə] |
| lúcio perca (m) | troftë (f) | [tróftə] |
| bacalhau (m) | merluc (m) | [mɛrlúts] |
| atum (m) | tunë (f) | [túnə] |
| truta (f) | troftë (f) | [tróftə] |
| enguia (f) | ngjalë (f) | [nɟálə] |
| raia (f) elétrica | peshk elektrik (m) | [pɛʃk ɛlɛktrík] |
| moreia (f) | ngjalë morel (f) | [nɟálə morél] |
| piranha (f) | piranja (f) | [piráɲa] |
| tubarão (m) | peshkaqen (m) | [pɛʃkacén] |
| golfinho (m) | delfin (m) | [dɛlfín] |
| baleia (f) | balenë (f) | [balénə] |
| caranguejo (m) | gaforre (f) | [gafórɛ] |
| água-viva (f) | kandil deti (m) | [kandíl déti] |
| polvo (m) | oktapod (m) | [oktapód] |
| estrela-do-mar (f) | yll deti (m) | [yɫ déti] |
| ouriço-do-mar (m) | iriq deti (m) | [iríc déti] |
| cavalo-marinho (m) | kalë deti (m) | [kálə déti] |
| ostra (f) | midhje (f) | [míðjɛ] |
| camarão (m) | karkalec (m) | [karkaléts] |

| lagosta (f) | karavidhe (f) | [karavíðɛ] |
| lagosta (f) | karavidhe (f) | [karavíðɛ] |

## 182. Anfíbios. Répteis

| cobra (f) | gjarpër (m) | [ɟárpər] |
| venenoso (adj) | helmues | [hɛlmúɛs] |

| víbora (f) | nepërka (f) | [nɛpérka] |
| naja (f) | kobra (f) | [kóbra] |
| píton (m) | piton (m) | [pitón] |
| jiboia (f) | boa (f) | [bóa] |

| cobra-de-água (f) | kular (m) | [kulár] |
| cascavel (f) | gjarpër me zile (m) | [ɟárpər mɛ zílɛ] |
| anaconda (f) | anakonda (f) | [anakónda] |

| lagarto (m) | hardhucë (f) | [harðútsə] |
| iguana (f) | iguana (f) | [iguána] |
| varano (m) | varan (m) | [varán] |
| salamandra (f) | salamandër (f) | [salamándər] |
| camaleão (m) | kameleon (m) | [kamɛlɛón] |
| escorpião (m) | akrep (m) | [akrép] |

| tartaruga (f) | breshkë (f) | [bréʃkə] |
| rã (f) | bretkosë (f) | [brɛtkósə] |
| sapo (m) | zhabë (f) | [ʒábə] |
| crocodilo (m) | krokodil (m) | [krokodíl] |

## 183. Insetos

| inseto (m) | insekt (m) | [insékt] |
| borboleta (f) | flutur (f) | [flútur] |
| formiga (f) | milingonë (f) | [miliŋónə] |
| mosca (f) | mizë (f) | [mízə] |
| mosquito (m) | mushkonjë (f) | [muʃkóɲə] |
| escaravelho (m) | brumbull (m) | [brúmbuɫ] |

| vespa (f) | grerëz (f) | [grérəz] |
| abelha (f) | bletë (f) | [blétə] |
| mamangaba (f) | greth (m) | [grɛθ] |
| moscardo (m) | zekth (m) | [zɛkθ] |

| aranha (f) | merimangë (f) | [mɛrimáŋə] |
| teia (f) de aranha | rrjetë merimange (f) | [rjétə mɛrimáŋɛ] |

| libélula (f) | pilivesë (f) | [pilivésə] |
| gafanhoto (m) | karkalec (m) | [karkaléts] |
| traça (f) | molë (f) | [mólə] |

| barata (f) | kacabu (f) | [katsabú] |
| carrapato (m) | rriqër (m) | [ríqər] |

| | | |
|---|---|---|
| pulga (f) | **plesht** (m) | [plɛʃt] |
| borrachudo (m) | **mushicë** (f) | [muʃítsə] |

| | | |
|---|---|---|
| gafanhoto (m) | **gjinkallë** (f) | [ɟinkátə] |
| caracol (m) | **kërmill** (m) | [kərmít] |
| grilo (m) | **bulkth** (m) | [búlkθ] |
| pirilampo, vaga-lume (m) | **xixëllonjë** (f) | [dzidzətóɲə] |
| joaninha (f) | **mollëkuqe** (f) | [motəkúcɛ] |
| besouro (m) | **vizhë** (f) | [víʒə] |

| | | |
|---|---|---|
| sanguessuga (f) | **shushunjë** (f) | [ʃuʃúɲə] |
| lagarta (f) | **vemje** (f) | [vémjɛ] |
| minhoca (f) | **krimb toke** (m) | [krímb tókɛ] |
| larva (f) | **larvë** (f) | [lárvə] |

## 184. Animais. Partes do corpo

| | | |
|---|---|---|
| bico (m) | **sqep** (m) | [scɛp] |
| asas (f pl) | **flatra** (pl) | [flátra] |
| pata (f) | **këmbë** (f) | [kémbə] |
| plumagem (f) | **pupla** (pl) | [púpla] |
| pena, pluma (f) | **pupël** (f) | [púpəl] |
| crista (f) | **kreshtë** (f) | [kréʃtə] |

| | | |
|---|---|---|
| brânquias, guelras (f pl) | **velëz** (f) | [vélez] |
| ovas (f pl) | **vezë peshku** (f) | [vézə péʃku] |
| larva (f) | **larvë** (f) | [lárvə] |
| barbatana (f) | **krah** (m) | [krah] |
| escama (f) | **luspë** (f) | [lúspə] |

| | | |
|---|---|---|
| presa (f) | **dhëmb prerës** (m) | [ðəmb prérəs] |
| pata (f) | **shputë** (f) | [ʃpútə] |
| focinho (m) | **turi** (m) | [turí] |
| boca (f) | **gojë** (f) | [gójə] |
| cauda (f), rabo (m) | **bisht** (m) | [biʃt] |
| bigodes (m pl) | **mustaqe** (f) | [mustácɛ] |

| | | |
|---|---|---|
| casco (m) | **thundër** (f) | [θúndər] |
| corno (m) | **bri** (m) | [brí] |

| | | |
|---|---|---|
| carapaça (f) | **karapaks** (m) | [karapáks] |
| concha (f) | **guaskë** (f) | [guáskə] |
| casca (f) de ovo | **lëvozhgë veze** (f) | [ləvóʒgə vézɛ] |

| | | |
|---|---|---|
| pelo (m) | **qime** (f) | [címɛ] |
| pele (f), couro (m) | **lëkurë kafshe** (f) | [ləkúrə káfʃɛ] |

## 185. Animais. Habitats

| | | |
|---|---|---|
| hábitat (m) | **banesë** (f) | [banésə] |
| migração (f) | **migrim** (m) | [migrím] |
| montanha (f) | **mal** (m) | [mal] |

| recife (m) | shkëmb nënujor (m) | [ʃkəmb nənujór] |
| falésia (f) | shkëmb (m) | [ʃkəmb] |

| floresta (f) | pyll (m) | [pyɫ] |
| selva (f) | xhungël (f) | [dʒúŋəl] |
| savana (f) | savana (f) | [savána] |
| tundra (f) | tundra (f) | [túndra] |

| estepe (f) | stepa (f) | [stépa] |
| deserto (m) | shkretëtirë (f) | [ʃkrɛtətírə] |
| oásis (m) | oazë (f) | [oázə] |

| mar (m) | det (m) | [dét] |
| lago (m) | liqen (m) | [licén] |
| oceano (m) | oqean (m) | [ocɛán] |

| pântano (m) | kënetë (f) | [kənétə] |
| de água doce | ujëra të ëmbla | [újəra tə əmbla] |
| lagoa (f) | pellg (m) | [pɛɫg] |
| rio (m) | lum (m) | [lum] |

| toca (f) do urso | strofull (f) | [strófuɫ] |
| ninho (m) | fole (f) | [folé] |
| buraco (m) de árvore | zgavër (f) | [zgávər] |
| toca (f) | strofull (f) | [strófuɫ] |
| formigueiro (m) | mal milingonash (m) | [mal miliŋónaʃ] |

# Flora

## 186. Árvores

| | | |
|---|---|---|
| árvore (f) | pemë (f) | [pémə] |
| decídua (adj) | gjethor | [ɟɛθór] |
| conífera (adj) | halor | [halór] |
| perene (adj) | përherë të gjelbra | [pərhérə tə ɟélbra] |
| | | |
| macieira (f) | pemë molle (f) | [pémə mółɛ] |
| pereira (f) | pemë dardhe (f) | [pémə dárðɛ] |
| cerejeira (f) | pemë qershie (f) | [pémə cɛrʃíɛ] |
| ginjeira (f) | pemë qershi vishnje (f) | [pémə cɛrʃí víʃɲɛ] |
| ameixeira (f) | pemë kumbulle (f) | [pémə kúmbułɛ] |
| | | |
| bétula (f) | mështekna (f) | [məʃtékna] |
| carvalho (m) | lis (m) | [lis] |
| tília (f) | bli (m) | [blí] |
| choupo-tremedor (m) | plep i egër (m) | [plɛp i égər] |
| bordo (m) | panjë (f) | [páɲə] |
| espruce (m) | bredh (m) | [brɛð] |
| pinheiro (m) | pishë (f) | [píʃə] |
| alerce, lariço (m) | larsh (m) | [lárʃ] |
| abeto (m) | bredh i bardhë (m) | [brɛð i bárðə] |
| cedro (m) | kedër (m) | [kédər] |
| | | |
| choupo, álamo (m) | plep (m) | [plɛp] |
| tramazeira (f) | vadhë (f) | [váðə] |
| salgueiro (m) | shelg (m) | [ʃɛlg] |
| amieiro (m) | verr (m) | [vɛr] |
| faia (f) | ah (m) | [ah] |
| ulmeiro, olmo (m) | elm (m) | [élm] |
| freixo (m) | shelg (m) | [ʃɛlg] |
| castanheiro (m) | gështenjë (f) | [gəʃtéɲə] |
| | | |
| magnólia (f) | manjolia (f) | [maɲólia] |
| palmeira (f) | palma (f) | [pálma] |
| cipreste (m) | qiparis (m) | [ciparís] |
| | | |
| mangue (m) | rizoforë (f) | [rizofórə] |
| embondeiro, baobá (m) | baobab (m) | [baobáb] |
| eucalipto (m) | eukalipt (m) | [ɛukalípt] |
| sequoia (f) | sekuojë (f) | [sɛkuójə] |

## 187. Arbustos

| | | |
|---|---|---|
| arbusto (m) | shkurre (f) | [ʃkúrɛ] |
| arbusto (m), moita (f) | kaçube (f) | [katʃúbɛ] |

| | | |
|---|---|---|
| videira (f) | **hardhi** (f) | [harðí] |
| vinhedo (m) | **vreshtë** (f) | [vréʃtə] |

| | | |
|---|---|---|
| framboeseira (f) | **mjedër** (f) | [mjédər] |
| groselheira-negra (f) | **kaliboba e zezë** (f) | [kalibóba ɛ zézə] |
| groselheira-vermelha (f) | **kaliboba e kuqe** (f) | [kalibóba ɛ kúcɛ] |
| groselheira (f) espinhosa | **shkurre kulumbrie** (f) | [ʃkúrɛ kulumbríɛ] |

| | | |
|---|---|---|
| acácia (f) | **akacie** (f) | [akátsiɛ] |
| bérberis (f) | **krespinë** (f) | [krɛspínə] |
| jasmim (m) | **jasemin** (m) | [jasɛmín] |

| | | |
|---|---|---|
| junípero (m) | **dëllinjë** (f) | [dəɫínə] |
| roseira (f) | **trëndafil** (m) | [trəndafíl] |
| roseira (f) brava | **trëndafil i egër** (m) | [trəndafíl i égər] |

## 188. Cogumelos

| | | |
|---|---|---|
| cogumelo (m) | **kërpudhë** (f) | [kərpúðə] |
| cogumelo (m) comestível | **kërpudhë ushqyese** (f) | [kərpúðə uʃcýɛsɛ] |
| cogumelo (m) venenoso | **kërpudhë helmuese** (f) | [kərpúðə hɛlmúɛsɛ] |
| chapéu (m) | **koka e kërpudhës** (f) | [kóka ɛ kərpúðəs] |
| pé, caule (m) | **bishti i kërpudhës** (m) | [bíʃti i kərpúðəs] |

| | | |
|---|---|---|
| boleto, porcino (m) | **porcini** (m) | [portsíni] |
| boleto (m) alaranjado | **kërpudhë kapuç-verdhë** (f) | [kərpúðə kapútʃ-vérðə] |
| boleto (m) de bétula | **porcinela** (f) | [portsinéla] |
| cantarelo (m) | **shanterele** (f) | [ʃantɛrélɛ] |
| rússula (f) | **rusula** (f) | [rúsula] |

| | | |
|---|---|---|
| morchella (f) | **morele** (f) | [morélɛ] |
| agário-das-moscas (m) | **kësulkuqe** (f) | [kəsulkúcɛ] |
| cicuta (f) verde | **kërpudha e vdekjes** (f) | [kərpúða ɛ vdékjɛs] |

## 189. Frutos. Bagas

| | | |
|---|---|---|
| fruta (f) | **frut** (m) | [frut] |
| frutas (f pl) | **fruta** (pl) | [frúta] |

| | | |
|---|---|---|
| maçã (f) | **mollë** (f) | [móɫə] |
| pera (f) | **dardhë** (f) | [dárðə] |
| ameixa (f) | **kumbull** (f) | [kúmbuɫ] |

| | | |
|---|---|---|
| morango (m) | **luleshtrydhe** (f) | [lulɛʃtrýðɛ] |
| ginja (f) | **qershi vishnje** (f) | [cɛrʃí víʃnɛ] |
| cereja (f) | **qershi** (f) | [cɛrʃí] |
| uva (f) | **rrush** (m) | [ruʃ] |

| | | |
|---|---|---|
| framboesa (f) | **mjedër** (f) | [mjédər] |
| groselha (f) negra | **kaliboba e zezë** (f) | [kalibóba ɛ zézə] |
| groselha (f) vermelha | **kaliboba e kuqe** (f) | [kalibóba ɛ kúcɛ] |
| groselha (f) espinhosa | **kulumbri** (f) | [kulumbrí] |

| | | |
|---|---|---|
| oxicoco (m) | boronica (f) | [boronítsa] |
| laranja (f) | portokall (m) | [portokáł] |
| tangerina (f) | mandarinë (f) | [mandarínǝ] |
| abacaxi (m) | ananas (m) | [ananás] |
| banana (f) | banane (f) | [banánɛ] |
| tâmara (f) | hurmë (f) | [húrmǝ] |

| | | |
|---|---|---|
| limão (m) | limon (m) | [limón] |
| damasco (m) | kajsi (f) | [kajsí] |
| pêssego (m) | pjeshkë (f) | [pjéʃkǝ] |
| quiuí (m) | kivi (m) | [kívi] |
| toranja (f) | grejpfrut (m) | [grɛjpfrút] |

| | | |
|---|---|---|
| baga (f) | manë (f) | [mánǝ] |
| bagas (f pl) | mana (f) | [mána] |
| arando (m) vermelho | boronicë mirtile (f) | [boronítsǝ mirtílɛ] |
| morango-silvestre (m) | luleshtrydhe e egër (f) | [lulɛʃtrýðɛ ɛ égǝr] |
| mirtilo (m) | boronicë (f) | [boronítsǝ] |

## 190. Flores. Plantas

| | | |
|---|---|---|
| flor (f) | lule (f) | [lúlɛ] |
| buquê (m) de flores | buqetë (f) | [bucétǝ] |

| | | |
|---|---|---|
| rosa (f) | trëndafil (m) | [trǝndafíl] |
| tulipa (f) | tulipan (m) | [tulipán] |
| cravo (m) | karafil (m) | [karafíl] |
| gladíolo (m) | gladiolë (f) | [gladiólǝ] |

| | | |
|---|---|---|
| centáurea (f) | lule misri (f) | [lúlɛ mísri] |
| campainha (f) | lule këmborë (f) | [lúlɛ kǝmbórǝ] |
| dente-de-leão (m) | luleradhiqe (f) | [lulɛraðícɛ] |
| camomila (f) | kamomil (m) | [kamomíl] |

| | | |
|---|---|---|
| aloé (m) | aloe (f) | [alóɛ] |
| cacto (m) | kaktus (m) | [kaktús] |
| fícus (m) | fikus (m) | [fíkus] |

| | | |
|---|---|---|
| lírio (m) | zambak (m) | [zambák] |
| gerânio (m) | barbarozë (f) | [barbarózǝ] |
| jacinto (m) | zymbyl (m) | [zymbýl] |

| | | |
|---|---|---|
| mimosa (f) | mimoza (f) | [mimóza] |
| narciso (m) | narcis (m) | [nartsís] |
| capuchinha (f) | lule këmbore (f) | [lúlɛ kǝmbórɛ] |

| | | |
|---|---|---|
| orquídea (f) | orkide (f) | [orkidé] |
| peônia (f) | bozhure (f) | [boʒúrɛ] |
| violeta (f) | vjollcë (f) | [vjółtsǝ] |

| | | |
|---|---|---|
| amor-perfeito (m) | lule vjollca (f) | [lúlɛ vjółtsa] |
| não-me-esqueças (m) | mosmëharro (f) | [mosmǝharó] |
| margarida (f) | margaritë (f) | [margarítǝ] |
| papoula (f) | lulëkuqe (f) | [lulǝkúcɛ] |

| | | |
|---|---|---|
| cânhamo (m) | kërp (m) | [kə́rp] |
| hortelã, menta (f) | mendër (f) | [méndər] |
| | | |
| lírio-do-vale (m) | zambak i fushës (m) | [zambák i fúʃəs] |
| campânula-branca (f) | luleborë (f) | [lulɛbórə] |
| | | |
| urtiga (f) | hithra (f) | [híθra] |
| azedinha (f) | lëpjeta (f) | [ləpjéta] |
| nenúfar (m) | zambak uji (m) | [zambák úji] |
| samambaia (f) | fier (m) | [fíɛr] |
| líquen (m) | likene (f) | [likénɛ] |
| | | |
| estufa (f) | serrë (f) | [sérə] |
| gramado (m) | lëndinë (f) | [ləndínə] |
| canteiro (m) de flores | kënd lulishteje (m) | [kənd lulíʃtɛjɛ] |
| | | |
| planta (f) | bimë (f) | [bímə] |
| grama (f) | bar (m) | [bar] |
| folha (f) de grama | fije bari (f) | [fíjɛ bári] |
| | | |
| folha (f) | gjeth (m) | [ɟɛθ] |
| pétala (f) | petale (f) | [pɛtálɛ] |
| talo (m) | bisht (m) | [biʃt] |
| tubérculo (m) | zhardhok (m) | [ʒarðók] |
| | | |
| broto, rebento (m) | filiz (m) | [filíz] |
| espinho (m) | gjemb (m) | [ɟémb] |
| | | |
| florescer (vi) | lulëzoj | [lulэzój] |
| murchar (vi) | vyshket | [výʃkɛt] |
| cheiro (m) | aromë (f) | [arómə] |
| cortar (flores) | pres lulet | [prɛs lúlɛt] |
| colher (uma flor) | mbledh lule | [mbléð lúlɛ] |

## 191. Cereais, grãos

| | | |
|---|---|---|
| grão (m) | drithë (m) | [dríθə] |
| cereais (plantas) | drithëra (pl) | [díθəra] |
| espiga (f) | kaush (m) | [kaúʃ] |
| | | |
| trigo (m) | grurë (f) | [grúrə] |
| centeio (m) | thekër (f) | [θékər] |
| aveia (f) | tërshërë (f) | [tərʃérə] |
| painço (m) | mel (m) | [mɛl] |
| cevada (f) | elb (m) | [ɛlb] |
| milho (m) | misër (m) | [mísər] |
| arroz (m) | oriz (m) | [oríz] |
| trigo-sarraceno (m) | hikërr (m) | [híkər] |
| | | |
| ervilha (f) | bizele (f) | [bizélɛ] |
| feijão (m) roxo | groshë (f) | [gróʃə] |
| soja (f) | sojë (f) | [sójə] |
| lentilha (f) | thjerrëz (f) | [θjérəz] |
| feijão (m) | fasule (f) | [fasúlɛ] |

# GEOGRAFIA REGIONAL

## Países. Nacionalidades

### 192. Política. Governo. Parte 1

| política (f) | politikë (f) | [politíkə] |
|---|---|---|
| político (adj) | politike | [politíkɛ] |
| político (m) | politikan (m) | [politikán] |
| estado (m) | shtet (m) | [ʃtɛt] |
| cidadão (m) | nënshtetas (m) | [nənʃtétas] |
| cidadania (f) | nënshtetësi (f) | [nənʃtɛtəsí] |
| brasão (m) de armas | simbol kombëtar (m) | [simból kombətár] |
| hino (m) nacional | himni kombëtar (m) | [hímni kombətár] |
| governo (m) | qeveri (f) | [cɛvɛrí] |
| Chefe (m) de Estado | kreu i shtetit (m) | [kréu i ʃtétit] |
| parlamento (m) | parlament (m) | [parlamént] |
| partido (m) | parti (f) | [partí] |
| capitalismo (m) | kapitalizëm (m) | [kapitalízəm] |
| capitalista (adj) | kapitalist | [kapitalíst] |
| socialismo (m) | socializëm (m) | [sotsialízəm] |
| socialista (adj) | socialist | [sotsialíst] |
| comunismo (m) | komunizëm (m) | [komunízəm] |
| comunista (adj) | komunist | [komuníst] |
| comunista (m) | komunist (m) | [komuníst] |
| democracia (f) | demokraci (f) | [dɛmokratsí] |
| democrata (m) | demokrat (m) | [dɛmokrát] |
| democrático (adj) | demokratik | [dɛmokratík] |
| Partido (m) Democrático | parti demokratike (f) | [partí dɛmokratíkɛ] |
| liberal (m) | liberal (m) | [libɛrál] |
| liberal (adj) | liberal | [libɛrál] |
| conservador (m) | konservativ (m) | [konsɛrvatív] |
| conservador (adj) | konservativ | [konsɛrvatív] |
| república (f) | republikë (f) | [rɛpublíkə] |
| republicano (m) | republikan (m) | [rɛpublikán] |
| Partido (m) Republicano | parti republikane (f) | [partí rɛpublikánɛ] |
| eleições (f pl) | zgjedhje (f) | [zɟéðjɛ] |
| eleger (vt) | zgjedh | [zɟɛð] |

| | | |
|---|---|---|
| eleitor (m) | zgjedhës (m) | [zɟéðəs] |
| campanha (f) eleitoral | fushatë zgjedhore (f) | [fuʃátə zɟɛðóɾɛ] |

| | | |
|---|---|---|
| votação (f) | votim (m) | [votím] |
| votar (vi) | votoj | [votój] |
| sufrágio (m) | e drejta e votës (f) | [ɛ dréjta ɛ vótəs] |

| | | |
|---|---|---|
| candidato (m) | kandidat (m) | [kandidát] |
| candidatar-se (vi) | jam kandidat | [jam kandidát] |
| campanha (f) | fushatë (f) | [fuʃátə] |

| | | |
|---|---|---|
| da oposição | opozitar | [opozitár] |
| oposição (f) | opozitë (f) | [opozítə] |

| | | |
|---|---|---|
| visita (f) | vizitë (f) | [vizítə] |
| visita (f) oficial | vizitë zyrtare (f) | [vizítə zyrtáɾɛ] |
| internacional (adj) | ndërkombëtar | [ndərkombətár] |

| | | |
|---|---|---|
| negociações (f pl) | negociata (f) | [nɛgotsiáta] |
| negociar (vi) | negocioj | [nɛgotsiój] |

## 193. Política. Governo. Parte 2

| | | |
|---|---|---|
| sociedade (f) | shoqëri (f) | [ʃocərí] |
| constituição (f) | kushtetutë (f) | [kuʃtɛtútə] |
| poder (ir para o ~) | pushtet (m) | [puʃtét] |
| corrupção (f) | korrupsion (m) | [korupsión] |

| | | |
|---|---|---|
| lei (f) | ligj (m) | [liɟ] |
| legal (adj) | ligjor | [liɟór] |

| | | |
|---|---|---|
| justeza (f) | drejtësi (f) | [drɛjtəsí] |
| justo (adj) | e drejtë | [ɛ dréjtə] |

| | | |
|---|---|---|
| comitê (m) | komitet (m) | [komitét] |
| projeto-lei (m) | projektligj (m) | [projɛktlíɟ] |
| orçamento (m) | buxhet (m) | [budʒét] |
| política (f) | politikë (f) | [politíkə] |
| reforma (f) | reformë (f) | [rɛfórmə] |
| radical (adj) | radikal | [radikál] |

| | | |
|---|---|---|
| força (f) | fuqi (f) | [fucí] |
| poderoso (adj) | i fuqishëm | [i fucíʃəm] |
| partidário (m) | mbështetës (m) | [mbəʃtétəs] |
| influência (f) | ndikim (m) | [ndikím] |

| | | |
|---|---|---|
| regime (m) | regjim (m) | [rɛɟím] |
| conflito (m) | konflikt (m) | [konflíkt] |
| conspiração (f) | komplot (m) | [komplót] |
| provocação (f) | provokim (m) | [provokím] |

| | | |
|---|---|---|
| derrubar (vt) | rrëzoj | [rəzój] |
| derrube (m), queda (f) | rrëzim (m) | [rəzím] |
| revolução (f) | revolucion (m) | [rɛvolutsión] |

| golpe (m) de Estado | grusht shteti (m) | [grúʃt ʃtéti] |
| golpe (m) militar | puç ushtarak (m) | [putʃ uʃtarák] |

| crise (f) | krizë (f) | [krízə] |
| recessão (f) econômica | recesion ekonomik (m) | [rɛtsɛsión ɛkonomík] |
| manifestante (m) | protestues (m) | [protɛstúɛs] |
| manifestação (f) | protestë (f) | [protéstə] |
| lei (f) marcial | ligj ushtarak (m) | [liɟ uʃtarák] |
| base (f) militar | bazë ushtarake (f) | [bázə uʃtarákɛ] |

| estabilidade (f) | stabilitet (m) | [stabilitét] |
| estável (adj) | stabil | [stabíl] |

| exploração (f) | shfrytëzim (m) | [ʃfrytəzím] |
| explorar (vt) | shfrytëzoj | [ʃfrytəzój] |

| racismo (m) | racizëm (m) | [ratsízəm] |
| racista (m) | racist (m) | [ratsíst] |
| fascismo (m) | fashizëm (m) | [faʃízəm] |
| fascista (m) | fashist (m) | [faʃíst] |

## 194. Países. Diversos

| estrangeiro (m) | i huaj (m) | [i húaj] |
| estrangeiro (adj) | huaj | [húaj] |
| no estrangeiro | jashtë shteti | [jáʃtə ʃtéti] |

| emigrante (m) | emigrant (m) | [ɛmigránt] |
| emigração (f) | emigracion (m) | [ɛmigratsión] |
| emigrar (vi) | emigroj | [ɛmigrój] |

| Ocidente (m) | Perëndimi (m) | [pɛrəndími] |
| Oriente (m) | Lindja (f) | [líndja] |
| Extremo Oriente (m) | Lindja e Largët (f) | [líndja ɛ lárgət] |

| civilização (f) | civilizim (m) | [tsivilizím] |
| humanidade (f) | njerëzia (f) | [ɲɛrəzía] |
| mundo (m) | bota (f) | [bóta] |
| paz (f) | paqe (f) | [pácɛ] |
| mundial (adj) | botëror | [botərór] |

| pátria (f) | atdhe (f) | [atðé] |
| povo (população) | njerëz (m) | [ɲérəz] |
| população (f) | popullsi (f) | [popułsí] |
| gente (f) | njerëz (m) | [ɲérəz] |
| nação (f) | komb (m) | [komb] |
| geração (f) | brez (m) | [brɛz] |

| território (m) | zonë (f) | [zónə] |
| região (f) | rajon (m) | [rajón] |
| estado (m) | shtet (m) | [ʃtɛt] |

| tradição (f) | traditë (f) | [tradítə] |
| costume (m) | zakon (m) | [zakón] |

| ecologia (f) | ekologjia (f) | [ɛkoloɟía] |
|---|---|---|
| índio (m) | Indian të Amerikës (m) | [indián tə amɛríkəs] |
| cigano (m) | jevg (m) | [jɛvg] |
| cigana (f) | jevge (f) | [jévgɛ] |
| cigano (adj) | jevg | [jɛvg] |

| império (m) | perandori (f) | [pɛrandorí] |
|---|---|---|
| colônia (f) | koloni (f) | [koloní] |
| escravidão (f) | skllevëri (m) | [skɬɛvərí] |
| invasão (f) | pushtim (m) | [puʃtím] |
| fome (f) | uria (f) | [uría] |

## 195. Grupos religiosos mais importantes. Confissões

| religião (f) | religjion (m) | [rɛliɟión] |
|---|---|---|
| religioso (adj) | religjioz | [rɛliɟióz] |

| crença (f) | fe, besim (m) | [fé], [bɛsím] |
|---|---|---|
| crer (vt) | besoj | [bɛsój] |
| crente (m) | besimtar (m) | [bɛsimtár] |

| ateísmo (m) | ateizëm (m) | [atɛízəm] |
|---|---|---|
| ateu (m) | ateist (m) | [atɛíst] |

| cristianismo (m) | Krishterimi (m) | [kriʃtɛrími] |
|---|---|---|
| cristão (m) | i krishterë (m) | [i kriʃtérə] |
| cristão (adj) | krishterë | [kriʃtérə] |

| catolicismo (m) | Katolicizëm (m) | [katolitsízəm] |
|---|---|---|
| católico (m) | Katolik (m) | [katolík] |
| católico (adj) | katolik | [katolík] |

| protestantismo (m) | Protestantizëm (m) | [protɛstantízəm] |
|---|---|---|
| Igreja (f) Protestante | Kishë Protestante (f) | [kíʃə protɛstántɛ] |
| protestante (m) | Protestant (m) | [protɛstánt] |

| ortodoxia (f) | Ortodoksia (f) | [ortodoksía] |
|---|---|---|
| Igreja (f) Ortodoxa | Kishë Ortodokse (f) | [kíʃə ortodóksɛ] |
| ortodoxo (m) | Ortodoks (m) | [ortodóks] |

| presbiterianismo (m) | Presbiterian (m) | [prɛsbitɛrián] |
|---|---|---|
| Igreja (f) Presbiteriana | Kishë Presbiteriane (f) | [kíʃə prɛsbitɛriánɛ] |
| presbiteriano (m) | Presbiterian (m) | [prɛsbitɛrián] |

| luteranismo (m) | Luterianizëm (m) | [lutɛrianízəm] |
|---|---|---|
| luterano (m) | Luterian (m) | [lutɛrián] |

| Igreja (f) Batista | Kishë Baptiste (f) | [kíʃə baptístɛ] |
|---|---|---|
| batista (m) | Baptist (m) | [baptíst] |

| Igreja (f) Anglicana | Kishë Anglikane (f) | [kíʃə aŋlikánɛ] |
|---|---|---|
| anglicano (m) | Anglikan (m) | [aŋlikán] |
| mormonismo (m) | Mormonizëm (m) | [mormonízəm] |
| mórmon (m) | Mormon (m) | [mormón] |

| Judaísmo (m) | Judaizëm (m) | [judaízəm] |
| judeu (m) | çifut (m) | [tʃifút] |

| budismo (m) | Budizëm (m) | [budízəm] |
| budista (m) | Budist (m) | [budíst] |

| hinduísmo (m) | Hinduizëm (m) | [hinduízəm] |
| hindu (m) | Hindu (m) | [híndu] |

| Islã (m) | Islam (m) | [islám] |
| muçulmano (m) | Mysliman (m) | [myslimán] |
| muçulmano (adj) | Mysliman | [myslimán] |

| xiismo (m) | Islami Shia (m) | [islámi ʃía] |
| xiita (m) | Shiitë (f) | [ʃíítə] |

| sunismo (m) | Islami Suni (m) | [islámi súni] |
| sunita (m) | Sunit (m) | [sunít] |

## 196. Religiões. Padres

| padre (m) | prift (m) | [prift] |
| Papa (m) | Papa (f) | [pápa] |

| monge (m) | murg, frat (m) | [murg], [frat] |
| freira (f) | murgeshë (f) | [murɡéʃə] |
| pastor (m) | pastor (m) | [pastór] |

| abade (m) | abat (m) | [abát] |
| vigário (m) | famullitar (m) | [famuɫitár] |
| bispo (m) | peshkop (m) | [pɛʃkóp] |
| cardeal (m) | kardinal (m) | [kardinál] |

| pregador (m) | predikues (m) | [prɛdikúɛs] |
| sermão (m) | predikim (m) | [prɛdikím] |
| paroquianos (pl) | faullistë (f) | [fauɫístə] |

| crente (m) | besimtar (m) | [bɛsimtár] |
| ateu (m) | ateist (m) | [atɛíst] |

## 197. Fé. Cristianismo. Islão

| Adão | Adam (m) | [adám] |
| Eva | eva (f) | [éva] |

| Deus (m) | Zot (m) | [zot] |
| Senhor (m) | Zoti (m) | [zóti] |
| Todo Poderoso (m) | i Plotfuqishmi (m) | [i plotfucíʃmi] |

| pecado (m) | mëkat (m) | [məkát] |
| pecar (vi) | mëkatoj | [məkatój] |
| pecador (m) | mëkatar (m) | [məkatár] |

| pecadora (f) | mëkatare (f) | [məkatárɛ] |
| inferno (m) | ferr (m) | [fɛr] |
| paraíso (m) | parajsë (f) | [parájsə] |

| Jesus | Jezus (m) | [jézus] |
| Jesus Cristo | Jezu Krishti (m) | [jézu kríʃti] |

| Espírito (m) Santo | Shpirti i Shenjtë (m) | [ʃpírti i ʃéɲtə] |
| Salvador (m) | Shpëtimtar (m) | [ʃpətimtár] |
| Virgem Maria (f) | e Virgjëra Meri (f) | [ɛ vírɟəra méri] |

| Diabo (m) | Djalli (m) | [djáɬi] |
| diabólico (adj) | i djallit | [i djáɬit] |
| Satanás (m) | Satani (m) | [satáni] |
| satânico (adj) | satanik | [sataník] |

| anjo (m) | engjëll (m) | [éɲəɬ] |
| anjo (m) da guarda | engjëlli mbrojtës (m) | [éɲəɬi mbrójtəs] |
| angelical | engjëllor | [ɛɲəɬór] |

| apóstolo (m) | apostull (m) | [apóstuɬ] |
| arcanjo (m) | kryeengjëll (m) | [kryɛéɲəɬ] |
| anticristo (m) | Antikrishti (m) | [antikríʃti] |

| Igreja (f) | Kishë (f) | [kíʃə] |
| Bíblia (f) | Bibla (f) | [bíbla] |
| bíblico (adj) | biblik | [biblík] |

| Velho Testamento (m) | Dhiata e Vjetër (f) | [ðiáta ɛ vjétər] |
| Novo Testamento (m) | Dhiata e Re (f) | [ðiáta ɛ ré] |
| Evangelho (m) | ungjill (m) | [unɟíɬ] |
| Sagradas Escrituras (f pl) | Libri i Shenjtë (m) | [líbri i ʃéɲtə] |
| Céu (sete céus) | parajsa (f) | [parájsa] |

| mandamento (m) | urdhëresë (f) | [urðərésə] |
| profeta (m) | profet (m) | [profét] |
| profecia (f) | profeci (f) | [profɛtsí] |

| Alá (m) | Allah (m) | [aɬáh] |
| Maomé (m) | Muhamed (m) | [muhaméd] |
| Alcorão (m) | Kurani (m) | [kuráni] |

| mesquita (f) | xhami (f) | [dʒamí] |
| mulá (m) | hoxhë (m) | [hódʒə] |
| oração (f) | lutje (f) | [lútjɛ] |
| rezar, orar (vi) | lutem | [lútɛm] |

| peregrinação (f) | pelegrinazh (m) | [pɛlɛgrináʒ] |
| peregrino (m) | pelegrin (m) | [pɛlɛgrín] |
| Meca (f) | Mekë (f) | [mékə] |

| igreja (f) | kishë (f) | [kíʃə] |
| templo (m) | tempull (m) | [témpuɬ] |
| catedral (f) | katedrale (f) | [katɛdrálɛ] |
| gótico (adj) | Gotik | [gotík] |
| sinagoga (f) | sinagogë (f) | [sinagógə] |

| | | |
|---|---|---|
| mesquita (f) | xhami (f) | [dʒamí] |
| capela (f) | kishëz (m) | [kíʃəz] |
| abadia (f) | abaci (f) | [ábatsi] |
| convento, monastério (m) | manastir (m) | [manastír] |

| | | |
|---|---|---|
| sino (m) | kambanë (f) | [kambánə] |
| campanário (m) | kulla e kambanës (f) | [kúɫa ɛ kambánəs] |
| repicar (vi) | bien | [bíɛn] |

| | | |
|---|---|---|
| cruz (f) | kryq (m) | [kryc] |
| cúpula (f) | kupola (f) | [kupóla] |
| ícone (m) | ikona (f) | [ikóna] |

| | | |
|---|---|---|
| alma (f) | shpirt (m) | [ʃpirt] |
| destino (m) | fat (m) | [fat] |
| mal (m) | e keqe (f) | [ɛ kécɛ] |
| bem (m) | e mirë (f) | [ɛ mírə] |

| | | |
|---|---|---|
| vampiro (m) | vampir (m) | [vampír] |
| bruxa (f) | shtrigë (f) | [ʃtrígə] |
| demônio (m) | djall (m) | [djáɫ] |
| espírito (m) | shpirt (m) | [ʃpirt] |

| | | |
|---|---|---|
| redenção (f) | shëlbim (m) | [ʃəlbím] |
| redimir (vt) | shëlbej | [ʃəlbéj] |

| | | |
|---|---|---|
| missa (f) | meshë (f) | [méʃə] |
| celebrar a missa | lus meshë | [lús méʃə] |
| confissão (f) | rrëfim (m) | [rəfím] |
| confessar-se (vr) | rrëfej | [rəféj] |

| | | |
|---|---|---|
| santo (m) | shenjt (m) | [ʃɛɲt] |
| sagrado (adj) | i shenjtë | [i ʃéɲtə] |
| água (f) benta | ujë i bekuar (m) | [újə i bɛkúar] |

| | | |
|---|---|---|
| ritual (m) | ritual (m) | [rituál] |
| ritual (adj) | ritual | [rituál] |
| sacrifício (m) | sakrificë (f) | [sakrifítsə] |

| | | |
|---|---|---|
| superstição (f) | besëtytni (f) | [bɛsətytní] |
| supersticioso (adj) | supersticioz | [supɛrstitsióz] |
| vida (f) após a morte | jeta e përtejme (f) | [jéta ɛ pərtéjmɛ] |
| vida (f) eterna | përjetësia (f) | [pərjɛtəsía] |

# TEMAS DIVERSOS

## 198. Várias palavras úteis

| | | |
|---|---|---|
| ajuda (f) | ndihmë (f) | [ndíhmə] |
| barreira (f) | pengesë (f) | [pɛɲésə] |
| base (f) | bazë (f) | [bázə] |
| categoria (f) | kategori (f) | [katɛgorí] |
| causa (f) | shkak (m) | [ʃkak] |
| | | |
| coincidência (f) | rastësi (f) | [rastəsí] |
| coisa (f) | gjë (f) | [ɟə] |
| começo, início (m) | fillim (m) | [fiɫím] |
| cômodo (ex. poltrona ~a) | i rehatshëm | [i rɛhátʃəm] |
| comparação (f) | krahasim (m) | [krahasím] |
| | | |
| compensação (f) | shpërblim (m) | [ʃpərblím] |
| crescimento (m) | rritje (f) | [rítjɛ] |
| desenvolvimento (m) | zhvillim (m) | [ʒviɫím] |
| diferença (f) | ndryshim (m) | [ndryʃím] |
| efeito (m) | efekt (m) | [ɛfékt] |
| | | |
| elemento (m) | element (m) | [ɛlɛmént] |
| equilíbrio (m) | ekuilibër (m) | [ɛkuilíbər] |
| erro (m) | gabim (m) | [gabím] |
| esforço (m) | përpjekje (f) | [pərpjékjɛ] |
| estilo (m) | stil (m) | [stil] |
| | | |
| exemplo (m) | shembull (m) | [ʃémbuɫ] |
| fato (m) | fakt (m) | [fakt] |
| fim (m) | fund (m) | [fund] |
| forma (f) | formë (f) | [fórmə] |
| | | |
| frequente (adj) | i shpeshtë | [i ʃpéʃtə] |
| fundo (ex. ~ verde) | sfond (m) | [sfónd] |
| gênero (tipo) | lloj (m) | [ɫoj] |
| grau (m) | nivel (m) | [nivél] |
| ideal (m) | ideal (m) | [idɛál] |
| | | |
| labirinto (m) | labirint (m) | [labirínt] |
| modo (m) | rrugëzgjidhje (f) | [rugəzɟíðjɛ] |
| momento (m) | moment (m) | [momént] |
| objeto (m) | objekt (m) | [objékt] |
| obstáculo (m) | pengesë (f) | [pɛɲésə] |
| | | |
| original (m) | origjinal (m) | [oriɟinál] |
| padrão (adj) | standard | [standárd] |
| padrão (m) | standard (m) | [standárd] |
| paragem (pausa) | pauzë (f) | [paúzə] |
| parte (f) | pjesë (f) | [pjésə] |

| partícula (f) | grimcë (f) | [grímtsə] |
| pausa (f) | pushim (m) | [puʃím] |
| posição (f) | pozicion (m) | [pozitsión] |
| princípio (m) | parim (m) | [parím] |

| problema (m) | problem (m) | [problém] |
| processo (m) | proces (m) | [protsés] |
| progresso (m) | ecje përpara (f) | [étsjɛ pərpára] |
| propriedade (qualidade) | cilësi (f) | [tsiləsí] |

| reação (f) | reagim (m) | [rɛagím] |
| risco (m) | rrezik (m) | [rɛzík] |
| ritmo (m) | ritëm (m) | [rítəm] |
| segredo (m) | sekret (m) | [sɛkrét] |
| série (f) | seri (f) | [sɛrí] |

| sistema (m) | sistem (m) | [sistém] |
| situação (f) | situatë (f) | [situátə] |
| solução (f) | zgjidhje (f) | [zɟíðjɛ] |
| tabela (f) | tabelë (f) | [tabélə] |
| termo (ex. ~ técnico) | term (m) | [tɛrm] |

| tipo (m) | tip (m) | [tip] |
| urgente (adj) | urgjent | [urɟént] |
| urgentemente | urgjentisht | [urɟɛntíʃt] |
| utilidade (f) | vegël (f) | [végəl] |

| variante (f) | variant (m) | [variánt] |
| variedade (f) | zgjedhje (f) | [zɟéðjɛ] |
| verdade (f) | e vërtetë (f) | [ɛ vərtétə] |
| vez (f) | kthesë (f) | [kθésə] |
| zona (f) | zonë (f) | [zónə] |